Für wen ist dieses Buch?

Liebe Leserin, lieber Leser,

Sie interessieren sich für Teamdynamik, systemische Teamaufstellungen oder für das Training im team-dynamischen Kreis? Dieses Buch ist für Ihren Bedarf geschrieben, wenn einer der folgenden Punkte auf Sie zutrifft:

➤ Sie sind Trainer, Berater, Moderator oder Pädagoge und sind offen für neue Wege, soziale Schlüsselqualifikationen zu vermitteln.

➤ Sie sind Organisationsentwickler oder Personalverantwortlicher in einem Unternehmen und schauen sich nach wirksamen Methoden der Teambildung, Teamentwicklung und Kooperationsentwicklung um.

➤ Sie sind Wellness-Trainer oder Wellness-Animateur und suchen nach effizienten, ganzheitlichen Methoden, die das Wohlbefinden der Teilnehmer nachhaltig verbessern und die Gesundheit fördern.

➤ Sie möchten Teamtrainer oder Wellness-Trainer werden und brauchen als Ergänzung zu Ihrer praktischen Ausbildung eine Leitlinie und ein Lehrbuch auf wissenschaftlicher Grundlage.

➤ Sie sind Manager mit Führungsverantwortung und brauchen Know-how, um Teams aufzubauen, zu moderieren oder um Teambildungsprozesse zu unterstützen.

➤ Sie sind, über welchen Weg auch immer, in einen team-dynamischen Kreis geraten und möchten nun wissen: Warum fasziniert mich diese Methode? Was steckt dahinter?

➤ Sie suchen etwas, was Sie privat oder beruflich weiterbringt. Sie möchten Ihre Soft Skills trainieren, Ihre soziale Kompetenz und emotionale Intelligenz weiterentwickeln und erwägen, an einem Training im team-dynamischen Kreis teilzunehmen.

D1695115

Ausführliche Informationen zu weiteren Büchern aus dem Bereich Kommunikation sowie zu jedem unserer lieferbaren und geplanten Bücher finden Sie im Internet unter **www.junfermann.de** – mit ausführlichem Infotainment-Angebot zum JUNFERMANN-Programm ... mit Newsletter und Original-Seiten-Blick ...

Besuchen Sie auch unsere e-Publishing-Plattform **www.active-books.de** – mittlerweile weit über 200 Titel im Angebot, mit zahlreichen kostenlosen e-Books zum Kennenlernen dieser innovativen Publikationsmöglichkeit. *Übrigens: Unsere e-Books können Sie leicht auf Ihre Festplatte herunterladen!*

Spannende e-Books bei www.active-books.de
....

Birkenbihl, Vera F.: *„Was Sie über Metaphern und Stories wissen sollten – Denk-Anstoß für Leute, die gern etwas weiter und tiefer denken"* (kostenlos)

Fiolka, Eckart & Rückerl, Thomas: *„Teamentwicklung – eine anspruchsvolle Führungsaufgabe"* (kostenlos)

Birkenbihl, Vera F.: *„Der 3-Phasen-Trainer-Plan"* (€ 8,50)

Grieger, Gunnar: *„Appreciative Inquiry – Wertschätzende Organisationsentwicklung"* (€ 7,50)

Eggers, Michaela: *„Konfliktbox"* (€ 7,00)

Birkenbihl, Vera F.: *„MATADOR – Professionelles Streß-Management für Krisenzeiten"* (€ 5,00)

Fiolka, Eckart & Rückerl, Thomas: *„Teamentwicklung in der Praxis"* (€ 5,00)

Etrillard, Stéphane: *„Gekonnt gekontert – Plädoyer für einen verantwortungsbewußten Umgang mit Schlagfertigkeit"* (€ 5,00)

Betz, Roland: *„Sei Vorbild – 22 Grundsätze für Vorgesetzte zur Verbesserung der Führungsqualität"* (€ 4,50)

Betz, Roland: *„Problemlösung in kritischen Situationen"* (€ 3,50)

Fischer-Epe, Maren: *„Vom >einsamen Schachspieler< zum Teammoderator – Coaching am Beispiel einer Fallgeschichte"* (€ 3,50)

Kreyenberg, Jutta: *„Aufstellungen in Organisationen"* (€ 3,00)

Münchhausen, Marco v.: *„Von sauren Zitronen und süßer Erkenntnis"* (€ 3,00)

Armin Poggendorf & Hubert Spieler

Teamdynamik

Ein Team trainieren, moderieren und systemisch aufstellen

Junfermann Verlag • Paderborn
2003

© Junfermannsche Verlagsbuchhandlung, Paderborn 2003

Satz: La Corde Noire – Peter Marwitz, Kiel

Bibliographische Information der Deutschen Bibliothek
Die Deutsche Bibliothek verzeichnet diese Publikation in der Deutschen Nationalbibliografie; detaillierte bibliografische Daten sind im Internet über http://dnb.ddb.de abrufbar.

ISBN 3-87387-531-4

Inhaltsüberblick

Inhalt im Detail

Vorwort

Teamdynamik – damit Teamwork gelingt

VON ARMIN POGGENDORF

Liebe Leserin, lieber Leser,

die gute alte Gruppendynamik bekommt nun eine neue, produktive Variante an die Seite gestellt: die *Teamdynamik*. Der team-dynamische Ansatz geht auf den Bedarf an neuen, effektvollen Interaktions- und Vermittlungsformen ein und versteht sich als sozio-kulturelle Innovation.

Wie in allen sozialen und produktiven Systemen wirken auch in den Teams systemische Prinzipien: Bindung, Ordnung und der Ausgleich von Geben und Nehmen. Das team-dynamische Training weckt den systemischen Sinn, über den wir Menschen als eine Art „siebten Sinn" verfügen. Mit ihm nehmen wir die informelle Organisation und die unterschwelligen Macht- und Beziehungsgeflechte, aber auch die Störungen und Ungleichgewichte in den Systemen wahr.

Mit den Erfahrungen und Erkenntnissen aus den systemischen Aufstellungen gelangt die Teamdynamik unweigerlich zu den *Teamaufstellungen*. Im Gegensatz zu den bekannten Strukturaufstellungen, Familien- und Organisationsaufstellungen, arbeiten wir bei Teamaufstellungen ohne Stellvertreter. Teamaufstellungen erfolgen mit den betreffenden Personen selbst – also mit dem bestehenden beziehungsweise sich bildenden Team. In diesem steht jeder für sich selbst, mit seiner eigenen Biographie, seinen persönlichen Eigenschaften und gegenwärtigen Gefühlen.

Beim *Training im team-dynamischen Kreis* interagiert das Team in verschiedenen spannenden und aufschlussreichen Konstellationen, wobei eine davon als besonders bedeutsam hervorgehoben wird: der Einzelne und seine Stellung im Team. Am besten stellt sich der Einzelne in Beziehung zum Team, indem er sich in die Mitte des Kreises stellt, dort seine „Einstellung" fühlt und auch von dort aus agiert. Die Runde reagiert – und dies ist zugleich die wirksamste Intervention. Rollenspiele, Selbstdarstellungen und Teamaufstellungen ergänzen sich methodisch und gehen fließend ineinander über. So bildet und entwickelt sich das Team auf natürliche Weise und auf schnellstem Wege.

Teamgeist heilt die Wunden der Spezialisierung und Hierarchisierung. Im Team lösen sich Probleme schneller, gestalten sich Produkte, Projekte und Prozesse besser. Teams arbeiten in abteilungsübergreifender und interdisziplinärer Zusammensetzung, sie arbeiten deshalb ganzheitlicher, umsichtiger und weitsichtiger. Sie nützen der Forschung und Entwicklung, der Planung und Produktion, dem Marketing und dem Management.

Leider ist Teamarbeit nicht immer effizient, oftmals ist sie – gelinde gesagt – zum Weglaufen. Wer kennt nicht die zeitfressenden Sitzungen und Besprechungen, in denen jeder wie auf Kohlen sitzt. Die beharrlichen Wortmeldungen, die endlosen Monologe, die destruktiven Kommentare, das Dazwischenreden, das Kaputtreden frisch gebackener Ideen, das Sich-Verbeißen in unwichtigen Details, das Immer-wieder-Abschweifen, das Senf-dazu-geben-Müssen, das gegenseitige Toppen – manche müssen immer noch einen obendraufsetzen, um in ihrem Selbstwertgefühl obenauf zu bleiben ...

Vorsicht also mit der Teamarbeit! Viele sind bereits allergisch auf dieses Wort, das mit konstanter Regelmäßigkeit in den Stellenausschreibungen auftaucht. Das Individuum steht in Gefahr, sich nicht nur einpassen, sondern bedingungslos anpassen zu müssen. Die Freiheit des Einzelnen könnte verloren gehen. Vor einigen Jahren erschien ein Buch mit dem vielsagenden Titel: *„Die Teamlüge – Von der Kunst, den eigenen Weg zu gehen"* (Keller 1997).

Dabei ist es nicht die Teamarbeit, das Prinzip der Kooperation an sich, das schlecht wäre – vielmehr ist es die dilettantische Art und Weise, wie man Teamarbeit anführt und einführt, fordert und fördert, trainiert, moderiert und versucht umzusetzen. Zu oft ignoriert man die unterschiedlichen Naturelle, Ambitionen und Kompetenzen im Team, zerstört man die gewachsenen organischen Strukturen. Allzu oft versäumt man es, das Team als ein eigenes soziales System anzuerkennen, heranzubilden, organisatorisch in das Unternehmen einzubinden und in die Unternehmenskultur aufzunehmen. Die Bereitschaft zur Zusammenarbeit leidet, viele Führungskräfte und Mitarbeiter grenzen sich von ihren Kollegen innerlich ab, statt sich beherzt einzubringen. Seit Jahrzehnten haben wir in den Unternehmen, Institutionen und Organisationen einen sozio-kulturellen Reformstau.

Von Fach- und Führungskräften erwartet man selbstverständlich soziale und emotionale Kompetenzen. Die Soft Skills werden getestet, und sie werden, wo sie fehlen, auch thematisiert und diskutiert, analysiert und systematisiert. Seminarleiter referieren darüber, oft sogar sehr anschaulich und praxisbezogen, so dass man gut mitschreiben kann. Jeder kann dann drüber nachdenken. Aber wo werden diese Skills wirklich trainiert, praktisch eingeübt? Wo kann man erkennen, fühlen, was einem noch fehlt, damit man es sich zu Herzen nimmt, damit man es lernt?

Nun haben wir etwas Neues. Der Stau kann sich auflösen, Teamwork kann gelingen. Das Rad haben wir zwar nicht erfunden, aber wir setzen es ein: Wir trainieren das Team im Kreis. Dort lassen wir die natürlichen team-dynamischen Kräfte wirken. Die Teamdynamik schafft – wenn man sie mit fachkundiger Moderation und unter geeigneten Rahmenbedingungen laufen lässt – wie von selbst eine neue, tragfähige Ordnung. Das Team gewinnt an Harmonie und Synergie, Stabilität und Flexibilität, es wird nachhaltig kreativer und produktiver. Die Form, in der sich das alles abwechslungsreich, bewegend und durchaus amüsant vollzieht, nennen wir den *team-dynamischen Kreis*.

In der einschlägigen Trainings-Szene gibt es unseres Wissens noch nichts Vergleichbares. Das hat uns veranlasst, die Methodik zu erforschen, zu kultivieren, weiterzuentwickeln, schriftlich festzuhalten und mit dem Erscheinen dieses Buches auch einer interessierten Öffentlichkeit zur Diskussion und zur Nachahmung vorzustellen.

Das *Training im team-dynamischen Kreis* ist in seiner Form einfach und eindeutig. Es erscheint manchem als „hart", manchem „wie im Kindergarten". Dabei ist es eigentlich immer nur so, wie die teilnehmenden Menschen sind, also immer anders – mal lebhaft, mal besinnlich, mal humorvoll, mal ernst, stets aber voller Perspektiven:

➤ Der Mensch steht im wahrsten Sinne des Wortes (sozial und räumlich) im Mittelpunkt. Der Kreis steckt ein Feld ab, ein Kohärenzfeld. Die Mitte ist ein Katalysator, von der Mitte aus zu agieren wird zur Kultur.

➤ Nur die wichtigen (zentralen) Gefühle und Gedanken kommen zum Zuge, mit unwichtigen (peripheren) Themen schaffen es die Teammitglieder nicht, sich aufzuspielen oder den anderen die Zeit zu rauben.

➤ Teamaufstellungen nach aktuellen, relevanten, teamspezifischen Kriterien schaffen Ordnung und Harmonie. Obwohl alle Teammitglieder ebenbürtig sind, gibt es in jeder Situation eine spezifische Rangfolge, die sich dann immer wieder ändert.

➤ Die Teilnehmer bekommen in jeder Situation den jeweils angemessenen Platz (Rang) und können sich von dort aus ganz entspannt einbringen. Sie verbrauchen keine Energie mehr, um ihren Status zu sichern oder ihr Image zu pflegen.

➤ Das Beziehungsgeflecht wird transparent, verlässlicher und bildet eine tragfähige Basis. Kritik muss nicht mehr vermieden, Lob und Anerkennung müssen nicht mehr geheuchelt werden, sondern können von Herzen kommen.

Ich freue mich, dass Sie sich mit der Teamdynamik, dem Training im team-dynamischen Kreis und den Teamaufstellungen näher beschäftigen wollen. Lassen Sie mich bitte wissen, welche Erfahrungen Sie mit diesen Interaktions- und Vermittlungsformen gemacht haben, was Sie daran schätzen oder auch vermissen. Zum Beispiel per eMail an: Armin.Poggendorf@t-online.de

Mein Dank gilt allen Studenten und Workshop-Teilnehmern, durch die meine Forschungen und Trainings erst möglich wurden. In besonderer Weise danke ich denen, die mich mit ihrer Kritik immer wieder herausgefordert haben, die meine Trainingsform hinterfragt und angezweifelt haben. So wurde ich veranlasst, die Teamdynamik tiefer zu ergründen, Gesetzmäßigkeiten zu erkennen, neue Aufstellungsformen und methodische Übungen zu entwickeln und zu erproben.

Ganz von Herzen sei an dieser Stelle gedankt

➤ meiner Frau, *Simone*, die mich über alle Jahre hinweg als Co-Trainerin begleitet hat und als Heilpraktikerin zur salutogenetischen Komponente meines Tuns beiträgt

➤ meinem Co-Autor *Hubert Spieler*, der mich als kompetenter und einfühlsamer Trainer in meiner Arbeit, die Methode zu ergründen, marktfähig und bekannt zu machen, engagiert unterstützt

➤ und den beiden Teamtrainern *Irmhild Koch* und *Michael Bessell*, die tatkräftig dabei sind, die team-dynamische Methodik in weitere ökonomische, soziale und pädagogische Bereiche hineinzutragen.

Armin Poggendorf
Fulda, im Januar 2003

Einführung

Teamdynamik – einfache Form, verblüffende Wirkung

Von Hubert Spieler

Die mitunter größte Fehlinterpretation von Teamarbeit lautet: Wir sind alle gleich. Eines vorweg: Ein Team braucht gerade die Unterschiedlichkeit und Individualität seiner Mitglieder und – damit es nicht in einen Persönlichkeitswettbewerb ausartet – eine Struktur, die stabil und flexibel zugleich ist. Wir nennen das Ordnung, wobei ein Team nach mehreren Ordnungen funktioniert. Als da wären: Alter, Dauer der Zugehörigkeit, Mann und Frau, Status, Hierarchie, Funktion und Rolle, Kompetenz und Leistung, Geben und Nehmen.

Unter Berücksichtigung all dieser so genannten Rangordnungen braucht ein Team eine Vertrauenshierarchie. Das heißt, dass der Teamleiter aufgrund seiner Fähigkeiten, seiner Haltung und seines Verhaltens auch tatsächlich die Nummer eins im Team ist und er sich der vollen Zustimmung und des vollen Vertrauens seiner Teammitglieder sicher sein kann. Dies gilt ebenso für die Nummer zwei, drei usw. und auch für denjenigen, der momentan den letzten Platz ausfüllt – zum Beispiel ein Auszubildender –, auch er braucht Zustimmung und Vertrauen, einen guten und sicheren Platz im Team, um sich entwickeln zu können.

In vielen Teams, die ich in der Praxis kennen gelernt habe, ist gerade dies nicht der Fall. Teams vergeuden ihre Kraft und ihr Potenzial in den täglichen Rang- bzw. Konkurrenzkämpfen, die meist unbewusst stattfinden. Und Vorgesetzte nehmen ihre Funktion wahr, weil sie aufgrund der Hierarchie „vorgesetzt" sind, nicht weil sie die Zustimmung und das Vertrauen der Teammitglieder genießen.

Ein leistungsfähiges Team funktioniert, weil sich unterschiedliche Menschen und Charaktere in ihren Eigenschaften und Aufgaben optimal ergänzen und weil die Mitglieder sich diese Ergänzung, sprich Synergie, zusammen erarbeitet haben.

Die intensive Auseinandersetzung mit der *Teamdynamik* und den *Teamaufstellungen,* die zahlreichen Trainingserfahrungen und die positiven Rückmeldungen von begeisterten Teilnehmern gaben mir den Mut und den Schwung, mich als Teamtrainer selbständig zu machen. Mit dem *Training im team-dynamischen Kreis* hatte ich eine einfache, immer funktionierende Methode im Koffer, mit der ich als junger Trainer verblüffende Wirkungen erzielen konnte.

Im Beratungs- und Weiterbildungssektor arbeite ich inzwischen mit einigen Kooperationspartnern zusammen, die gerne von meinem Know-how profitieren. Ohne dass ich etwas Besonderes mache, spüren sie, dass ich doch etwas Besonderes mitbringe: Es ist meine „team-dynamische Sicht", in der sich alles nach einer spezifischen systemischen Ordnung vollzieht. Ich sorge für eine plastische Veranschaulichung dieser Dynamik im Kreise der anwesenden Teilnehmer, indem ich sie nach verschiedenen aktuellen Ordnungskriterien platziere, im Raum aufstelle oder in ihren funktionalen Rollen zur Geltung bringe – das geht spontan und am besten spielerisch.

Was bringt das team-dynamische Training?

Viele sagen: „Neugierig bin ich schon" und fragen sich dann: „Bringt so ein team-dynamisches Training auch *mich* persönlich weiter? Kann *ich* es beruflich, in meinem Verantwortungsbereich nutzen?"

➤ „Was ist das Typische am *Training im team-dynamischen Kreis?*"
➤ „Wie sieht die Trainingsform genau aus?"
➤ „Was sind Teamaufstellungen?"
➤ „Wie strukturiert sich ein Team?"
➤ „Wozu ist ein solches Training gut?"
➤ „Für welche Teilnehmergruppen ist es geeignet?"
➤ „Was macht mich zum Teamtrainer?"
➤ „Welche Rahmenbedingungen braucht das Training?"
➤ „In welchen Bereichen kann ich das Training einsetzen, die Methodik des team-dynamischen Kreises nutzen?"

Mit diesen und ähnlichen Fragen sehe ich mich immer wieder konfrontiert. Das vorliegende Buch ist der Versuch, unsere Methode den Interessenten näherzubringen. Jedoch wird uns eine endgültige Antwort auf diese Fragen hier nicht gelingen. In schriftlicher Form ist es schwierig: Die Beschreibung ist nie das Beschriebene. Eine Landkarte kann nicht annähernd das vermitteln, was eine Reise durch das Land bietet.

Jeder Teilnehmer erlebt das Training auf andere Art und Weise, nimmt das Geschehen anders wahr und betrachtet es, gerade auch im Nachhinein, aus seiner individuellen, persönlichen Sicht. Fragen und Probleme aus dem beruflichen oder privaten Alltag werden ins Training mitgebracht und dort spielerisch verarbeitet. Jeder Einzelne verfolgt seine persönlichen Ziele und bekommt daher ein individuelles Ergebnis.

Das *team-dynamische Training* vermittelt vor allem soziale Kompetenzen. Aber ein mindestens ebenso wichtiges Ziel ist das Wohlbefinden der Teilnehmer – *Teamdynamik* und *Wellness* gehören zusammen. Das Training soll leicht gehen und Vergnügen bereiten. Denn auf Dauer verfolgt doch jeder nur das, worauf er Lust hat.

Emotionen sind nicht tabu

Im *team-dynamischen Kreis* spielt der soziale und konstruktive Umgang mit Emotionen eine zentrale Rolle. Dabei geht es aber nicht allein um Emotionen, sondern vielmehr darum, Emotion und Organisation sinnvoll zu kombinieren. Sind die vorhandenen Emotionen der Teilnehmer erst einmal zum Zuge gekommen, dann lässt sich die Organisation wesentlich schneller und reibungsloser erledigen.

Die Erforschung der Wechselwirkungen zwischen Emotion und Organisation kann nur unter besonderen „Laborbedingungen" gelingen und braucht, ähnlich der Forschung in klassischen Wissenschaftsdisziplinen, einen eigens dafür geschaffenen Rahmen: Das ist der methodisch moderierte *team-dynamische Kreis*, in dem die Interaktion stattfindet. Gerade aber die Wissenschaft ist sozialen und emotionalen Versuchen gegenüber skeptisch: „Gefühle stören den Verstand, sie lassen sich nicht berechnen und nicht systematisieren." – „Emotionen gehören nur in die Wissenschaft, wenn man sie an anderen testet, nicht aber, wenn man mit ihnen spielt."

Heutzutage ist Rationalität das oberste Gebot. Viele geben sich „cool". Sie sind zu „aufgeklärt", um Gefühle zu zeigen und diese zu leben. Sie glauben – im Privatleben wie im Berufsleben – „rein sachlich" besser voranzukommen. Man appelliert an die Vernunft, kleidet sich grau und anthrazit. In unserer Gesellschaft haben die Gefühle ihren angestammten Platz verloren. Sie werden nur dort gern gesehen, wo es gerade einmal passt: bei der Traumhochzeit im Fernsehen, in der Talkshow oder auf dem Fußballplatz, wenn sich erwachsene Männer nach einem Tor weinend in den Armen liegen.

Auf demselben Fußballplatz aber prügeln sich die Fans auch die Aggressionen aus dem Leib. Die entstandene Unfähigkeit der Menschen, mit Zugehörigkeit und Fremdheit umzugehen, spiegelt sich in den Meldungen über zunehmende Gewaltbereitschaft wider.

Wir brauchen soziale Innovationen

Die Gefühlswelt des Menschen bedarf der Entfaltung und Gestaltung. Den emotionalen und sozialen Fähigkeiten muss von vornherein größere Aufmerksamkeit geschenkt werden: Sie gehören in Schule und Hochschule auf den Lehrplan. Und sie gehören zum Weiterbildungspensum für Manager und Führungskräfte und alle, die in ihrem Beruf mit Menschen zu tun haben.

Der Drang nach Autonomie, das Ausleben der Individualität und der Konkurrenzkampf in einer leistungsorientierten, nach dem Prinzip des Shareholder-Value organisierten Arbeitswelt führen zu einer Ausbreitung emotionalen Elends. Viele von uns werden mit ihrem privaten und beruflichen Alltag nicht mehr fertig, sie werden krank oder geraten ins Abseits. Die Gegenreaktion ist die verstärkte Suche der Menschen nach sozialen Kontakten und emotionaler Bindung. Der Ruf nach Teamgeist wird immer lauter. Bücher über „Emotionale Intelligenz" und „Soziale Kompetenz" sind inzwischen Bestseller.

Vollzieht sich nicht gerade jetzt ein Paradigmen-Wechsel? Die Gesellschaft braucht eine neue Sozialkultur, die Wirtschaft neue Werte, die Manager brauchen eine neue Moral und die Mitarbeiter eine neue Motivation. Wir hoffen also nicht nur auf technische und organisatorische, sondern vor allem auch auf soziale Entwicklungen und Innovationen.

Training im team-dynamischen Kreis ist ein Engagement im Sinne der betrieblichen Personalentwicklung – und damit auch im Sinne der persönlichen Entwicklung. Wenn sich das Personal entwickelt, dann aufgrund von Entwicklungen beim Einzelnen. Die lernende Organisation gibt es nicht ohne die lernende Person.

Hubert Spieler
Fulda, im Januar 2003

Auch wir brauchen Feedback

Die Teamdynamik ist noch nicht komplett erforscht, und die Methodik entwickelt sich ständig weiter. Deshalb sind wir Ihnen für Ihr Feedback dankbar. Schicken Sie uns bitte Ihre Fragen und Ihre persönlichen Erfahrungen und Erkenntnisse, zum Beispiel in folgenden Bereichen:

➤ **Beispiele**

Erlebnisse, wo Sie team-dynamische Methoden oder Übungen in erfolgreicher oder bemerkenswerter Weise anwenden konnten. Wir interessieren uns auch für Beispiele, wo etwas aus bestimmten Gründen scheiterte.

➤ **Forschung**

Wenn Sie von Forschungen, Untersuchungen oder Studien wissen, die die von uns dargelegten Ergebnisse untermauern oder widerlegen, teilen Sie uns dies möglichst detailliert mit.

➤ **Ergänzungen**

Wir freuen uns über alle Ergänzungen und Anregungen. Bitte nennen Sie uns neue Themen und Aspekte, die Sie gerne in einer künftigen Ausgabe dieses Buches behandelt wissen möchten.

➤ **Anwendungsgebiete**

Wenn Sie neue Anwendungsgebiete oder Einsatzbereiche für die Teamdynamik kennen oder ausprobieren, bitte lassen Sie uns davon wissen.

➤ **Übungen und Spiele**

Wenn Sie selber methodische Übungen oder Spiele zur Teamdynamik konzipiert haben, schicken Sie uns bitte eine Beschreibung oder Skizze.

➤ **Fotos oder Bilder**

Wenn Sie aussagekräftiges Bildmaterial aus team-dynamischen Trainings oder Aufstellungen haben, würden wir uns auch dafür sehr interessieren.

➤ Literaturhinweise

Wenn Sie andere Bücher oder wissenschaftliche Aufsätze für hilfreich erachten, wären wir für die bibliografischen Angaben dankbar.

Schicken Sie Ihr Feedback oder Material bitte an die **Fachhochschule Fulda, Institut für Teamentwicklung**. Die Adresse finden Sie im Anhang dieses Buches.

Armin Poggendorf & Hubert Spieler
Fulda, im Januar 2003

Die Methode
Spontan und spielerisch im team-dynamischen Kreis

1. Die innovative Form des Trainings

1.1 Das Team trainiert im Kreis

Ist *Team Training* ein Projekt? Ein Workshop, ein Seminar? Ist es ein betriebsinternes Mitarbeitertraining oder ein eingetragenes Warenzeichen? Das alles könnte zutreffen. Das Wort Team-Training sagt zunächst kaum mehr als „Training des Teams", „Training im Team" oder „Training für das Team".

Jedoch ist das hier beschriebene *Team Training (kursiv!)* kein beliebiges „Training des Teams" – es ist das ***Training im team-dynamischen Kreis***, eine optimierte Methode mit dem Ziel, die Teambildung zu fördern und Teams fortzubilden. Im team-dynamischen Kreis trainiert man „Soft Skills", insbesondere die Teamfähigkeit der Teilnehmer und ihre kooperative Kompetenz.

Eine knappe Kennzeichnung findet die Methode in acht Punkten:

Training im team-dynamischen Kreis
➤ ist ein ganzheitliches und systemisches Training
➤ gestaltet sich in Form einer spielerischen Interaktion
➤ entwickelt sich spontan im Kreis der Teilnehmer
➤ setzt Beziehungen räumlich und körperlich ins Bild
➤ nutzt methodisch die Kreismitte als sozialen Fokus
➤ trainiert die kooperative Kompetenz des Einzelnen
➤ fördert die Kreativität und Produktivität im Team
➤ wird von einem ausgebildeten Teamtrainer moderiert

Genaugenommen ist dieses *Team Training* ein ***Methodenbündel***, das wir, Armin Poggendorf und Hubert Spieler, von 1994 bis 1998 an der Fachhochschule Fulda, University of Applied Sciences, geschnürt haben: eine innovative, wirksame, zunächst exotisch erscheinende Kommunikationsform – besser: Interaktionsform. Hat man die Form einmal erlebt und ihre Effizienz kennengelernt, dann erscheint sie direkter, natürlicher und selbstverständlicher als konventionelle Formen der Kommunikation.

1.2 Aktionen finden in der Mitte statt

Die **Grundform** in allen Veranstaltungen ist der Interaktionskreis: nur Stühle, keine Tische, keine Technik, und es gibt nichts mitzuschreiben. Im Kreis sitzen circa 10 bis 15 Teilnehmer, wobei das Optimum bei 12 liegt. Unter diesen einfachen Bedingungen entfaltet sich die Teamdynamik. Das einzige **Grundprinzip** der Methode ist einfach: Agiert wird von der Mitte aus, reagiert wird vom Rand aus. Das heißt: Wer ein Anliegen hat oder etwas beitragen möchte, geht dafür in die Mitte. Denn wer etwas sagen möchte, soll auch „dazu stehen".

Wenn der Teilnehmer also im Kreis sitzt, geht er manchmal – spontan oder vom Trainer ermuntert – in die Mitte. Leichter ist natürlich zunächst die Teilnahme vom Rand aus. Die Mitte stellt höhere Anforderungen. Dort bündelt sich die ganze Aufmerksamkeit, man spürt, dass es existenziell wird. Es kommt darauf an, standfest zu sein und trotzdem locker zu bleiben.

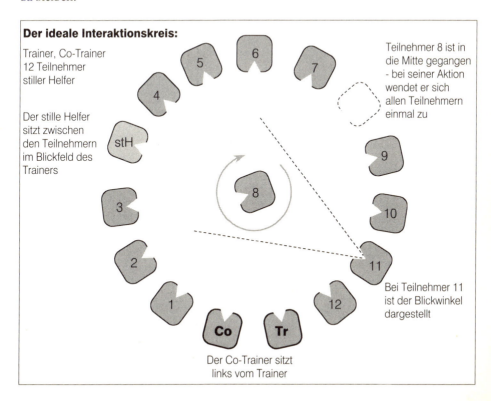

Der ideale Interaktionskreis:

Trainer, Co-Trainer
12 Teilnehmer
stiller Helfer

Der stille Helfer
sitzt zwischen
den Teilnehmern
im Blickfeld des
Trainers

Teilnehmer 8 ist in
die Mitte gegangen
- bei seiner Aktion
wendet er sich
allen Teilnehmern
einmal zu

Bei Teilnehmer 11
ist der Blickwinkel
dargestellt

Der Co-Trainer sitzt
links vom Trainer

Die Aktion aus der Mitte heraus hat verschiedene Stufen und Intensitäten, die der Teilnehmer nach und nach für sich erkunden und erobern kann:

➤ die Mitte erfahren, zunächst passiv, da es ein ungewohntes Gefühl ist

➤ sich in der Mitte zeigen, so wie man gerade ist

➤ ein Statement abgeben, seine Meinung vorstellen

➤ sich in seiner Betroffenheit emotional mitteilen

➤ die Emotionen bewusst darstellen

➤ im Rollenspiel Emotionen spielerisch gestalten

Im Kreis sitzen und reagieren hat durchaus seine eigene Kultur:

➤ sich daran gewöhnen, dass jeder jeden ganz sehen kann, dass kein Tisch mehr da ist, hinter dem man sich verschanzt

➤ unterschiedliche Sitzordnungen, unterschiedliche Qualitäten der Plätze wahrnehmen, den Platz bewusst wählen, Plätze tauschen

➤ reihum zu Wort kommen: Man äußert sich der Reihe nach kurz und prägnant zu dem, was man im Moment gerade denkt oder empfindet

➤ Seitengespräche: Ein Thema wird nacheinander jeweils mit dem linken und rechten Nachbarn besprochen

➤ Reaktion per Zuruf, Lachen, Antwort, Applaus, Feedback usw.

Interaktionskreis:
nur Stühle, keine Tische, keine Technik

Agiert wird von der Mitte aus,
reagiert wird vom Rand aus

1.3 Teamdynamik ersetzt das Programm

Team Training ist nicht nur eine Kommunikationsform, das wäre ein Telefongespräch oder eine Videokonferenz auch. *Team Training* ist eine spontane und spielerische **Interaktion**, bei der sich die Teilnehmer unmittelbar persönlich begegnen.

Genauer gesagt ist *Team Training* eine **Gruppeninteraktion**. Denn es sind ja nicht nur Partner, die interagieren, sondern es ist eine ganze Gruppe, das trainierende Team. Diese Interaktion ist mehr als ein Markt für Informationen: Sie ist ein Festival der Mimik, ein Ballett von Gesten, ein Konzert von Stimmen, eine Theaterpremiere mit Starbesetzung. Hier bedient man sich aller Formen des unmittelbaren persönlichen Ausdrucks, alle Sinne sind angesprochen.

Man erwartet einander nicht nur, man erblickt, erhört, ergreift und erlebt einander. Man beguckt, berührt, beschnuppert sich – und weiß bald ganz genau, wer einem „schmeckt", wen man nicht riechen und wen man gut leiden kann. Beim *Team Training* ist man nicht on-line, sondern leibhaftig miteinander verbunden.

Die Aktionen und Reaktionen erfolgen spontan, aus dem Bauch, in der Regel als Improvisation, die sich aus sich selbst heraus entwickelt. Die Interaktion schließt längeres Überlegen vor einem Beitrag, wie zum Beispiel bei einem Schachspiel, aus und erfordert rasches, unmittelbares Agieren und Reagieren.

Die Situationen im *Team Training* verändern sich dynamisch mit jeder Aktion und Reaktion. Jede Meinung, jedes Gefühl, jeder Impuls, alles, was sich emotional äußern will, kann sich spontan in der Mitte, auch unkonventionell, darstellen. Ernst und Spaß fließen in den Aktionen ineinander und sind nicht mehr zu trennen.

Das in Weiterbildungs-Seminaren übliche bindende, meist nach Begriffen oder Sachpunkten gegliederte Programm wird ersetzt von einem improvisierten, spielerischen Gruppenprozess, der durchgehend der Teamdynamik unterliegt. Jeder kann den Prozess beeinflussen, aber niemand kann ihn beherrschen. Das Team als Ganzes bestimmt die emotionale Ebene, und jeder Einzelne kann seinen Part gestalten und ihn sich bewusstmachen.

Die Botschaften an das Verhalten und das Selbstverständnis der Teilnehmer kommen bevorzugt im laufenden Rollenspiel, spontan bei sich bietender Gelegenheit zum Ausdruck. Übungsbeispiele werden nicht vorgegeben, sondern von den Teilnehmern aus ihrer momentanen Verfassung und alltäglichen Arbeit in die Gruppe hineingetragen und als Rollenspiele auf den Punkt gebracht. An den gemeinsam erlebten Szenen werden die Zusammenhänge transparent gemacht und spielerisch verarbeitet – am besten zum Zeitpunkt der persönlichen Betroffenheit, dann nämlich ist die Aufnahmebereitschaft am größten.

1.4 Aufstellungen stabilisieren das Team

Teamdynamik bedeutet Bewegung im Team. Diese körperlich-geistig-soziale Bewegung ist in den Workshops meist quirlig, betriebsam, überraschend – besonders, wenn der Trainer den Gruppenprozess noch anregt und pusht. Viele Teilnehmer erfahren in dichter Folge Neues über die Art, wie sie sich persönlich einbringen können und probieren sich gleich aus. Viele erleben einen emotionalen Lernprozess, werden aktiv, kreativ, wagen Schritte, die sie bisher vermieden haben. Kurzum: Alles ist im Fluss, alles ist offen. Es wird sich noch herausstellen, wohin die gemeinsame Fahrt geht, in welcher Stimmung und mit welchem Ergebnis für den Einzelnen das Training zu Ende gehen wird.

Diese alles erfassende Offenheit und Fluktuation bedeutet auch Unsicherheit und macht nur Sinn, wenn es gelingt, gemeinsam etwas Gutes zu kreieren, auf das man sich verlassen kann. Ein Team braucht auch Sicherheit und Stabilität, eine Ordnung, so dass jeder weiß, wo er „steht" und woran er ist. Der Einzelne braucht das soziale System, das ihn trägt und das er mitträgt. Die sozialen Bedingungen müssen transparent und verlässlich sein. Jeder wünscht sich einen guten Platz, der ihm zugestanden wird und um den er nicht ewig kämpfen muss. Irgendwann im Laufe des Workshops soll das aufgeregte Konkurrenzklima einem ruhigeren, harmonischeren Klima weichen, sonst lohnt sich das Training nicht.

Hier werden die **Teamaufstellungen** zum Herzstück des *Trainings im team-dynamischen Kreis*: Die sozialen Strukturen der anwesenden Gruppe werden physisch, das heißt räumlich und körperlich abgebildet. Die Teilnehmer stellen sich im Laufe des Trainings immer wieder in anderen Ordnungen auf oder setzen sich auf speziell angeordnete Plätze, jeweils nach einem aktuellen Kriterium.

In jeder Konstellation soll der Einzelne einen angemessenen Platz bekommen, der ihm gebührt, der seiner Bedeutung entspricht, durch den er gefordert, gefördert, aber auch gewürdigt wird. Im Gegenzug gilt es für jeden, die Stellung aller anderen anzuerkennen und sich einzugliedern. Höherrangige sollen geachtet, Gleichrangige wertgeschätzt werden. Niederrangige (Untergebene, Mitarbeiter, Neulinge) brauchen Anerkennung, vor allem dann und wann ein Lob.

Je nach Kriterium ergibt sich eine andere Teamaufstellung, mal steht der eine vorn, mal der andere. Die Teamstruktur ist ein multi-dimensionales Gefüge, es verändert sich je nachdem, was in den Blick genommen wird. Relevante Kriterien für Teamaufstellungen sind zum Beispiel:
➤ der zufällige beziehungsweise gewählte Platz im Kreis
➤ der Zusammenhalt durch soziale oder funktionale Beziehungen
➤ Aufstellung nach Körpergröße, nach Lebensalter oder Dienstalter
➤ Aufstellung nach Status: Eigentümer, Gesellschafter, Geschäftsführer, Mitarbeiter in hierarchischer Abstufung, freier Mitarbeiter
➤ Gegenüberstellung von Männern und Frauen als komplementäre soziale Gruppen
➤ Aufstellung nach Leistung und Kompetenz: Das Team stimmt offen und demokratisch über die Rangfolge ab
➤ Stellung nach Vertrauen und Sympathie: Das Team enttabuisiert die teambildenden emotionalen Beziehungen
➤ Gegenüberstellungen von Einzelnen im zyklischen Wechsel, so dass jeder jedem einmal gegenübersteht (oder gegenübersitzt), um die omnilateralen Beziehungen im Team abzubilden und aufs Laufende zu bringen: Jeder steht mit jedem in Beziehung

Eine der wichtigsten und häufigsten Konstellationen im *team-dynamischen Training* ist sicherlich der Auftritt des Einzelnen in der Mitte des Kreises. Diese Grundform bildet ein soziales Prinzip ab: ***Einer für alle – alle für einen.*** In dieser Form können die individuellen Rollen und Funktionen der Teammitglieder reflektiert werden. Wunschbilder können artikuliert werden, Eigen- und Fremdbilder können sich angleichen. Die Aufmerksamkeit fokussiert sich jeweils auf den Einzelnen als Teil des Ganzen. Dabei stellt sich unwillkürlich die Frage nach der Bedeutung dieses Einzelnen für das größere Ganze.

2. Welche Prozesse kommen in Gang?

2.1 Das Training hat typische Phasen

Der Gruppenprozess hat seine eigene Dynamik, er ist einmalig und unberechenbar und damit auf seine Weise immer vollkommen. Er kann niemals einem festen Programm folgen, denn jeder Teilnehmer beeinflusst ihn durch sein Mitmachen und seine Spontanität. Trotzdem treten in einem *Team Training*-Workshop mit einigen Variationen immer wieder bestimmte Phasen und Themen auf. Ohne dass etwas vorprogrammiert werden kann, gibt es gewisse, wenn auch unverbindliche Stationen im Ablauf:

➤ **Form und Methode**

Die Teilnehmer gewöhnen sich an die Form des Trainings im team-dynamischen Kreis; die Prinzipien der Methode und die Bedeutung der Mitte werden erfahren.

➤ **Leute und Ziele**

Welche Leute sind da? Wer gehört dazu? Kennenlernen, Integration. Welche Ziele verfolgt jeder Einzelne?

➤ **gemeinsamer Zweck**

Welchem übergeordneten Zweck fühlt sich das Team verpflichtet? Oder gibt es ein gemeinsames Ziel, das die Gruppe verfolgt? Gibt es eine Unternehmensphilosophie?

➤ **mein Platz in der Gruppe**

Sozialstruktur, Teamaufstellungen, Demokratie im Team, Rangfolgen. Hier gewinnt das Team seine Stabilität.

➤ **das Haar in der Suppe**

Das Thema des Tages, zum Beispiel ein Eklat oder ein Ärgernis, wird abgearbeitet oder heizt den Prozess an.

➤ **Lob und Anerkennung**

Die Teilnehmer nehmen einander in ihrer Individualität wahr und lernen, sich gegenseitig zu schätzen und anzuerkennen.

➤ **spontane Rollenspiele**

Fragen und Probleme werden in Rollenspielen bearbeitet.

➤ **für jeden Feedback**

Gelegenheit, Feedback zu geben und zu bekommen.

> *Form und Methode*
> *Leute und Ziele*
> *gemeinsamer Zweck*
> *mein Platz in der Gruppe*
> *das Haar in der Suppe*
> *Lob und Anerkennung*
> *spontane Rollenspiele*
> *für jeden Feedback*

2.2 Die Funktion des Trainers

Der Teamtrainer begleitet einen sehr vielschichtigen Prozess, und jedes Training kann den Schwerpunkt auf einer anderen Ebene haben.

Ein Teamtrainer blickt auf einschlägige, intensive, oft langjährige Erfahrungen zurück. Neueinsteiger haben noch nicht ganz das Feeling für die spezielle Situation, sie haben selbst noch nicht die Schwierigkeiten gemeistert, die von den Teilnehmern ins Spiel gebracht werden. Oder sie sind unbewusst noch mit einzelnen Teilnehmern identifiziert, statt sich in den Dienst der Teamdynamik zu stellen. Selbst ausgereifte Kompetenzen als Coach, Lehrkraft, Führungskraft, Moderator, Regisseur, Therapeut oder Sporttrainer ersetzen nicht unbedingt die Erfahrungen eines Teamtrainers.

Der Teamtrainer versteht es, die Zusammenhänge im Team – die im Prinzip die gleichen sind wie in jedem anderen sozialen System – auf den verschiedensten Ausdrucks- und Wahrnehmungsebenen künstlerisch abzubilden und *ad hoc* als Spiel zu inszenieren. Dafür muss er sich selbst als Schauspieler schon freigespielt haben. Und er muss das gesellschaftliche Leben als Rollenspiel begriffen und akzeptiert haben. Er muss verstanden haben, dass alle Verhaltensschwierigkeiten der Menschen auf Schwierigkeiten mit ihrer selbst gewählten, aufoktroyierten oder unbewusst angenommenen Rolle zurückzuführen sind.

Aber wie geht der Trainer praktisch vor? Was tut er, wenn er ein Training leitet? Drei Dinge lassen sich festhalten:

1. Der Teamtrainer verhält sich wie jeder andere, mit seiner ganz persönlichen Wahrnehmung, und er drückt sich ganz persönlich aus, so wie es seiner Art und seinem momen-

tanen Gefühl entspricht. Er reagiert also genauso *normal und subjektiv* wie jeder Teilnehmer. Seine Meinung ist darum auch nichts Besonderes.

2. Das *Training im team-dynamischen Kreis* lebt vor allem durch sein Grundprinzip: Agiert wird von der Mitte aus, reagiert wird vom Rand aus. Die Aufgabe, zu ermessen, *was eine Aktion* und *was eine Reaktion* ist, fällt dem Trainer zu. Er sieht, wenn jemand agiert, sich produziert, etwas bewegen will. Und er sieht, wenn jemand reagiert, auf etwas eingeht, sich einfühlt, sich mitreißen lässt. Für die Unterscheidung braucht er den geübten Blick, denn es gibt keine klare Trennung zwischen Aktion und Reaktion; darum sprechen wir von der „Interaktion", die genaugenommen ein sich spinnendes Netz von Reaktionen ist.

3. Der Teamtrainer bleibt, während er spricht, erklärt und anleitet, im Kreis sitzen. Er braucht *nicht in die Mitte* zu gehen, kann es aber jederzeit tun, um etwas darzustellen oder vorzuspielen. Während die Teilnehmer mit den Plätzen experimentieren und sich diese immer wieder neu aussuchen, hat der Trainer einen Stammplatz. Hierzu wählt er sich den besten Platz im Raum, mit optimalen Sichtverhältnissen.

Der Teamtrainer braucht Erfahrung und Intuition, um blitzschnell zu entscheiden, welchen Teilnehmer er in die Mitte bittet, um ihn dort zu einer Darstellung zu veranlassen. In der Mitte werden die Emotionen betont und von allen wahrgenommen. Kriterium wird sein: Welcher Beitrag bringt den Prozess im Moment am besten voran? Darin besteht die ganze Autorität des Teamtrainers: dass man ihm folgt, wenn er den Vorschlag macht: „Komm doch mal in die Mitte ..."

Im wesentlichen aber sind es drei Funktionen, die der Teamtrainer – in einem stimmigen Mix – erfüllt: Animation, Moderation, Motivation.

Animation

Animieren bedeutet, Menschen *anzuregen, zu beleben, zu ermuntern*. Ein *Animateur* verfolgt das Ziel, dass es dem Einzelnen in der Gruppe gut geht, und verschafft ihm eine soziale Situation, in der er sich wohl fühlen und entfalten kann. In der Freizeit- und Urlaubswelt ist der Animateur einfach nur ein Spielleiter, denn es gibt hier kein gemeinsames existenzielles Ziel.

Ebenso leitet der Teamtrainer eine spielerische Interaktion. Auch er versteht sich als Animateur, indem er sein Team betreut und begeistert, so dass sich jeder einzelne wohl fühlt und Spaß hat. Ihm dienen dazu eine Vielzahl von Übungen und Techniken, die geeignet sind, Geist und Seele (lat.: *anima* = Geist, Seele) anzuregen.

Moderation

Moderieren bedeutet, Menschen miteinander ins Gespräch zu bringen, Verhalten und Äußerungen miteinander zu verbinden, auszugleichen und in einen größeren Zusammenhang zu stellen. Zum Beispiel in einer Fernsehsendung oder einer Podiumsdiskussion, speziell auch in gruppendynamischen oder team-dynamischen Veranstaltungen.

Das Wort Moderator leitet sich von *moderatus* ab, was *ruhig, besonnen und gemäßigt* bedeutet. Ein **Moderator** ist ein *Leiter, Lenker, Mäßiger*. Er versteht es, Emotionen unter den Beteiligten zu mäßigen und Wogen zu glätten, so dass alle gut miteinander auskommen. Wenn die Interaktion zum Spiel wird, ist er auch ein Regisseur.

Motivation

Bewegt der Trainer eine Gruppe so, dass sie sich für ein gemeinsames, zum Beispiel unternehmerisches Ziel einsetzt und überdies ein Team wird, dann ist er ein **Motivator**.

Motio heißt *Bewegung*. Der Teamtrainer motiviert seine Gruppe, er spornt sie zum zielgerichteten Handeln an. Was für das gesamte Team gilt, vollzieht sich ebenso bei jedem einzelnen Teilnehmer. Jeder wird angeregt, sich einzubringen. Und jeder Einzelne gewinnt dadurch an Selbstmotivation, die über das Training hinaus wirksam ist.

> **Ein Teamtrainer ist**
> ➤ *Animateur:* Er begeistert die Teilnehmer
> ➤ *Moderator:* Er verbindet die Teilnehmer miteinander
> ➤ *Motivator:* Er bewegt die Teilnehmer, sich für ein gemeinsames Ziel einzusetzen

2.3 Die Wirkung bei den Teilnehmern

Das *team-dynamische Training* ist anregend und abwechslungsreich. Die Übungen fördern das Entstehen guter Beziehungen. Für Humor ist ausreichend Raum vorhanden, und Körper, Geist und Seele werden in Bewegung gebracht. Nach bewegenden Szenen sind Lockerung und Entspannung feste Bestandteile des Trainings.

Das Training setzt auf verschiedenen Ebenen an: Es fördert Kreativität und Produktivität, Harmonie und Synergie sowie das Wohlbefinden auf der individuellen und der sozialen Ebene.

Individuation

Unter Individuation versteht man die persönliche Entwicklung, den individuellen Entfaltungsprozess eines Menschen. Ziel des *Team Trainings* ist es, die Interessen und Fähigkeiten jedes einzelnen Teilnehmers herauszufinden. Weiß man um die Fähigkeiten des Teilnehmers, dann findet dieser auch seinen Platz in der sozialen Struktur des Teams. Er reflektiert seine individuelle Rolle und übernimmt die damit verbundene spezielle Funktion, er erhält Ansehen und entwickelt seine Persönlichkeit weiter.

Individuation im Team schafft Selbstbewusstsein und ermöglicht persönliches Wachstum von einer realen und gesunden Basis aus. Jeder findet zu seinem persönlichen Stil, indem er sich seiner ganz speziellen Rollen und Begabungen bewusst wird. Kreativität und künstlerischer Ausdruck entwickeln sich auf individuelle, einzigartige Weise. Das Auftreten wird zur unverwechselbaren Selbstdarstellung.

Sozialisation

Sozialisation ist der Prozess, der den Einzelnen in eine Gesellschaft integriert, die Einordnung des Individuums in ein soziales System. Beim *Team Training* lernen die Teilnehmer, sich in ein Team zu integrieren.

Das Training schult die Teamfähigkeit in einem bestimmten Team, das speziell für dieses Training zusammengekommen ist. Aber erst, wenn ein Teilnehmer sich in jedes andere Team, in jedes andere produktive System einbringen kann, ist er teamfähig – und diese Teamfähigkeit ist eine soziale Schlüsselqualifikation.

Sein Potenzial wird wie ein Schlüssel funktionieren und ihm Zugang zu weiteren sozialen Gruppen ermöglichen. Ob Betrieb, Sportmannschaft oder Interessengruppe, er findet seinen Platz, kann diesen definieren und die richtige Rolle übernehmen. Ihm gelingt es, sich mit weniger Reibungsverlusten einzupassen und sich an den entsprechenden Werten dieser Organisation zu orientieren.

Harmonie und Synergie

Teamdynamik ist der Weg des Teams in die Synergie, der Entwicklungsprozess von Kreativität und Produktivität im Team. In einem guten Team ist die Beziehung der einzelnen Mitglieder untereinander geklärt – in einer Gruppe muss es nicht so sein.

Über das Kennenlernen und die Konfliktphase kann sich eine Gruppe weiter bis hin zu einer produktiven Organisationsstruktur entwickeln. Ist diese gefunden und transparent, so hat man ein qualifiziertes Team. Versteckspiele oder endlose Konkurrenzkämpfe behindern nicht mehr die Kreativität und Produktivität.

Erst durch innere Harmonie im Team kommt die gestalterische Kraft aller Mitglieder im Sinne des größeren Ganzen zur Entfaltung. Die Energien der Einzelnen werden gebündelt zur Synergie. Man zieht an einem Strang, arbeitet im gleichen Rhythmus. Die im Team vorhandenen Emotionen und Informationen verbinden sich zu hoher Kunst und Leistungsfähigkeit.

Ein Team legt sich auf gemeinsame Ziele fest und richtet seine soziale Struktur darauf aus. Als soziales System ist es weiter entwickelt als eine Gruppe. Eine Teamdynamik ist aber auch mehr auf Harmonie und Synergie angewiesen als eine Gruppendynamik.

Wellness

Wellness und Teamdynamik gehören zusammen. Um sich wohl zu fühlen, bedarf es einer ganzheitlichen Aktivierung von Körper, Geist und Seele.

Wer Wellness sucht, strebt ein ausgefülltes, sinnvolles Leben an, mit weniger Stress, mehr Spaß, guten zwischenmenschlichen Beziehungen und genügend Spielraum für geistige und seelische Entwicklung. Eine wesentliche Voraussetzung für das menschliche Wohlbefinden ist, eigenes Wachstum zu erfahren, Fähigkeiten herauszubilden und persönliche Grenzen zu überschreiten. Die Wahrnehmung des eigenen Potenzials ist für den Einzelnen von größter Bedeutung für seine Gesundheit.

In den Zielsetzungen des *team-dynamischen Trainings* finden sich wesentliche Wellness-Prinzipien wieder:

➤ Ganzheit von Körper, Geist und Seele
➤ Eigenverantwortung für die Gesundheit
➤ Motivation zur Weiterentwicklung
➤ Prinzip des lebenslangen Lernens
➤ Entfaltung schöpferischer Kraft

TeamTraining fördert		
➤	*Individuation:*	die individuelle Entwicklung des Einzelnen
➤	*Sozialisation:*	die Einbringung des Einzelnen ins Team
➤	*Teamdynamik:*	den Weg zur Harmonie und Synergie
➤	*Wellness:*	das Wohlbefinden aller Teilnehmer

2.4 Individuelle Lernprozesse

Was das *team-dynamische Training* vermittelt, sind keine Themen, die nacheinander abgehandelt werden. Es sind mögliche Erfahrungen und Lernprozesse, in die ein Teilnehmer im Laufe des Trainings hineingehen kann, sofern er dazu bereit ist, mit seinem Gefühl dafür offen ist und die geeigneten Anstöße erhält.

Jeder Mensch befindet sich in einer individuellen Situation, in einer anderen Lern- und Lebensphase mit ganz eigenen Voraussetzungen und Herausforderungen. Arbeit und Beruf sehen bei jedem sehr unterschiedlich aus. Dennoch gibt es einige soziale und emotionale Qualifikationen, die ein jeder gebrauchen kann.

Wir nennen dem Interessenten 14 Fortbildungsziele, 14 Gründe, an einem *team-dynamischen Training* teilzunehmen:

1. Sie finden Ihren Platz im Team.
2. Sie reflektieren Ihre Rolle im Team.
3. Sie lernen, sich in der Rangordnung zu bewegen.
4. Sie lernen, Machtstrukturen wahrzunehmen.
5. Sie gewinnen Vertrauen und werden verbindlich.
6. Sie schaffen sich mehr Sympathie und lösen Antipathie auf.
7. Sie lernen, frei und sicher vor Menschen aufzutreten.
8. Sie lernen, sich und Ihre Sache wirkungsvoll zu präsentieren.
9. Sie erfahren, wie sich die Persönlichkeiten im Team ergänzen.
10. Sie finden einen Ausweg aus der endlosen Konkurrenz.
11. Sie lernen etwas über Dominanz und Durchsetzung.
12. Sie lernen, Emotionen zu nutzen und zu handhaben.
13. Sie lernen, mit Herausforderungen umzugehen.
14. Sie erarbeiten sich Führungsqualitäten.

3. Welche Spielregeln gibt es?

Die spielerische Interaktion im *team-dynamischen Kreis* spiegelt das Leben wider. Aber alles, was sich im Training abspielt, geschieht auf einer symbolischen Ebene, in einem geschützten Rahmen, abgeschirmt gegen Störungen, so dass es keine unverhofften oder unerwünschten Zuschauer gibt. Wer teilnimmt, begibt sich in eine Solidargemeinschaft, in „sein" Team.

3.1 Es ist (fast) alles erlaubt

Man trainiert fürs Leben, ob für das berufliche oder das private. Darum darf es auch kein Tabu geben. Kein Thema, kein Problem, kein Phänomen, dem der Teilnehmer in seiner sozialen und emotionalen Wirklichkeit begegnet, darf ausgeklammert werden. Sonst gerät das Spiel zur Farce. Es muss alles erlaubt sein ... es ist auch alles erlaubt, bis auf drei Dinge:

Zwang ausüben
Niemand darf gezwungen oder genötigt werden, etwas mitzumachen, was er nicht will

Verantwortung abschieben
Jeder bleibt jederzeit für sich selbst verantwortlich – für das, was er tut – für das, was er denkt – und für das, was er fühlt

Verletzungen riskieren
Jeder achtet auf die Integrität, Unversehrtheit und Unbescholtenheit des anderen, niemand soll verletzt werden oder sein Gesicht verlieren

3.2 Jeder nimmt an allem freiwillig teil

Die Freiheit des Menschen ist eines seiner höchsten Güter. Die Freiheit und die freie Wahl sollen ihm in jeder Situation bewusst sein und erhalten bleiben. Beim *team-dynamischen*

Training wird diese Freiheit in jeder Hinsicht respektiert. Für keinen Moment darf sich jemand zu etwas gezwungen fühlen. Das Training geht leicht und gelingt, wenn jeder Teilnehmer bei jeder Übung aus freien Stücken dabei ist.

Nur wer mit seinem Gefühl offen ist, kann sich über die Betroffenheit hinaus weiterentwickeln. Offenheit ist nicht durch Zwang erreichbar. Dahingehender Druck bewirkt nur das Gegenteil: Ein natürlicher Schutzmechanismus wird wirksam, und man wird sich noch fester und noch sicherer verschließen als vorher.

Ist nun ein Teilnehmer „zu", so kann er keine Verbindung zu den anderen aufbauen – seine Ressentiments stehen ihm im Wege. Diese gefühlsmäßige Abneigung bekommen die übrigen Mitglieder der Gruppe zu spüren, und sie werden sich wiederum in Gegenwart dieses Teilnehmers nicht wohl genug fühlen, um sich vor ihm zu öffnen. Dazu ist eine Vertrauensbasis, eine gemeinsame Welle notwendig. Vertrauen kann nur aus einem gemeinsamen guten Gefühl heraus entstehen. Jede Phase des Trainings ist deshalb für die Teilnehmer freiwillig. Man kann niemanden „zwangsbeglücken".

Die Kreativität und Produktivität kann sich nur in einer ungezwungenen Atmosphäre voll entfalten. Kreativ und produktiv sein kann man zwar auch unter Druck, aber auf Dauer geht das zu Lasten der Gesundheit.

Ein erfahrener Teamtrainer achtet darauf, dass das Prinzip der freien Teilnahme stets gewährleistet ist – vor dem Training durch Rückfragen bei den Interessenten, genauso wie in jeder neuen Phase des Trainings, gerade vor und bei „bewegenden" Szenen.

3.3 Jeder bleibt für sich selbst verantwortlich

Freiheit und Verantwortung sind eng miteinander verbunden, sie sind quasi zwei Seiten einer Medaille. Wer in jeder Phase des Trainings aus freiem Willen am Geschehen teilnimmt, kann und muss für sich selbst, für sein Handeln, Denken und Fühlen die Verantwortung übernehmen.

Freiwillig teilnehmen heißt, sich mit dem, was geschieht, einverstanden erklären. Läuft etwas nicht nach dem Geschmack eines Teilnehmers, so ist dieser selbst dafür verantwortlich, die Situation seinen persönlichen Bedürfnissen entsprechend zu beeinflussen. Es bleibt ihm unbenommen, die Situation so zu ändern, dass sie seinen Wünschen entspricht, zumindest so, dass sie ihm nicht gegen den Strich geht.

Ereignisse lassen sich nur in dem Moment beeinflussen, in dem sie stattfinden. Im Nachhinein lässt sich nichts mehr ändern. Das Getane ist getan, das Gesagte ist gesagt. Was passiert ist, ist passiert – sich hinterher darüber zu beschweren ist unsinnig. Es gibt keinen, der daran Schuld hat oder dafür allein verantwortlich ist. Man kann nur noch selber daraus lernen.

Verantwortung heißt also: Jeder Teilnehmer ist für sich, sein Wohlbefinden und auch seinen Lernprozess selbst verantwortlich. Mitverantwortlich ist er für alles, was in der Gruppe geschieht. Nicht verantwortlich ist er für andere Personen und wie diese handeln, denken und fühlen.

3.4 Jeder achtet die Integrität des anderen

Bei einem *team-dynamischen Training* geht man davon aus, dass die teilnehmenden Personen integer sind, moralisch und charakterlich intakt. Und alle möchten das Training persönlich heil und unbescholten, körperlich gesund und unversehrt verlassen.

Man achtet nicht nur auf die eigene Integrität, sondern auch auf die Unversehrtheit und Unbescholtenheit der anderen Teilnehmer. Man geht behutsam und vorsichtig miteinander um, nimmt Rücksicht auf die physische und psychische Verfassung der Trainingspartner.

Team Training ist eine ganzheitliche Methode und bezieht die Körperlichkeit der Teilnehmer mit ein. Entspannungsübungen für Körper, Geist und Seele, körperlicher Stress- und Aggressionsabbau gehören ebenso dazu wie intensive Bewegungsübungen.

Der Teamtrainer achtet auf die körperliche Sicherheit seiner Teilnehmer: Er weist sie darauf hin, beobachtet die Bewegungen, regelt die Intensität und Geschwindigkeit von Übungen, teilt passende Partner zu und inszeniert das Geschehen so, dass niemand zu Schaden kommt.

3.5 Jeder spielt die Rolle, die er will

Beim *Training im team-dynamischen Kreis* geht es nicht nur um Spiel und Spaß. Es geht darum, die **Realität** als Spiel zu gestalten und den **Ernst** mit Spaß zu erleben. Die Empfehlung heißt: ***Gib dich so, wie du bist – und wenn du eine Rolle spielst, spiele sie bewusst!***

Beim *Training im team-dynamischen Kreis* macht man sich die Mitte methodisch zunutze. An dieser höchst exponierten Stelle konzentriert sich die Aufmerksamkeit aller im Kreis sitzenden Personen. Wer in diese Mitte geht, stellt sich in jeder Beziehung „in den Mittelpunkt". Dort ist schon die kleinste Äußerung eine **Selbstdarstellung**. Und dafür gibt es kein Rezept und keine Regel. Jeder kann sich darstellen, wie er will. Es gibt keine Pflicht, echt oder ehrlich zu sein. Denn es ist jedermanns Recht, sich so oder anders zu geben, die eine oder die andere Seite von sich zu zeigen. Jeder darf offen oder verschlossen sein, die Wahrheit sagen oder lügen, seine Stimmung zeigen oder überspielen. Denn wer kann es schon kontrollieren? Und wer kann schon definieren, was „echt" und was „aufgesetzt" ist?

Jeder zeigt sich, wie er es für richtig hält – und auch, wie es ihm gelingt. Natürlich kann man sich vornehmen, locker und offen zu sein. Aber was genau ist das: Offenheit, Lockerheit?

Man kann es nicht greifen, nicht messen. Und man kann es auch nicht fordern. Sich zu öffnen kann bei einem Training nie ein angestrebtes Ziel sein, höchstens eine erhoffte Wirkung, falls denn alles gut läuft und das Vertrauensklima in der Gruppe es ermöglicht.

Die Gruppe erkennt aber intuitiv, was echt und was aufgesetzt ist. Was echt ist und von Herzen kommt, das honoriert sie automatisch mit Applaus, als Verstärkung für diese Einstellung und als Ermutigung, daran anzuknüpfen. Wer sich jedoch in der Mitte verstellt und etwas vorspielt, das ihm nicht entspricht, der wird kaum Applaus bekommen und das Defizit in seinem Verhalten spüren. Bewusst oder unbewusst wird die Aufforderung in ihm wirken, Schritte zu gehen und mehr Ehrlichkeit zuzulassen.

Blockiert jemand die Mitte zu lange oder langweilt den Kreis mit hohlen Worten oder abgehobenen Sprüchen, dann wird er sich dort bald unwohl fühlen, sich verkrampfen und sich wieder auf seinen Platz verdrücken wollen.

Wer in eine unbequeme Rolle schlüpft, ist selbst dafür verantwortlich. Wer verschiedenes ausprobiert, der findet bei einem *team-dynamischen Training* die Rolle, die zu ihm passt. Niemand darf gezwungen werden, eine Rolle zu übernehmen, die er nicht darstellen will. Das kann für den Einzelnen auch einmal heißen, an einer Szene nicht teilzunehmen und diese nur zu beobachten.

Jeder wird mit Rollen spielen und mit Rollen experimentieren. Die gesamte *Teamdynamik* könnte man als Rollenspiel auffassen. Ein „Rollenspiel" ist aber kein Maskenball, wo man sich versteckt, um nicht erkannt zu werden. Es kann weder Dauerstrategie sein, sich in der Mitte cool zu zeigen, noch, sich mit Poker-Miene auf seinem Stuhl zurückzuziehen. Mit anderen Worten: ***Man soll aus seinem Herzen keine Mördergrube machen.***

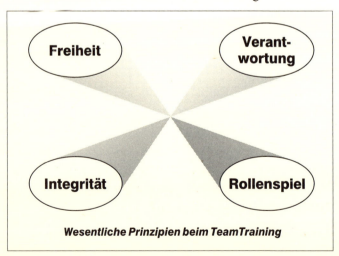

Wesentliche Prinzipien beim TeamTraining

Trittbrettfahrer kann es bei einem *team-dynamischen Training* nicht geben. Und damit gibt es auch keinen Teilnehmer, der auf Dauer den anderen „etwas vormacht".

4. Welche Philosophie steht dahinter?

4.1 Ein ganzheitlicher Ansatz

D*as Training im team-dynamischen Kreis* fordert den ganzen Menschen. Die Teilnehmer bringen sich mit ihrer gesamten seelischen, körperlichen und geistigen Energie ein – also mit Herz, Hand und Verstand.

Die Interaktion im Team betrifft jeden Teilnehmer in seiner persönlichen Existenz – in seinem Denken, Fühlen und Wollen. Ein spontan auftretendes Kribbeln im Bauch, Herzklopfen, weiche Knie, ein Kloß im Hals, Schweiß in den Händen, eine versagende Stimme oder ein plötzliches Bedürfnis nach Bewegung lassen jeden spüren, dass er ganzheitlich, das heißt nicht nur intellektuell und seelisch-geistig, sondern auch körperlich existiert.

Körper, Geist, Seele und auch das Verhalten werden nicht als voneinander getrennte Teile gesehen. Wenn es dem Körper gut geht, dann geht es auch der Seele gut. Und wenn der Körper leidet, dann leidet auch die Seele. Ist die Seele angegriffen, führt dies zu einer unmittelbaren körperlichen Reaktion. Das Verhalten wiederum folgt den körperlichen, geistigen und seelischen Bedürfnissen.

TeamTraining ist ganzheitlich, es trainiert

➤ *den Körper:*   **bietet Raum für Bewegung und Entspannung**
➤ *den Geist:*   **regt zum Nachdenken über sich und die anderen an**
➤ *die Seele:*   **schult den Umgang mit Gefühlen und entwickelt Empathie**

4.2 Ein systemischer Ansatz

Das Team bildet den Rahmen und stellt das tragende Ganze dar, das übergeordnete *soziale System*, in das sich jeder Teilnehmer einbringt. Das Geben und Nehmen, das der Einzelne in diesem System vollzieht, ist stets ein „Herausnehmen" und ein „Hineingeben". Je mehr einer hineingibt und für sich herausnimmt, je größer also der „Umsatz" von Geben und Nehmen ist, desto spannender und bewegender ist die Vorstellung.

Dem Teilnehmerkreis macht die Aktion des Einzelnen Vergnügen, durch den Auftritt fühlt sich der Kreis angesprochen und bereichert. Reagiert der Kreis mit Applaus, dann fließt dem Akteur Energie aus dem System zu. „Gibt" jemand nicht so viel, wie er sich aus der Gruppe „herausnimmt", dann wird er dieses Defizit in der Mitte zu spüren bekommen. Er wird demnächst versuchen, mehr zu geben, so dass seine Beziehung zum Team ausgeglichen ist. Das Prinzip von Geben und Nehmen führt über die Aktion in der Mitte – systemisch gesehen – immer zum Ausgleich:

> *Für alles, was sich einer herausnimmt,*
> *muss er etwas hineingeben*

Das *team-dynamische Training* zielt auf die Qualifikation des sozialen Systems, das aus den einzelnen Mitgliedern besteht – und damit gleichzeitig auf die Qualifikation des Einzelnen. Nur wenn sich der Einzelne weiter qualifiziert, kann sich das System auf Dauer qualifizieren. Und umgekehrt: Nur wenn sich das System weiterentwickelt, kann sich langfristig der Einzelne im System entwickeln.

Team-dynamisches Training ist Personalentwicklung auf zwei Ebenen, die systemisch zusammenwirken:

> ➤ Um ein effizientes *Team* aufzubauen, muss man auf den *Einzelnen* schauen
> ➤ Um den *Einzelnen* effizient zu fördern, braucht man ein gut funktionierendes *Team*

Das Training fördert somit die Energie des Einzelnen und die Synergie des Teams. Man spricht von der „lernenden Organisation".

4.3 Ein phänomenologischer Ansatz

Wenn der Teamtrainer den team-dynamischen Prozess moderiert, geht er „phänomenologisch" vor. Dabei treten seine Theorien und rationalen Erkenntnisse in den Hintergrund. Im Vordergrund steht, dass er das Wesen der Phänomene, der Tatsachen und Vorgänge im Moment, nur geistig-intuitiv anschaut und auf sich wirken lässt.

Was auch immer erscheint, sich zeigt und in seiner eigenen Art spontan zum Ausdruck kommt, befragt der Trainer auf sein Wesen hin. Dieses Wesen darf nicht psychologisiert, aber auch nicht konstruierend erdacht werden, sondern kann nur so, wie es ist, hingenommen und angeschaut werden. Der Trainer ist also genauso gespannt auf das, was sich tut, wie die Teilnehmer, und er ist dann oftmals auch genauso überrascht.

Wenn der Trainer phänomenologisch vorgeht, heißt das im Prinzip: Er sieht ab vom Gewohnten, so gut er das kann, also auch von seinen Theorien und Überzeugungen. Er setzt sich der Teamdynamik aus, so wie sie sich entwickelt. Dann wartet er, ob aus der Situation etwas aufscheint, das ihn plötzlich, blitzartig, als logisch und wesentlich trifft. Auf einmal ist er im Einklang mit der wirkenden Dynamik und lässt alles hinter sich, was er gewusst, gewollt und geplant hat (vgl. Hellinger; in: Weber 1997).

Mitten in einem Teambildungs- oder Trainingsprozess weiß niemand, was am Ende herauskommen wird. Der Trainer geht immer nur mit den Szenen, die sich zeigen. Manchmal ist dieses „Theater" extrem, so dass das Team Angst bekommt, ob alles noch einen guten Ausgang nimmt. Doch der Trainer lässt diese Angst zu, er hofft auf ein Happy End und vertraut den guten Kräften im Team.

Bei seinen Interventionen überlegt er nicht im voraus. Er fängt mit der ersten Idee an zu gestalten, ohne zu wissen, welche Idee die zweite sein wird. Wenn er nicht weiterkommt, dann achtet er auf weitere Reaktionen aus der Gruppe, und aus diesen ergibt sich eine fortführende Idee für seine Moderation, bis sich am Ende eine Auflösung zeigt.

Beim phänomenologischen Vorgehen weiß man die Auflösung noch nicht. Am Ende sieht man, dass es sinnvoll war, aber nicht vorher. Dies ist der Gegenpol zur wissenschaftlichen Vorgangsweise, die ein klares Ziel hat und vom Ziel her den Weg bestimmt (vgl. Hellinger; in: Neuhauser 1999).

4.4 Ein salutogenetischer Ansatz

„Salutogenese" ist eine Wortschöpfung des amerikanisch-israelischen Medizinsoziologen Aaron Antonovsky.

salus, salutis (lat.) = Gesundheit, Heil, Glück, Unverletztheit
genese (griech.) = Entstehung

Das salutogenetische Konzept fragt primär nach den Bedingungen von Gesundheit und nach Faktoren, welche die Gesundheit schützen und zur Unverletzlichkeit beitragen. Die Frage nach den Wirkfaktoren für die Erhaltung der Gesundheit stellt allein die Gesundheit in den Mittelpunkt. Salutogenetisch ansetzen bedeutet, alle Menschen als mehr oder weniger gesund – und gleichzeitig als mehr oder weniger krank – zu betrachten. Die Frage lautet daher: Wie wird ein Mensch mehr gesund und weniger krank?

Gesundheit ist schwer zu fassen und zu beschreiben. Heute besteht in der Sozialwissenschaft und in der Medizin Einigkeit darüber, dass Gesundheit mehrdimensional betrachtet werden muss: Neben körperlichem Wohlbefinden (positives Körpergefühl, keine Beschwerden, keine Krankheitsanzeichen) und psychischem Wohlbefinden (Freude, Glück, Zufriedenheit) gehören auch *Leistungsfähigkeit*, *Selbstverwirklichung* und *Sinnfindung* dazu.

Gerade zu diesen auf der psycho-sozialen Ebene angesiedelten Aspekten liefert der team-dynamische Ansatz seinen Beitrag. Im Team vollzieht sich eine Dynamik, bei der jeder Teilnehmer einen Platz bekommt, der ihm gemäß ist, der zu Wohlbefinden führt und seiner Leistungsfähigkeit eine realistische Basis gibt. Dieser Platz ist mit einer Rolle beziehungsweise Aufgabe verbunden, die den Teilnehmer weder über- noch unterfordert. Er kann den Erwartungen gerecht werden und die Schwierigkeiten handhaben. Seine Rolle ist eine Herausforderung, die ihn in Fluss bringt und kreativ macht. Um so mehr, als er mitgestalten und Einfluss nehmen kann.

Von diesem guten Platz aus versteht der Teilnehmer die Zusammenhänge immer mehr, er bringt seine innere und äußere Erfahrungswelt in Einklang. Er beginnt sich zugehörig und als wertvoller Teil des Ganzen zu fühlen – und erlebt dies als wohltuendes Gruppenklima. Er sucht dann nicht mehr den Sinn für sich allein, sondern findet ihn in der Bestimmung des größeren Systems.

Ist das soziale System gesund, kann es den Einzelnen auf gesunde Weise fördern, so dass sich dieser gesund entwickelt. Sind die Einzelnen gesund, können sie ein gesundes soziales System bilden und erhalten. Aber schon ein einzelnes gesundheitlich angegriffenes Mitglied wird das ganze System belasten.

„Kranke Menschen werden von einer kranken Kultur gemacht; gesunde Menschen von einer gesunden Kultur. Doch es ist ebenso wahr, dass kranke Individuen ihre Kultur kränker machen und gesunde Individuen ihre Kultur gesünder. Die Verbesserung der individuellen Gesundheit ist ein Weg zur Schaffung einer besseren Welt" (Abraham H. Maslow).

4.5 Eine sozio-kulturelle Innovation

Das *Training im team-dynamischen Kreis* beginnt, sich seinen Platz in der Arbeits- und Betriebskultur sowie in der zwischenbetrieblichen Kooperation zu erobern. Je spezialisierter die Betriebe sind und je entfremdeter die Arbeit ist, desto wichtiger wird ein Training der kooperativen Kompetenz.

Die Methode wird damit auch zu einem Teil der Betriebswirtschaft – solange die Betriebswirte es denn ernst meinen, dass ihre Betriebe *sozio*-technische Systeme sind und dass die Wirtschaftswissenschaften zu den *Sozial*-Wissenschaften gehören.

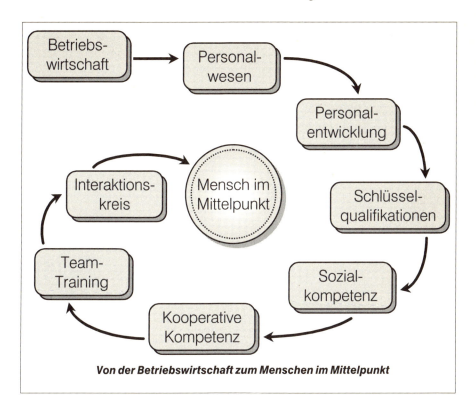

Von der Betriebswirtschaft zum Menschen im Mittelpunkt

1. Im *Betrieb* gibt es unterschiedliche Funktionsbereiche – uns interessiert speziell das Personalwesen, denn das Personal stellt den primären Produktionsfaktor: die menschliche Arbeitskraft.

2. Im *Personalwesen* gibt es viele Aufgaben – uns interessiert insbesondere die Personalentwicklung, denn in einer innovativen Wirtschaft muss das Personal sich mit erneuern.

3. In der *Personalentwicklung* geht es um die Qualifikation der Mitarbeiter – uns interessieren speziell die Schlüsselqualifikationen.

4. Die *Schlüsselqualifikationen* umfassen viele Kompetenzen – uns interessieren besonders die sozialen Kompetenzen.

5. Eine *soziale Kompetenz*, die in Beruf und Geschäft ganz besonders benötigt wird, ist die kooperative Kompetenz, die Fähigkeit und Bereitschaft zur Zusammenarbeit.

6. Die **kooperative Kompetenz** kann man auf vielfältige Weise schulen – wir veranstalten dazu ein Team-Training.

7. Ein **Team-Training** kann man auf vielfältige Weise durchführen, wir setzen uns dazu stets in den Interaktionskreis.

8. Im **Interaktionskreis** zu sitzen ist eine häufig praktizierte Form (runder Tisch, Qualitätszirkel, TZI = themen-zentrierte Interaktion). Wir nutzen methodisch die Mitte des Kreises als sozialen Fokus. Das ist äußerst wirksam, aber für viele etwas total Neues.

9. Sich für einen aktiven Beitrag in den **Mittelpunkt des Kreises** zu stellen ist für die meisten Teilnehmer ein „zentrales" Erlebnis, eine so grundsätzliche Erfahrung, dass sich daraus viele Rückwirkungen auf alle Bereiche der privaten und beruflichen Weiterentwicklung ergeben. Davon profitiert letzten Endes nicht nur der Teilnehmer, sondern auch der **Betrieb**, in den der Teilnehmer seine Arbeitskraft – seine Kreativität und Produktivität – einbringt.

Um diese soziale Mitte herum ist eine alternative Kommunikationskultur entstanden, genaugenommen eine Interaktionskultur. Nicht nur auf Workshops und Seminaren, sondern auch bei Diskussionen in Sitzungen, Konferenzen und auf Tagungen kann man auf eine neue, die Synergie und Kooperation fördernde Weise miteinander umgehen – für erprobte Mitglieder ein vertrautes Spektrum, für Neueinsteiger erst einmal gewöhnungsbedürftig. Wer neu damit in Berührung kommt, wird sich erst einmal wundern. Ein kleiner „Kulturschock", wie man ihn etwa auf Reisen zu fremden Völkern erlebt, ist durchaus möglich.

Mit Sicherheit kann die Methode einen Beitrag zur Entwicklung der Kommunikationskultur in sozialen und ökonomischen Systemen leisten. Die Interaktion der Teilnehmer über die Mitte des Kreises führt zu einem flüssigeren Austausch von Emotionen und Informationen. Die methodischen Übungen fördern die Kooperation der Teilnehmer und das Wachsen kollegialer, freundschaftlicher Beziehungen. Was immer bestehen bleibt, ist ein „Verbundenheitsgefühl". Dieses ist der Stoff, aus dem das Unternehmen besteht. Niemand fühlt sich einer Firma, einer Organisation, einem juristischen Konstrukt verbunden. Immer sind es Menschen, zu denen die Verbindung gehalten wird.

Die Formen und Übungen, die sich im Umgang miteinander als förderlich erwiesen haben, bleiben Team-Kultur. Die kultivierte Form, in der beispielsweise ein Feedback gegeben und entgegengenommen wird, schafft einen „guten Ton". Und wie Kritik oder Ideen geäußert werden, ist ein Barometer für das Klima im Team.

Die team-dynamische Methode wirkt auf der sozio-kulturellen Ebene überall dort, wo Menschen gemeinsam kreativ und produktiv sind. Soziale Gebilde wie Teams, Betriebe, Projekte, Vereine, Bildungsinstitutionen brauchen eine Kultur, ein rücksichtsvolles, ja liebevolles, gepflegtes Miteinander, eine soziale und kultivierte Atmosphäre.

Systemisches Training im team-dynamischen Kreis

Der team-dynamische Ansatz nach Armin Poggendorf
im Überblick

Methode: Interaktion im Kreis	Methodische Übungen	Methodischer Ansatz	Was findet im Kreis statt?	Wie findet es statt?
Im Kreis entsteht ein Kohärenzfeld Aktion von der Mitte aus Reaktion vom Rand aus	Selbst-darstellungen Team-aufstellungen Rollenspiele	ganzheitlich systemisch phänomeno-logisch salutogenetisch	Kommunikation Interaktion Präsentation Kooperation	spontan spielerisch künstlerisch

Soziale Dynamik	Funktion des Trainers	Wirkungs-Ebenen	Wirkung bei den Teilnehmern	Wirkung auf das Wohlbefinden
Gruppendynamik Teamdynamik Publikumsdynamik Verbandsdynamik	Animation Moderation Motivation	psycho-soziale Ebene • sozio-kulturelle Ebene sozio-ökonomische Ebene	Individuation und Sozialisation Harmonie und Synergie	personale Wellness: innen integer soziale Wellness: außen integriert

Was wird trainiert?	Betriebliche Funktions-bereiche	Verbesserung der Bedingungen	Verbesserung der Leistungen	Anwendung des Konzeptes
emotionale Intelligenz soziale Kompetenz kooperative Effizienz	Personal-entwicklung Kooperations-entwicklung Projektarbeit Qualitäts-management	Arbeits-zufriedenheit Identifikation mit dem Betrieb psycho-soziale Gesundheit	Kreativität Produktivität Stabilität Flexibilität	Workshops Trainings Meetings Tagungen Qualitätszirkel feste und offene Gruppen

Die Zielsetzungen
Soziale Kompetenz und emotionale Intelligenz fördern

5. Kooperative Kompetenz entwickeln

5.1 Vom Ich-Gefühl zum Wir-Gefühl

Häufig bezeichnet sich eine Gruppe als „Team", obwohl die Mitglieder keine gemeinsame Welle haben. Dieses sogenannte Team könnte zum Beispiel von einem gemeinsamen Feindbild leben. Der Unterschied zu diesem äußeren Feind gibt ein vorübergehendes, falsches Wir-Gefühl, das sich in Luft auflöst, wenn der Feind nicht mehr existiert.

Die Staatspräsidenten der führenden Industrienationen wollen zu einer gemeinsamen Gipfelkonferenz zusammenkommen. Würde jeder einzelne von ihnen auf seinem Biorhythmus beharren, so säße der Deutsche bereits beim Abendessen, während der Amerikaner noch ans Kaffeetrinken denkt.

Um auf der Konferenz zusammen kreativ und produktiv sein zu können, müssen sie sich auf einen gemeinsamen Tagesablauf einigen. Sie stellen ihre Uhren nach der gleichen Zeit. Mittags werden sie feststellen: **Wir** haben zwölf Uhr, lasst **uns zusammen** zu Tisch sitzen.

In einem Team ist es genauso. Fühlen alle Mitglieder dieselbe innere Zeit, harmonieren ihre inneren Uhren und schlagen sie im gleichen Rhythmus, dann werden sie ein **Wir-Gefühl** haben. Diese „innere Harmonie" der Teilnehmer stellt sich nicht von allein ein. Sie zu erreichen kostet viel Zeit und Energie. Die Beziehungen der Teilnehmer untereinander müssen geklärt werden. Sie müssen ihre „innere Uhr" kennen, um sie mit den anderen Uhren in der Gruppe zu vergleichen.

Der Prozess vom Ich-Gefühl zum Wir-Gefühl, von der Gruppe zum Team lässt sich modellhaft in vier Phasen gliedern:
1. Kennenlernphase
2. Konfliktphase

3. Organisationsphase
4. Kreativitätsphase

Entwickelt sich eine Gruppe zum Team, so wird sie jede dieser vier Phasen durchlaufen. Beim Training taucht oft – nachdem sich ein Team gefunden hat – in der für alle Teilnehmer leichtgängigen und spaßbringenden Kreativitätsphase die Frage auf: „Wieso haben wir nicht gleich so begonnen?" Leider ist es nicht möglich, die Teamuhr rückwärts laufen zu lassen.

Kennenlernphase

Aller Anfang ist schwer. Die Kennenlernphase ist bestimmt von höflichem, unpersönlichem Umgang, gespannter Vorsicht und oberflächlichem Miteinander. Es gibt keinen richtigen, guten Anfang. Man tastet sich erst einmal vorsichtig ab und bleibt zunächst reserviert. Ressentiments verbirgt man hinter einer freundlichen Fassade.

Konfliktphase

Bisher unterschwellige Konflikte führen in dieser Phase zur offenen Konfrontation der Personen. Oft geht damit eine Cliquenbildung einher, da ein unvermeidlicher Eklat die Gruppe in mehrere Lager mit unterschiedlicher Meinung und Sympathie spaltet. Diese Phase des „Nahkampfes" beansprucht eine Menge Energie, Zeit und Kraft der Gruppenmitglieder. Man scheint nur mühsam vorwärtszukommen und hat das Gefühl der Auswegslosigkeit. Aber gerade über den Konflikt beginnt die Gruppe sich zu strukturieren.

Organisationsphase

In der darauf folgenden Organisationsphase findet sich das Team. Die sozialen Umgangsformen und Verhaltensweisen werden untereinander reflektiert und definiert. Es entsteht ein neues Bewusstsein über das eigene Verhalten wie auch über das Verhalten der anderen. Die Konfrontation der persönlichen Standpunkte mündet schließlich in einen Konsens, hinter dem alle Gruppenmitglieder stehen können: den Weg des Teams in die Synergie.

Kreativitätsphase

Die Synergie ist das energetische Zusammenwirken aller im Team vorhandenen Kräfte. Das Team ist offen, flexibel, solidarisch, ideenreich und leistungsfähig. Dadurch wird die Teamarbeit um ein Vielfaches vereinfacht und beschleunigt. Das kreative Potential und die Produktivität des Teams können nun vollständig zur Entfaltung kommen.

Ein Team muss alle Hürden nehmen

Erst durch die Bewältigung des anfänglichen Eklats findet ein Team seine gemeinsame Welle und seinen stabilen Zusammenhalt. Die dabei entstehende Struktur ist eine vorläufige, sie wird sich im Laufe der Teamarbeit wieder verändern. Das Team wird sich deshalb immer wieder neu finden und die jeweiligen Phasen aufs Neue durchlaufen müssen. Jede Phase ist unabdingbar für die Entwicklung des Teams. Auch wenn das Kennenlernen oberflächlich, der Konflikt unangenehm und die Organisation nicht einfach ist – diese Hürden müssen genommen werden, um in die Phase der Kreativität und Produktivität zu kommen.

Die Teamuhr: Vom Einzelkämpfer zur Teamarbeit

In der Berufswelt wird zukünftig die Arbeit überwiegend von Teams erledigt werden. Der wichtigste Faktor der Intelligenz eines Teams ist „innere Harmonie". Diese Harmonie ist ausschlaggebend dafür, dass es unter gleichen Bedingungen erfolgreicher ist als eine andere Gruppe. Die „innere Harmonie" entsteht nur dann, wenn sich aus dem Ich-Gefühl der Teilnehmer ein Wir-Gefühl entwickelt.

5.2 Schlüsselqualifikationen erwerben

Im team-dynamischen Kreis wird die Teamfähigkeit der Teilnehmer trainiert. Auf dem Wege der Teambildung erwerben die Teilnehmer eine Reihe von Schlüsselqualifikationen.

Schlüsselqualifikationen sind wie Generalschlüssel, die als Türöffner für ein Berufsfeld, wenn nicht gar für die Berufswelt dienen. Damit sind sie wesentlich mehr wert als spezielle

Qualifikationen, mit denen man beispielsweise an einem bestimmten Arbeitsplatz eine Maschine bedienen kann. Soziale Kompetenz ist eine grundlegende Fähigkeit, um in Berufen zu arbeiten, bei denen der Umgang mit anderen Menschen und Führungsqualitäten gefragt sind. Teamfähigkeit ermöglicht, sich in jedes Team, ob Projektgruppe, Führungs- oder Fußballmannschaft, einzufügen – die fachlichen Qualifikationen vorausgesetzt.

Beim Erwerb fachlicher Qualifikationen steht der kognitive (verstandes-betonte) Lernprozess im Vordergrund. Dieser Prozess beruht auf Erkenntnissen, die begrifflich, mathematisch oder technisch nachgewiesen werden können. Bei Schlüsselqualifikationen wie Sozialkompetenz, Teamfähigkeit und Kreativität steht dagegen der affektive (gefühlsbetonte) Lernprozess im Mittelpunkt.

Schlüsselqualifikationen können unterteilt werden in

kognitiv-abstrakte

wie
Lerntechniken
Präsentationstechniken
Organisationsmethoden

sozial-kommunikative

wie
Teamfähigkei t
Mitarbeiterführung
Verhandlungsführung

Sozial-kommunikative Qualifikationen bauen sich im Zustand der Betroffenheit auf. Einem Defizit-Erlebnis folgt ein emotionaler Lernprozess. Erst wenn es sich „gesetzt" hat, kann man beurteilen, was einen weitergebracht hat, und schätzen, wie gut es war, dass dieser Prozess in Gang gesetzt wurde. Im frischen Zustand der Betroffenheit, zum Beispiel inmitten oder am Ende eines *TeamTrainings*, hat man noch nicht den Abstand, um den Lernprozess zu begreifen und dessen Effizienz zu bestätigen. „Vieles klickert erst später", und solange die emotionale Betroffenheit andauert, wird man nicht in der Lage sein, den Lernprozess rational zu erkennen.

Eine andere Systematik der Schlüsselqualifikationen ist die Unterscheidung von drei Kompetenzfeldern, die erst zusammen eine Handlungskompetenz ergeben:

➤ Fachkompetenz
➤ Methodenkompetenz
➤ Sozialkompetenz

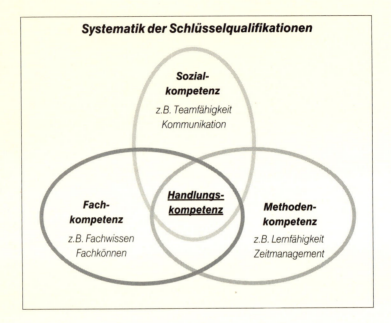

Fachliche, methodische und soziale Kompetenzen stehen im engen Zusammenhang und befruchten sich gegenseitig. Das isolierte Nebeneinander von Fachinhalten einerseits und sozialen und kommunikativen Lerninhalten andererseits ist für die Vermittlung von Schlüsselqualifikationen nicht organisch und daher nicht wünschenswert.

Fachwissen muss so aufbereitet werden, dass durch die Wissensvermittlung die Sozial- und Methodenkompetenzen mittrainiert werden; bei der Vermittlung sozialer Kompetenzen müssen automatisch Methoden- und Fachkompetenzen mit erworben werden.

Alles spricht für die Arbeit und das Lernen in Teams und für einen ganzheitlichen Lernprozess, bei dem Fach-, Methoden- und Sozialkompetenzen zusammen geschult werden.

5.3 Kooperieren ist mehr als kommunizieren

Kommunikation ist der Austausch von Informationen. Überall dort, wo man produziert und Dienste leistet, müssen Informationen präzise und zuverlässig ausgetauscht werden. Ein häufiger Grund für Misserfolge ist, dass jemand nicht richtig oder nicht rechtzeitig informiert wurde: „Aber das konnte ich ja nicht wissen ..."

Schaut man unter dem Stichwort „Kommunikation" in die Fachliteratur zur Personalentwicklung, so findet man allerlei Anregendes. Es gibt eine Menge an Büchern und Abhandlungen über „kommunikative Kompetenz". Sicherlich ist die Fähigkeit, zu kommunizieren, sich auszutauschen, sich mitzuteilen, sich gegenseitig verständlich zu machen, äußerst wichtig für die Teamfähigkeit. Denn bevor ein Team überhaupt etwas leisten kann, müssen die Teammitglieder einander auf sachlicher und emotionaler Ebene verstehen.

So absolut wichtig die Kommunikation im Team auch ist, sie bleibt immer nur eine Vorbedingung. Das Leistungsergebnis kommt nicht zustande, weil die Mitglieder gut kommunizieren, sondern weil sie *kooperieren*, zu deutsch: weil sie gut zusammenarbeiten, sich in der Arbeit wirkungsvoll ergänzen. Nicht Kommunikation, sondern *Kooperation* ist der springende Punkt.

Die Zusammenarbeit von Mitarbeitern kann traditionell sehr gut „von oben" geregelt werden. Der Vorgesetzte sagt, was jeder an Arbeit beizusteuern hat, und er muss dafür sorgen, dass alles gut zusammenpasst. Aber die Teamarbeit verlangt, dass es auch ohne Vorgesetzten klappt: Das Ineinandergreifen der Arbeitsbeiträge soll unter Teammitgliedern geregelt werden, die gleichberechtigt sind.

Und hier steckt das wirkliche Problem: Alle Teammitglieder haben ihr eigenes Verständnis von der Arbeit sowie ihre speziellen Fähigkeiten und Möglichkeiten. Dabei wissen sie mehr oder weniger über die Arbeit der Kollegen. Und darüber, wie alles zusammenpasst, haben sie unterschiedliche Vorstellungen.

Wessen Vorstellung setzt sich durch? Wer sagt wem, was zu tun ist? Wer entscheidet, und wer führt aus? Jedes Teammitglied möchte etwas zu sagen haben, jeder möchte seine Idee verwirklichen – und niemand möchte sich mit jemandem um etwas streiten. Aber wonach geht es? Wer gibt den Ton an?

➤ Derjenige, der die älteren Rechte hat? (Betriebszugehörigkeit)
➤ Derjenige, der sich am besten durchsetzt? (Ellenbogen, Power)
➤ Derjenige mit dem größten persönlichen Ansehen? (Autorität)
➤ Derjenige, der seine Ideen am plausibelsten, am attraktivsten vorträgt? (Präsentation)
➤ Derjenige, der die meisten Freunde oder die wenigsten Feinde hat? (Sympathien, Antipathien)
➤ Derjenige, dessen Ideen bei einer Abstimmung gewonnen haben? (Demokratie)
➤ Derjenige, dessen Ideen am realistischsten, am zweckmäßigsten erscheinen? (Zielorientierung)
➤ Und wer beurteilt die Zweckmäßigkeit? (Kompetenz)

Häufig kommt es zu Reibungen, zu Lücken in der Zuständigkeit, zu Kompetenzstreitigkeiten. Leider auch zu Zerwürfnissen und inneren Kündigungen. Für die Teammitglieder wird es oft gleich existenziell. Denn es ist nicht nur so, dass sich der höhere Rang durchsetzt.

Es gilt auch das Gesetz: Wer sich durchsetzt, steigt im Rang. Eine endlose Rangelei! Das System bleibt immer in einer Dynamik.

Kooperative Kompetenz bedeutet:
➤ den Markt, das Unternehmen, den Auftrag wahrnehmen können als das nachfragende und daher sinn- und taktgebende *größere System*
➤ sich in die *sozio-technische Struktur* des produktiven Prozesses einfühlen, einfinden und einfädeln
➤ den Beitrag der anderen erkennen und *die Lücken schließen* – gleich, ob eine Entscheidung ansteht oder eine Entscheidung umzusetzen ist

Kooperation heißt weder Durchsetzung noch Unterordnung, weder Herrschen noch Kuschen, sondern wahrnehmen, was – wann – wo – wie – für ein gutes Ergebnis gebraucht wird. Das verlangt menschlich-emotionale Qualitäten, nämlich systemisches Denken und systemisches Wahrnehmen. Die Basiskompetenz ist Empathie, Einfühlung in das sozio-technische Ganze.

Kooperation ist jede Form der Zusammenarbeit mit dem Ziel, eine Aufgabe gemeinsam zu erfüllen. Es gibt die Kooperation
➤ zwischen Mitarbeitern (in Teams, Abteilungen, Projekten)
➤ zwischen Vorgesetzten und Mitarbeitern, wobei die Vorgesetzten die Mitarbeiter führen (kooperativer Führungsstil)
➤ zwischen Organisationen (Verbänden, Instituten, Unternehmen), wobei diese rechtlich selbstständig bleiben, aber einen Teil der wirtschaftlichen Selbstständigkeit aufgeben

Gleich, ob Personen, soziale oder ökonomische Systeme, immer sind es Menschen, die in die Pflicht genommen sind zu kooperieren.

5.4 Kreativität und Produktivität im Team

Kreativität ist die Kraft, um etwas Neues zu schöpfen, Neues zu erfinden oder zu entdecken. Kreativität ist die Fähigkeit zu schöpferischen Leistungen, zum Entdecken neuer Beziehungen, zu ungewöhnlichen Einfällen oder zur künstlerischen Gestaltung. Kreativ ist jeder, der schöpferisch wird, der etwas formt, strukturiert, etwas Neues erfindet oder entdeckt. Auch wer Menschen führt, anleitet oder ausbildet, braucht dazu Kreativität.

Die meisten Menschen könnten kreativer sein. Schöpferisch sein ist nicht ein Merkmal ganz weniger großer Genies, sondern ein Kennzeichen vieler, ja letztlich eines jeden Menschen. Nur Grad und Bereich der Kreativität sind verschieden. Kreativität ist nicht an künstlerische Berufe gebunden. Nicht nur Maler, Musiker und Texter sind kreativ. Neues und Richtungweisendes kann eine Hausfrau ebenso schaffen wie ein Manager.

Kreativität hängt nicht allein von der Erbmasse, auch nicht allein von Umwelt und Erziehung ab. Sie ist in erster Linie das Produkt der Persönlichkeit. Die in einem Team vorhandenen persönlichen Potenziale können sich im synergetischen Wechselspiel zu hoher Kunst und Leistungsfähigkeit ergänzen.

Produktivität ist das Hervorbringen von Produkten, Leistungen oder konkreten Ergebnissen. Etwas ist produktiv, wenn es ergiebig und leistungsfähig ist. Die betriebswirtschaftliche Größe Produktivität bezieht sich stets auf einen Produktionsfaktor in einem bestimmten Produktionsprozess. Dabei ist die entscheidende Größe die „menschliche Arbeitskraft", die individuelle und erst recht die gemeinsame! Der Mensch im sozio-technischen Gefüge ist der sensibelste und zugleich wirksamste Faktor.

Das Ganze ist mehr als die Summe seiner Teile

Dieses Gesetz gilt auch für die Produktivität eines Teams. Die Gesamtleistung eines kooperierenden Teams ist immer mehr als die Summe der Leistungen, die die Teammitglieder einzeln erbringen.

5.5 Mögliche Lerninhalte im Detail

Der team-dynamische Lernzielkatalog beschreibt ein weites Feld, in welchem man sich auch leicht verirren kann. Der Teamtrainer aber hat die Landkarte im Kopf. Er kennt die möglichen Lernziele im Detail, und er hat den Überblick, wie sie zusammen trainiert werden können.

Das *Training im team-dynamischen Kreis* vermittelt eine differenzierte Skala von sozialen und emotionalen Lerninhalten, die in über 150 Unterpunkten aufgehen:

Sie finden Ihren Platz im Team

➤ Die Plätze sind ebenbürtig, aber nicht gleich
➤ Die volle Zugehörigkeit zum Team
➤ Das Team hält den Platz bereit
➤ Der Einzelne stellt sich in den Dienst
➤ Jeder trägt seinen speziellen Teil bei
➤ Niemand bekommt seinen Platz umsonst
➤ Das Team funktioniert nur bei Vollzähligkeit
➤ Plätze im Kreis: Nähe, Einheit und Zusammenhalt

Sie reflektieren Ihre Rolle im Team

➤ Jede Rolle ist mit einer Funktion verbunden
  → Rolle: die emotionale Dimension
  → Funktion: die produktive Dimension
➤ Jeder darf mal aus der Rolle fallen
➤ Eine neue Rolle finden und ausfüllen
➤ Von einer in die andere Rolle wechseln
➤ Mittel, um die eigene Rolle zu definieren
➤ Sich in der Selbstdarstellung ausprobieren
➤ Unterschiedliche Erwartungen an die Rolle: Rollenkonflikt

Sie lernen, sich in der Rangordnung zu bewegen

➤ Verschiedene Ordnungen überlagern sich
➤ „Oben" und „unten" in der Hierarchie
➤ Wo steht der Einzelne in der Hierarchie?
➤ Der Vorgeordnete wird anerkannt
➤ Der Nachgeordnete wird motiviert
➤ Rangfolge gemäß der Verantwortung
➤ Der Vorrang des Früheren vor dem Späteren
➤ Der Vorrang der größeren Kompetenz
➤ Der Vorrang des größeren Leistung
➤ Der existenzielle Vorrang der Form vor dem Inhalt

Sie lernen, Machtstrukturen wahrzunehmen

➤ Worauf beruht Macht?
➤ Das Machtgefüge gebraucht Symbole
➤ Unterwürfigkeit und Imponiergehabe
➤ Der Umgang mit „oben"
  → Den Rahmen füllen
  → Den Spielraum nutzen
➤ Der Umgang mit „unten"
  → Einen Rahmen geben
  → Einen Spielraum lassen
➤ Offizielle und unterschwellige Machtstrukturen

Sie gewinnen Vertrauen und werden verbindlich

➤ Verbindlichkeit hat zwei Dimensionen
  → Ich bin freundlich, entgegenkommend
  → Ich binde mich an Vereinbarungen
➤ Der Smalltalk als soziale Kunst
➤ Wie entsteht Vertrauen im Team?
➤ Vertrauen und Selbstvertrauen
➤ Wer ein Fach gelernt oder studiert hat, genießt das Vertrauen
  → der Verbraucher, Käufer, Gäste, Klienten
  → des Chefs, des Vorgesetzten
  → der Kollegen und Mitarbeiter
➤ Was ist „echt", und was ist „aufgesetzt"?
➤ Vertrauenshierarchie statt Hackordnung

Sie schaffen sich mehr Sympathie und lösen Antipathie auf

➤ Die Empathie wecken und schulen
➤ Die Beziehungen bewusst machen
  → Wer kann wen gut riechen?
  → Stimmt die Chemie im Team?
  → Stimmt die Beziehung zum Teamleiter?
➤ Die Attraktivität als Frau
➤ Die Attraktivität als Mann
➤ Die Wellenlänge zwischen Kollegen und Kolleginnen

Sie lernen, frei und sicher vor Menschen aufzutreten

➤ Wer bin ich? Als Kollege, als Mensch?
➤ Wer ist der andere? Beruflich, privat?
➤ Wie wirke ich persönlich auf andere?
  → Auf Kollegen?
  → Auf Gäste, Kunden, Klienten?
  → Auf den Vorgesetzten, den Chef?
➤ Ich stehe für mich gerade und zu meiner Meinung
➤ Wer führt? Wer nimmt die Situation in die Hand?
➤ Keine Angst vor vielen Leuten

Sie lernen, sich und Ihre Sache wirkungsvoll zu präsentieren
. . . .

- ➤ Die Stimme entfalten
- ➤ Stil und Worte wählen
- ➤ Die nonverbale Kommunikation
  - → Mimik und Gestik
  - → Körperhaltung
  - → Körpersprache
- ➤ Mit äußeren Störungen umgehen: Unruhe, Hektik, Telefon
- ➤ Mit inneren Störungen umgehen: Aufregung, Zittern, Schwitzen
- ➤ Der Kontakt zum Gegenüber
- ➤ Der Kontakt zum Publikum

Sie erfahren, wie sich die Persönlichkeiten im Team ergänzen
. . . .

- ➤ Der Ausgleich von Geben und Nehmen
  - → Geben und Nehmen in der Beziehung
  - → Geben und Nehmen im Team
- ➤ Die Stärken des Einzelnen zur Geltung bringen
- ➤ Was tun, wenn jemand Schwächen hat?
  - → Ihn mit bestimmten Aufgaben verschonen
  - → Ihn bei seiner Aufgabe ergänzen und unterstützen
  - → Ihn trainieren, so dass eine Stärke entsteht
- ➤ Charaktereigenschaften haben Licht- und Schattenseiten
- ➤ Eine Persönlichkeit ist einmalig und unverwechselbar
- ➤ Nachhaltigkeit in der Teamarbeit

Sie finden einen Ausweg aus der endlosen Konkurrenz
. . . .

- ➤ Konkurrenz: ein natürlicher Mechanismus
- ➤ Positive Konkurrenz: Anreiz für Leistungssteigerung und persönliche Entwicklung
- ➤ Negative Konkurrenz: Hackordnung und Intrigenspiel
  - → Nutzloser Energieverschleiß
  - → Verlust für den Betrieb
  - → Verlust für die Persönlichkeit
- ➤ Ausweg aus der Konkurrenz: Ergänzung durch Spezialisierung
  - → Wo bin ich besser: Ich zeige Selbstbewusstsein
  - → Wo ist der andere besser: Ich gebe Anerkennung

➤ Gewinnen und verlieren
- → Mehr Verpflichtungen für den Gewinner
- → Mehr Freiheiten für den Verlierer
- → Gewinner-Gewinner-Methode

Sie lernen etwas über Dominanz und Durchsetzung

➤ Dominanz als Verhalten und als emotionaler Zustand
➤ Positive und negative Dominanz
- → Dominieren zum Wohle des größeren Ganzen (Autorität)
- → Dominieren zugunsten des eigenen Images (Nervensäge)
➤ Der Schaden unbewusster Dominanz
➤ Dominanz: ein häufiger Grund für fehlenden Erfolg
➤ Einfühlungs- und Durchsetzungsvermögen
- → Sind Frauen einfühlsamer?
- → Sind Männer durchsetzungsfähiger?
- → Kann ich mich durchsetzen, wenn ich mich einfühle?

Sie lernen, Emotionen zu nutzen und zu handhaben

➤ Emotionen: Gemütsbewegungen und bewegende Gefühle
➤ Gibt es „positive" oder „negative" Emotionen?
➤ Es gibt „erwünschte" und „unerwünschte" Emotionen
➤ Gefühle verdrängen (schadet der Gesundheit)
➤ Gefühle herauslassen (Vorsicht!)
- → Privat: volle Palette
- → Im Dienst: gefilterte Palette
- → Nach dem Dienst: der emotionale Ausgleich
➤ Gefühle sozial und produktiv gestalten

Sie lernen, mit Herausforderungen umzugehen

➤ Beschwerden und Reklamationen behandeln
➤ Mit Provokationen und Verunsicherungen umgehen
➤ Jeder will recht haben, jeder hat recht
➤ Unerwünschte Personen zurückweisen
➤ Ängste, Komplexe, Hemmungen spielerisch abbauen
➤ Längst vergessene, im Unterbewusstsein aber noch wirksame Erlebnisse

➤ Beeinträchtigungen durch Tabus
  → eigene innere Tabus
  → gesellschaftliche Tabus
➤ Die eigene Mitte finden

Sie erarbeiten sich Führungsqualitäten

➤ Kreativität und Produktivität
➤ Kommunikation und Interaktion
  → mit einem Partner
  → in der Gruppe
➤ Organisatorische Fähigkeiten (formell und informell)
➤ Strategien Schritt für Schritt entwickeln
➤ Auf die Wirksamkeit der Führung kommt es an
  → Animation: Mitarbeiter begeistern
  → Moderation: Mitarbeiter verbinden
  → Motivation: Mitarbeiter bewegen
➤ Humor: Was ist das? Wie entsteht er?
➤ Autorität: Persönlichkeit mit Einfluss und Ansehen

6. Die Intelligenz der Emotionen nutzen

6.1 Was sind Emotionen?

Das Wort *Emotion* bedeutet soviel wie *Herausbewegung*. Emotionen sind Gemütsbewegungen, verbunden mit ihren physiologischen und psychologischen Zuständen sowie den entsprechenden Gedanken, Äußerungen und Handlungen. Es gibt wohl Hunderte von Emotionen mitsamt ihren Übergängen und Überlagerungen, Mutationen und Variationen. Es gibt so unendlich viele Nuancen von Emotionen, dass man dafür nur schwer Worte findet. Der amerikanische Psychologe *Daniel Goleman* unterteilt die Emotionen in acht Hauptfamilien (Goleman 1996, 363 ff.).

Die acht Hauptfamilien der Emotionen

Zorn:	Hass, Wut, Ärger, Empörung, Verletztheit, Reizbarkeit, Feindseligkeit, Gewalttätigkeit
Trauer:	Leid, Kummer, Trübsal, Melancholie, Selbstmitleid, Einsamkeit, Verzweiflung, Depression
Furcht:	Angst, Sorge, Nervosität, Bestürzung, Entsetzen, Gereiztheit, Schrecken, Grauen, Panik, Phobie
Freude:	Glück, Vergnügen, Zufriedenheit, Optimismus, Stolz, Lust, Dankbarkeit, Euphorie, Ekstase
Liebe:	Güte, Hingabe, Zuwendung, Freundlichkeit, Vertrauen, Geborgenheit
Ekel:	Abneigung, Aversion, Verachtung, Widerwille
Scham:	Schuld, Verlegenheit, Reue, Demütigung, Bedauern
Überraschung:	Schock, Erstaunen, Verblüffung, Verwunderung

Jede Emotion hat einen bestimmten Wert und eine spezielle Bedeutung für uns. Angst zum Beispiel ist ein Durchprobieren dessen, was schief gehen könnte. Angst bringt positive Lösungen hervor und wehrt Gefahren gedanklich ab, bevor sie in der Realität auftauchen. Angst kann den Verstand untergraben, kann lähmend wie auch motivierend auf den Menschen wirken. Optimismus dagegen ist eine Haltung, die uns in großen Schwierigkeiten davor bewahrt, in Apathie, Hoffnungslosigkeit und Depressionen zu verfallen.

Emotionen wecken darüber hinaus eine spezifische Handlungsbereitschaft. Unsere tiefsten Gefühle, Leidenschaften und Sehnsüchte sind für unser Überleben ausschlaggebend: Angst führt zur Flucht, Ekel schützt vor Vergiftung, Liebe macht gesellig und empfängnisbereit, Wut gibt Kraft. Im Verlauf der Evolution waren Emotionen stets unsere Führer und Beschützer.

Durch die schnelle Entwicklung der menschlichen Zivilisation sind neue Realitäten entstanden, mit denen die Evolution nicht mithalten konnte. Die letzten 10.000 Jahre, in denen sich unsere Kultur und Zivilisation rapide entwickelten, haben in den Grundformen unseres Gefühlslebens kaum eine Spur hinterlassen.

Jedes Gefühl hat zwei Seiten. „Hass ist nur die andere Seite der Liebe", sagt zum Beispiel der Familientherapeut *Bert Hellinger*. Und wer hat nicht schon erlebt, wie schnell Ablehnung in Zustimmung umschlagen kann? Die Medaille ist dieselbe geblieben – sie hat sich nur gedreht.

6.2 Was ist emotionale Intelligenz?

Unter dem Begriff *Emotionale Intelligenz* versteht man die ausgewogene Wechselbeziehung von *Emotion* und *Intellekt*, das sich ergänzende Zusammenwirken von Gefühl und Verstand.

Emotionale Intelligenz heißt:
Gefühl und Verstand gehen Hand in Hand

Emotionale Intelligenz ist eine übergeordnete Fähigkeit, die auf alle anderen, insbesondere auf die sozialen Fähigkeiten, großen Einfluss hat.

Nach *Daniel Goleman* bedeutet emotionale Intelligenz:

- ➤ die eigenen Emotionen kennen
- ➤ die eigenen Emotionen handhaben
- ➤ Emotionen in die Tat umsetzen
- ➤ über Empathie (Einfühlung) verfügen
- ➤ mit Beziehungen gut umgehen (Goleman 1996, 65 f.)

Der Mensch sollte sich seiner Emotionen bewusst sein. Dazu gehört, dass er die Emotionen nicht nur kennt, sondern mit ihnen auch umgehen und sie angemessen zum Ausdruck bringen kann. Er sollte in gewissen Situationen fähig sein, unerwünschte Gefühle zu kontrollieren und unter Umständen vorübergehend aufzuschieben.

Emotionen müssen sinnvoll und produktiv in Taten umgesetzt werden. Gefühle können spezifische Leistungen anregen, zu denen Verstand und Fachwissen notwendig sind. Wer keine Kontrolle über sein Gefühlsleben hat, muss ständig innere Kämpfe ausfechten, die seine Fähigkeit zu klarem Denken und konzentrierter Arbeit stören.

Emotionale Intelligenz heißt:
sich seiner Gefühle bewusst sein

Wie geht man im team-dynamischen Kreis mit Emotionen um?

In unserer Gesellschaft sind angenehme Gefühle gern gesehen, unangenehme Gefühle sind eher unerwünscht. Bei einem *Training im team-dynamischen Kreis* sind **alle** Gefühle willkommen. Entscheidend ist nur, wie man mit den unangenehmen Gefühlen umgeht und was man aus ihnen macht.

1. Möglichkeit: Gefühl verdrängen
Das schadet auf Dauer der Gesundheit. Emotionen brauchen ein Ventil und müssen abgebaut werden. Aufgestaute Emotionen bleiben stecken und rumoren solange herum, bis sie herausgelassen werden.

2. Möglichkeit: Gefühl herauslassen
Das geht oft auf Kosten der anderen und macht unbeliebt. Gerade, wenn es sich um aufgestaute Emotionen handelt, deren Ursache nicht jeder nachvollziehen kann. Gefühlsäußerungen einfach unkontrolliert herauszulassen führt oft zu emotionalen Extremformen wie Hass, Panik, Manie, Aversion, Depression, Aggression und Gewalt.

3. Möglichkeit: Gefühl gestalten
Unangenehme Gefühle lassen sich spielerisch darstellen, wenn die Hemmschwelle für den Betroffenen niedrig genug ist. Das Spiel wird zu einem positiven Ausgang geführt, die Kehrseite der Medaille ist erkennbar: Hass polt sich um zur Liebe, Wut wird zur Sanftheit, Trauer zur Freude. Scheinbar unerwünschte Emotionen werden sozial und produktiv, wenn man sie nur zulässt und sinnvoll gestaltet.

Im team-dynamischen Kreis lernt man,
Gefühle sozial und produktiv zu gestalten

Für den Menschen als Teil eines sozialen Systems ist es von elementarer Bedeutung, die angenehmen wie die unangenehmen Emotionen vor und mit anderen Menschen zum Ausdruck zu bringen. Dies macht ein harmonisches und soziales Zusammenleben überhaupt erst möglich.

Deshalb ist es im team-dynamischen Kreis erlaubt, seine Gefühle den anderen Teilnehmern „mit-zu-teilen", das heißt, sie „mit-ihnen-zu-teilen". Voraussetzung dafür ist die in einem guten Trainingsteam vorhandene natürliche Vertrauensbasis. Ein eingespieltes Team wirkt regulierend: Es motiviert, gibt Impulse und Hilfestellungen, fängt die entstandene Situation emotional auf. Die Teammitglieder haben teil und fühlen mit. Die miterlebten Szenen gehen unter die Haut – es sind Lernprozesse, die kribbeln.

Rollenspiele bieten die Möglichkeit, unbewältigte Erlebnisse des Einzelnen emotional zu verarbeiten. Die gebundenen inneren Kräfte werden frei. Sie stärken den Einzelnen und kommen dem Team zugute.

Flow – die höchste Form der emotionalen Intelligenz

Das Flow-Erlebnis ist eine Art Rausch, in dem man sich in seiner Lieblingsaktivität selbst übertrifft. „Flow" bedeutet *fließen* (Csikszentmihalyi 1996, 61 ff.).

Das deutlichste Anzeichen für einen Flow ist das Verschmelzen von Handlung und Bewusstsein. Im Flow-Zustand löst sich eine dualistische, zwiegespaltene Perspektive auf. Man ist sich zwar seiner Handlung bewusst, nicht aber seiner selbst. Der Mensch geht vollkommen in seiner Tätigkeit auf: Der Sänger wird zum Gesang, der Tänzer zum Tanz, der Arbeiter identifiziert sich mit seiner Arbeit, der Schauspieler mit seiner Rolle. Die Außenwelt – Zeit, Raum und Umgebung – scheint nicht zu existieren. Die ungeteilte Aufmerksamkeit gilt der Tätigkeit.

Das Flow-Erlebnis ist ein Zustand ohne störende Emotionen – es ist ein unwiderstehliches, motivierendes Gefühl der Ekstase. Von Flow-Erlebnissen berichten Dichter, Musiker, Sportler, Chirurgen und Manager.

Es gibt zwei Voraussetzungen, um in ein Flow-Erlebnis zu gelangen:
➤ eine Aufgabe übernehmen, in der man bewandert ist, die aber dennoch eine Herausforderung bietet
➤ alle möglichen Störungen ausschalten und die volle Aufmerksamkeit auf die vorliegende Aufgabe richten.

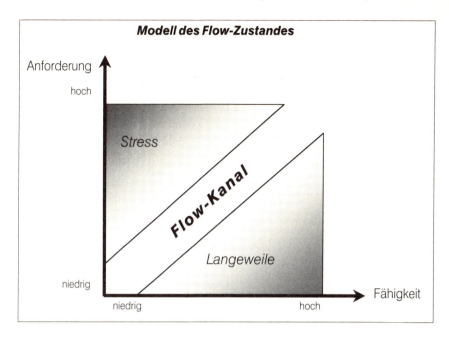

Der Flow stellt sich ein, wenn die Anforderungen der Situation mit den Fähigkeiten der Person im Gleichgewicht stehen. Übersteigen die Fähigkeiten die Anforderungen, folgt Langeweile. Sind dagegen die an einen Menschen gestellten Anforderungen so hoch, dass sie seine Fähigkeiten übersteigen, wird die resultierende Spannung als Stress erlebt.

Bei einem *Training im team-dynamischen Kreis* erlebt nicht nur jeder einzelne Teilnehmer einen Flow, das gesamte Team gerät in eine Phase des Wachstums und der Flow-Erfahrung.

Ziel des Trainings ist, die individuellen Interessen und Fähigkeiten jedes einzelnen Teilnehmers herauszufinden, damit jeder eine Rolle übernehmen kann, die für ihn eine Herausforderung darstellt. Im Team ergänzen sich die unterschiedlichen Stärken. Jeder Teilnehmer kann sich optimal entfalten und seine speziellen Qualitäten zur Wirkung bringen. Das motiviert, denn jeder fühlt sich gebraucht und am richtigen Platz.

Die Teammitglieder gehen gemeinsam in ihrer Aufgabe auf. Das Team ist im Flow-Zustand. Alles ist im Fluss, jeder identifiziert sich mit seinem Tun und mit seinem Team. Handlung und Bewusstsein verschmelzen miteinander.

6.3 Emotionen haben Vorrang

Im seelischen Bereich unterscheidet man die rationale und die emotionale Seele (Goleman 1996, 366 ff.).

Die *rationale Seele* entspricht dem Verstand, sie wägt ab und reflektiert die Dinge. Die rationale Seele drückt sich durch das gesprochene oder geschriebene Wort aus. Man nennt sie auch den Geist oder den Kopf.

Die *emotionale Seele* folgt Launen, Begierden und Sehnsüchten. Sie entspricht dem Herzen. Die Sprache der emotionalen Seele ist non-verbal. Solche Mitteilungen drücken sich zum Beispiel im Klang der Stimme oder in der Körperhaltung aus.

Die emotionale Seele ist spontaner als die rationale. Sie verzichtet zugunsten der Schnelligkeit auf Genauigkeit und verlässt sich auf den Gesamteindruck oder die auffälligsten Aspekte. Sie nimmt Dinge ganzheitlich war. Handlungen der emotionalen Seele sind durch eine vereinfachte Sichtweise der Dinge geprägt.

Der große Vorteil der emotionalen Seele besteht darin, dass sie eine emotionale Realität sofort erfassen kann, zum Beispiel „Er ist böse" oder „Sie lügt". Sie ist auch ein Radar für Gefahren. Ihr Nachteil besteht darin, dass ihre Eindrücke und intuitiven Urteile irreführend sein können.

Im seelischen Bereich gibt es auch Herrschaftsverhältnisse. Die emotionale Seele steht über der rationalen. Je intensiver ein Gefühl, desto machtloser ist der Verstand.

Dies hängt mit der Bedeutung unserer Emotionen im Verlauf der Evolution zusammen. Unsere Gefühle wecken eine bestimmte Handlungsbereitschaft und schützen uns instinktiv vor drohenden Gefahren. Angst zum Beispiel kann lebensbewahrend sein, wenn sie uns zur Flucht drängt. Nur einen Augenblick zu lange überlegt, und es ist zu spät, um davonzulaufen. Gefühle können den Verstand vorübergehend ausschalten. Rationales Handeln ist dann nicht gleichzeitig möglich.

Beim *team-dynamischen Training* ist man sich dieser Herrschaftsverhältnisse bewusst. Man folgt stets dem Grundsatz:

Zuerst die Emotion, dann die Organisation

Sind die Emotionen in einer Gruppe erst einmal geklärt, dann lässt sich die Organisation wesentlich schneller und effizienter erledigen. Es gibt dann keine Behinderungen mehr, etwa durch innere Hemmungen oder Blockaden, unbewältigte Konflikte oder ungeklärte Beziehungen. Das produktive Potenzial der Gruppe kommt frei und voll zur Entfaltung.

Natürlich können nicht immer alle im Raum stehenden Emotionen sofort geklärt werden. Emotionale Intelligenz kann auch einmal heißen, ein Gefühl im Sinne der Sache oder des größeren Ganzen vorübergehend zu unterdrücken oder aufzuschieben. Ungeklärte Emotionen werden beim *Team Training* immer in der Reihenfolge der Dringlichkeit geklärt.

Unsere Gefühle necken und beuteln uns, lassen uns manchmal durchhängen und tauchen unverhofft auf. Wer ihnen grollt, wer den Emotionen gegenüber nachtragend ist, wer diesen seltsamen und unberechenbaren Gefühlen nicht vergeben kann und nicht schmunzelnd mit ihnen wie mit guten alten Freunden zu leben versteht, der erkennt nicht die geheime und lange versteckte Intelligenz der Gefühle und ihre Bedeutung für das soziale Zusammenleben (Goleman 1996, 363 ff.).

7. Die sozialen Künste entfalten

7.1 Alles beginnt mit Empathie

Alle sozialen Fähigkeiten basieren auf emotionalen Fähigkeiten. Der Umgang mit den Emotionen anderer Menschen setzt voraus, dass man seine eigenen Gefühle kennt und mit diesen intelligent umgehen kann.

Wer Vertrauen in seine eigene emotionale Intelligenz entwickelt, lernt, liebevoll mit sich selbst umzugehen. Das ist die einzige und beste Voraussetzung für eine soziale Kompetenz, die durch ihre Echtheit überzeugt und alle Menschen des privaten und beruflichen Umfeldes mit einbezieht.

Je offener wir für unsere eigenen Gefühle sind, desto mehr können wir uns auch in die anderen einfühlen, und desto besser können wir die Gefühle anderer deuten und verstehen (Fähigkeit der Empathie). Empathie geht einher mit einer gewissen Gelassenheit und Aufnahmebereitschaft. Manche Empathiker erkennt man daran, dass ihre Mimik das spiegelt, was der andere gerade fühlt.

Ein empathischer Mensch ist empfindsam. Die emotionale Seele kann nur durch ihre Empfindsamkeit die subtilen Signale des Empfindens eines anderen Menschen aufnehmen und nachvollziehen. Wenn Emotionen eine starke Reaktion, zum Beispiel einen Wutausbruch auslösen, ist Empathie kaum oder überhaupt nicht möglich.

Der *team-dynamische Kreis* sorgt für ein zwischenmenschliches Klima, in dem es den Teilnehmern leichtfällt, die eigenen Gefühle bewusst zuzulassen, sich in die Gefühle anderer hineinzuversetzen und sich sozial und einfühlsam zu verhalten.

7.2 Soziale Kompetenz als Kunst

Soziale Kompetenz ist nicht objektiv bewertbar – sie ist eine Kunst, die in Wettbewerb tritt und sich unter Beweis stellt, indem sie produktiv in einer Gemeinschaft, zum Beispiel in einem Team, zum Einsatz kommt.

Wer sich sozial kompetent verhält, bekommt Sympathie und Anerkennung und sammelt Punkte. Die Jury, die die Punkte vergibt, ist die soziale Mitwelt. Jedes emotional intelligente Verhalten wird von ihr belohnt.

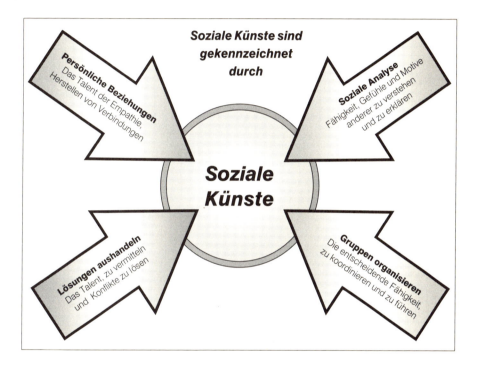

Beim *Team Training* gibt es auch eine Jury: das trainierende Team. Sympathie und Anerkennung äußern sich zum Beispiel in Form von spontanem Applaus. Mit jedem Applaus, den ein Teilnehmer erhält, sammelt er Punkte beim Team und wird dort bestärkt, wo er seine Fähigkeiten produktiv für die anderen eingesetzt hat. Damit steigt sein Ansehen in der Gruppe – er klettert in der Sympathiestruktur nach oben.

Das Training lässt jedem Teilnehmer genügend Raum, um sich in seinen sozialen Künsten zu üben. Die soziale Aktion ist immer ein Auftritt in der Mitte des Kreises. Dort ist die Bühne, auf der sich die soziale Kompetenz des Künstlers entfalten kann, wobei das Publikum im Kreis die „Darbietung" reflektiert und honoriert. Soziales Handeln und das fällige Feedback folgen prompt aufeinander.

Wer es versteht, in der Mitte des Kreises seine Gefühle sozial und produktiv zu äußern und sie so einzusetzen, dass sie Resonanz finden und von Nutzen für das Team sind, der verhält sich nicht nur emotional intelligent, er ist darüber hinaus sozial kompetent.

7.3 Selbstdarstellung als Pflicht

Wer in die Mitte des Kreises geht, stellt sich in jeder Beziehung „in den Mittelpunkt". Die geometrische und die soziale Mitte decken sich, der Teilnehmer steht im Mittelpunkt der Aufmerksamkeit. Dort ist schon die kleinste Äußerung eine Selbstdarstellung. Und für diese gibt es kein Rezept und keine Regel, außer dass jeder sie immer wieder wagen sollte.

Die Selbstdarstellung in der Mitte des Kreises erfordert sehr viel Mut, Ehrlichkeit und Überwindung. Erst wenn ein Teilnehmer seine mitgebrachte Rolle – das, für was er sich hält – verstanden hat und mit dem nötigen Abstand betrachtet, kann er auch andere Rollen ausprobieren und übernehmen.

Erkennt der Trainer, dass ein Teilnehmer Schwierigkeiten hat, seine Rolle zu finden oder auszufüllen, dann kann er dies als Beispiel aufgreifen und aus dem Stegreif ein Rollenspiel inszenieren. Dem Betroffenen wird dadurch das Problem auf spielerische Weise bewusst. Jetzt kann er Abstand gewinnen und eine neue Rolle ausprobieren.

7.4 Teamfähigkeit als Kür

Teamfähigkeit ist das Kunststück, sich als Individuum in ein soziales System einzuordnen, sich im zwischenmenschlichen Bereich zu orientieren und nützlich zu machen. Wer teamfähig und im Umgang mit anderen erfolgreich sein will, braucht eine gute Menschenkenntnis. Jemand, der hier Defizite hat, wird sich in sozialen Strukturen nicht so gut zurechtfinden.

Wer teamfähig ist, hat die soziale Kunst individuell vollendet. Teamfähig zu sein heißt nicht, sich dem Gruppenzwang bedingungslos zu fügen. Es heißt, sich einzubringen, genauer gesagt: seine Fähigkeiten zum Wohle des größeren Ganzen einzubringen. Teamfähigkeit kann unter anderem auch einmal bedeuten, als Autorität zu dominieren – nicht jedoch als Nervensäge zugunsten des eigenen Images.

Die Intelligenz eines Teams muss sich erst mit dem Teambildungsprozess entwickeln. Dann aber ist ein Team immer „schlauer" als der Einzelne. Das Team als soziale Mitwelt stellt eine übergeordnete und korrigierende Instanz dar. Es ist für seine Mitglieder sowohl das Navigationssystem als auch der Gradmesser für Teamfähigkeit. Das Team bemisst dabei den Umsatz von Geben und Nehmen.

Maßstab für das Geben

Wie bringt sich der Einzelne ein? Welche Eigenschaften und Fähigkeiten bringt er mit, was bewirkt er, welche Ideen setzt er um, mit wieviel Energie setzt er sich für die gemeinsamen Ziele ein?

Maßstab für das Nehmen

Was nimmt sich der Einzelne heraus? Was nimmt er mit, was lernt er, um auf seinem individuellen Weg voranzukommen?

Im Team kann man sich nur soviel „herausnehmen", wie man „hineingibt". Die Dynamik des größeren Ganzen wird zum Ausgleich führen. Ein großer Umsatz ist dabei besser als Zurückhaltung.

Der Interaktionskreis
Der Einzelne im Mittelpunkt der Aufmerksamkeit

Beim *Training im team-dynamischen Kreis* gibt es einige wenige verbindliche, für die Interaktion essenzielle Methoden. Nur wenn diese Methoden von einem erfahrenen Teamtrainer gezielt zum Einsatz gebracht werden, entfaltet das Training seine Wirkung.

Wenn ein Teilnehmer die methodischen Prinzipien des Trainings nicht gut leiden oder nur mit Not akzeptieren kann, dann muss er sich die grundsätzliche Frage stellen, ob dieses *Training im Interaktionskreis* für ihn das Richtige ist. Keine der Methoden kann funktionieren, wenn sie unter Druck oder Zwang durchgesetzt wird. Das Mitmachen ist jederzeit freiwillig. Aber: Im Kreis dabei zu sein, ohne jemals in die Mitte zu gehen, macht keinen Sinn.

Die Stühle stehen bereit

8. Der Kreis als soziale Grundform

Team-Training? Den Begriff hat man schon einmal gehört. Es gibt unüberschaubar viele Formen von Trainings für ein Team. Und es gibt eine Vielzahl von Methoden und Hunderte von Übungen, die in diesen Trainings praktiziert werden.

Beim *Team Training im Interaktionskreis* stehen die Methoden jedoch in einem systematischen Zusammenhang: Die Kreisform als Ausdruck von Stimmigkeit, Geschlossenheit und Vollkommenheit bildet die Basis, die schließlich die Methoden zu einem ***Methodenbündel*** zusammenfasst.

8.1 Bedeutung des Kreises

Ein Kreis ist eine geometrische Form. Ein „Kreis" ist aber auch eine Gruppe von Personen, die sich getroffen, eingefunden, zusammengefunden haben und nun zusammen sind. Man sagt: *der Kreis der Gäste, ein Kreis andächtiger Zuhörer, im engsten Kreise der Familie, im vertrauten Kreise ...*

Aber auch eine mehr oder weniger lockere Gemeinschaft von Personen mit gleichen Interessen oder persönlichen Beziehungen nennen wir einen „Kreis": *ein großer Freundeskreis, gut unterrichtete, einflussreiche Kreise, in vornehmen Kreisen verkehren, in Fachkreisen ...*

**„Wie fruchtbar ist der kleine Kreis,
wenn man ihn wohl zu pflegen weiß" (Goethe)**

Von „Kreisen" spricht man auch bei großen gesellschaftlichen Gruppen: *Wirtschafts- und Finanzkreise, in Kreisen der Beamtenschaft; in kirchlichen, politischen, militärischen Kreisen; weite Kreise der Bevölkerung, das kommt in den besten Kreisen vor ...*

Was liegt näher, als den sozialen Begriff des Kreises wörtlich – also geometrisch, räumlich – zu nehmen und die Menschen für die Begegnung tatsächlich in einen Kreis zu stellen oder für ein Training der sozialen Kompetenzen in den Kreis zu setzen?

Der Kreis ist die einzige Form, bei der alle *zugehörigen* Menschen einander tatsächlich *zugewandt* sind. Man findet diese Form auch am Familientisch. Jedoch geht es hier unmittelbar nur um das gemeinsame Essen. Ein Kreis ohne Tisch, ein Stuhlkreis ist die logische Konsequenz, wenn es um gemeinsame Angelegenheiten oder um die Gemeinsamkeit selbst geht.

Das team-dynamische Training lebt von der Interaktion in der Kreisform. In der Mitte des Kreises zentriert sich die Energie und fokussiert sich die Aufmerksamkeit der im Kreis sitzenden Teilnehmer. Es entsteht ein inspirierendes, vitalisierendes Feld für den Akteur. Ähnlich wie in einem Zirkus steht dieser als Künstler – es sind soziale Künste, die er darbietet – inmitten der Manege: Das Training im Kreis ist ein Qualitätszirkus. Erst durch die Auftritte in der Mitte des Interaktionskreises qualifizieren sich die Teilnehmer und gewinnt das Training an Qualität.

Die Kreisform findet man in vielen alten Kulturen. Interessant ist, wie die nordamerikanischen Indianer, die Ureinwohner des Kontinents, den Kreis als Kommunikationsform nutzten. Sie saßen im Kreis auf dem Boden, während einer von ihnen im Stehen von der Mitte oder vom Rand aus sprach. Und aus unzähligen Western-Verfilmungen kennen wir, dass die Indianer um den in der Mitte befindlichen Totempfahl tanzten. Sie glaubten an die übernatürliche Kraft des Totems und verehrten ihn als den Ahnen ihrer Sippe, als einen zauberhaften Helfer. Sie schlossen sich an seine Kraft an, indem sie ihn in den Mittelpunkt ihres Kreises stellten.

> Alles, was die Macht der Welt tut, geschieht in Form eines Kreises.
> Der Himmel ist rund, und ich habe gehört, dass auch die Erde rund ist,
> genau wie die Sterne.
>
> Der Wind entwickelt seine größte Kraft in Wirbeln.
> Vögel bauen ihre Nester kreisförmig,
> denn sie haben dieselbe Religion wie wir.
> Die Sonne geht in einem Kreis auf und wieder unter.
> Genau wie der Mond, und beide sind rund.
>
> Selbst die Jahreszeiten bilden einen Kreis in ihren Läufen
> und kommen stets dorthin zurück, wo sie bereits waren.
> Das Leben des Menschen ist ein Kreis von Kindheit zu Kindheit.
> Und so ist es mit allem, in dem die Macht sich regt.
>
> *Black Elk, Oglala Sioux (1863–1950)*

In den indianischen Kulturen wie auch bei den Naturvölkern Afrikas und Australiens hatte der Kreis seit jeher eine große Bedeutung. Die Mitte eines Kreises galt als Energiezentrum und damit als ein „magischer" Platz.

8.2 Definiertes Kohärenzfeld

Kohärenz ist die Beziehung zwischen Einzelheiten, die als zusammengehörig aufgefasst werden. Der in der Psychologie und Gesundheitswissenschaft gebräuchliche Begriff der Kohärenz stammt ursprünglich aus den Naturwissenschaften:

„Kohärenz ist die Fähigkeit der Wellen zur Überlagerung (Interferenz), wobei die Wellen ein zusammenhängendes und kommunikatives Feld bilden und in hohem Maße aufeinander ausgerichtet sind" (Bischof 1995, 484).

> *kohärieren = zusammenhängen*
> *Kohärenz = Zusammenhang, Stimmigkeit*

Mit *Kohärenz* bezeichnet man in der Psychologie auch die Fähigkeit, das Ich als Teil eines größeren Ganzen wahrzunehmen. Kohärenz ist daher auch der Kontakt, die Beziehung und Verbindung der Person zur Umwelt. Als *Kohärenzfaktor* bezeichnet man einen Faktor, der die Verknüpfung von einzelnen Wahrnehmungen zu einem Gestaltzusammenhang begünstigt. Mit anderen Worten: Wodurch werden einzelne Teile so wahrgenommen, dass sie als ein größeres Teil, als größeres Ganzes aufgefasst werden?

Kohärenzfaktoren sind zum Beispiel:
➤ räumliche Nachbarschaft
➤ Gleichheit oder Ähnlichkeit
➤ Symmetrie von Form und Anordnung
➤ Kontur (die Abhebung der Figur vom Hintergrund)

Je stärker die Abhebung ist, desto schärfer ist die Abgrenzung und desto besser die Kohärenz. Ein System wird nur dadurch zu einem System, dass ein Beobachter gedanklich eine Grenze darum zieht.

Der Begriff des Kohärenzfaktors macht auch bei der Teambildung Sinn. Wodurch betrachten sich Einzelne als Team, wodurch fühlen sie sich als Team? Wie bildet sich die Grenze der Zugehörigkeit? Ein Teamentwickler muss die relevanten Kohärenzfaktoren kennen.

Zur Zusammengehörigkeit gehört die Abgrenzung, zum Beispiel eine Linie, die graphisch oder physisch um etwas herum gezogen wird. Beim *Team Training* definieren die Stuhllehnen der im Kreis aufgestellten Stühle sehr eindeutig das soziale Feld und die Spielfläche, auf der die team-dynamische Interaktion stattfindet. Die Stühle sollten im gleichen Abstand stehen, von der gleichen Sorte sein und nicht durch Markierungen (beispielsweise Kleidungsstücke) von vornherein durch Teilnehmer in Besitz genommen sein. Nur in ihrer Gleichheit und als gleichmäßige Kette markieren sie die Grenzlinie eines Feldes.

Der Raum, in dem der Stuhlkreis aufgestellt ist, sollte noch einmal eine wirksame Abgrenzung zur Außenwelt darstellen: Kein Einblick durch die Fenster, keine offenen Türen und keine prozessfremden Einflüsse, wie Servicekräfte, durchlaufende Personen, eingehende Telefongespräche oder Geräusche von draußen.

Das durch den Interaktionskreis abgegrenzte Feld ist ein „Kohärenzfeld" – ein Feld, das einen aktuellen Zusammenhang zwischen den im Kreis sitzenden Personen herstellt. Es hat eine teambildende Kraft. Jeder, der sich in das Feld begibt, stellt sich gleichzeitig in einen Zusammenhang mit dem Team, und zwar um so stärker, je direkter er in die Mitte dieses Feldes kommt. Genau im Mittelpunkt ist das Feld am stärksten.

Jemand, der dazu neigt, aus dem Team auszusteigen, oder sich im Team nicht ganz wohl fühlt, wird seinen Stuhl, bewusst oder unbewusst, etwas zurückziehen. Jemand, der unbedingt dabei sein will, wird seinen Stuhl mehr nach innen rücken, auch wenn es jeweils nur ein paar symbolische Zentimeter sind. Jeder spürt das Kohärenzfeld, entzieht sich oder setzt sich ihm absichtlich aus.

8.3 Agieren von der Mitte aus

Wer sich äußern, sich darstellen, etwas beitragen oder vortragen möchte, der stellt sich dazu in die Mitte. Die Aktion in der Mitte macht den ganzen Menschen sichtbar – die Vorder- und die Rückseite. Es ist unmöglich, sich in der Mitte zu verstecken. Man kann sich den Blicken der Teilnehmer nicht entziehen, die geometrische Form des Kreises und die Ausrichtung der Sitzplätze zur Mitte lässt dies nicht zu. In der Mitte wird man ganz und unmittelbar wahrgenommen.

Eine Aktion rückt erst dann in den Mittelpunkt, wenn sie tatsächlich in der *geometrischen* Mitte des Teilnehmerkreises stattfindet. Das Agieren genau in dieser Mitte ist für die Interaktion essenziell. In der Wirkung auf den Akteur ist es existenziell.

Die Aktionen in der Mitte sind ein Wechselbad der Gefühle – und das ist gerade das Wirksame und Wertvolle. Die unterschwellige Angst, mit seinem Beitrag durchzufallen, mit seiner Meinung daneben zu liegen, emotional außen vor zu sein oder nicht wirklich zum Team zu passen, gehört ebenso dazu wie das Hochgefühl, endlich im Mittelpunkt des Interesses zu stehen, voll dabei und auf der Welle zu sein.

Ob eine Aktion in der Mitte echt und passend war, ob sie gefallen hat oder ob man sich und den anderen nur etwas vorgemacht hat, das wird man sehr bald spüren. In der Mitte des

Agieren von der Mitte aus

Kreises kann man ohne emotionalen Einsatz nicht bestehen und nicht lange stehen bleiben. Die Mitte ist der Ort für Aktionen und Emotionen, nicht aber für vorgeschobene
Nebensächlichkeiten oder blutleere Sachdiskussionen, die kein Ende nehmen wollen.
Jemand, der sich hinter einem Blendwerk versteckt, wird in der Mitte nicht lange die Gunst
des Kreises genießen.

Das Prinzip, für einen Beitrag in die Mitte zu gehen, sortiert Wortbeiträge, die kraftlos und
„nicht der Rede wert" sind, schnell aus. Worte halten sich nur, wenn sie emotional besetzt
und von Gemütsbewegungen getragen sind. So werden die Beiträge kurz und würzig. Eine
große Kunst ist es, die Mitte zum richtigen Zeitpunkt zu verlassen. Wann ist es genug mit
der Selbstdarstellung? Die Antwort auf diese Frage lässt sich gut an der Reaktion der Teilnehmer im Kreis ablesen: Sind sie unaufmerksam oder kurz vor dem Einschlafen, dann hat
der Selbstdarsteller den Auftritt nicht richtig dosiert. Spontaner Applaus dagegen ist ein
gutes Zeichen.

Wenn Teilnehmer, denen die Methode noch fremd ist, sich nicht gern in die Mitte des Kreises stellen wollen, haben sie häufig verständliche Begründungen: „Ich möchte die Menschen alle anschauen, wenn ich zu ihnen spreche. Ich habe nicht gern Menschen im
Rücken, das finde ich auch unhöflich." Hierzu einige Blickpunkte:

➤ In der Mitte kann zur gleichen Zeit nur einer stehen. Durch das Prinzip, in die Mitte zu
gehen, können die Beiträge nur nacheinander geleistet werden. So kommt alles der
Reihe nach zur Geltung, und es gibt kein Durcheinander, wenn mehrere sich äußern
wollen.

➤ Wer in der Mitte steht, kann von allen gleichzeitig bequem wahrgenommen werden, ohne dass jemand den Kopf drehen oder seine Sitzposition justieren muss.

➤ Wer sich durch seinen Beitrag im wahrsten Sinne des Wortes „in den Mittelpunkt stellt", hebt sich heraus. So darf er auch stehen und die anderen dürfen sitzen. Der dabei von manchen als kritisch empfundene Unterschied in der Augenhöhe ist nur ein momentaner. Ein Kreis mit einem etwas größeren Durchmesser mildert diesen Effekt: Alle können ihren Stuhl dafür 50 cm nach hinten rücken.

➤ Wenn man in der Mitte agiert, kommt es nicht so sehr auf das Sprechen an, sondern auf die Haltung und das Verhalten. Nicht was man sagt, sondern wie man es sagt und wie es wirkt, ist entscheidend. Der Körper drückt viel mehr aus als alle Worte.

➤ Wer in der Mitte steht, kann nicht alle gleichzeitig gegenüber haben und sehen, er hat auch Menschen hinter sich. Menschen „hinter sich zu wissen" muss nicht als Bedrohung, es kann auch als Rückenstärkung empfunden werden.

➤ Wenn jemand in einem Kreis von Menschen keine positiven Kräfte aufnehmen oder verspüren kann, befindet er sich wahrscheinlich im falschen Kreis.

8.4 Reagieren vom Kreis aus

Die Aktion in der Mitte wäre nichts wert, würden die Teilnehmer im Kreis nicht reagieren. Dadurch, dass sich die Aufmerksamkeit aller Personen auf die Mitte konzentriert, gewinnt die Aktion an existenzieller Bedeutung. Es ist das Wechselspiel von Aktion und Reaktion, das die Interaktion in Gang bringt. Auf die Aktion in der Mitte folgt die Reaktion vom Rand. Die Intensität der Reaktion hängt unmittelbar mit der Energie der Aktion zusammen.

Ein flacher, oberflächlicher Beitrag wird den Kreis langweilen und den Akteur über kurz oder lang dazu veranlassen, die Mitte zu räumen. Eine impulsive, gefühlvolle Darbietung wird die Teilnehmer mitreißen und sie begeistern. Der untrügliche Gradmesser für die Wirkung einer Aktion ist der Applaus, mit dem die Teilnehmer reagieren. Sie klatschen für die Leistung in der Mitte, denn sie fühlen sich von ihr angeregt und bewegt.

Mit Applaus setzen die Teilnehmer ihre seelische Energie in körperliche um. So können sie ihrer Emotion Ausdruck verleihen – und das in unterschiedlicher Intensität: Sie klatschen mit den Händen, trampeln mit den Füßen auf den Boden, sie toben vor Begeisterung oder fühlen sich zu *standing ovations* hingerissen. Dem Akteur gibt dies Bestätigung und Energie, die ihn wachsen lässt. Den Beifall sollte er deswegen in der Mitte bis zum letzten Klatscher mit offenen Armen entgegennehmen.

Reagieren vom Kreis aus

Applaus ist vielleicht die schönste, aber nicht die einzige Form, mit der die Teilnehmer im Kreis reagieren. Sie rufen dem Akteur zu, antworten oft direkt oder stehen manchmal sogar auf, um selbst in die Mitte des Kreises zu springen. Wenn es „heiß hergeht", kommt es vor, dass mehrere zugleich aufspringen.

8.5 Variationen des Kreises

Mit Beginn eines Trainings, wenn die Teilnehmer zum ersten Mal im Kreis Platz genommen haben, stehen ihre Stühle noch recht unregelmäßig. Sie sind leicht nach vorne und hinten versetzt, haben noch unterschiedliche Abstände zueinander und keine einheitliche Ausrichtung zur Mitte. Oft gleicht der Kreis eher einem Ei, oder er hat Beulen und Dellen.

Ein erfahrenen Trainer erkennt schon an der *Stellung* eines Stuhles im Kreis etwas von der *„Einstellung"* des darauf sitzenden Teilnehmers:
➤ Ragt der Stuhl in den Kreis hinein, will sich der Teilnehmer hervortun?
➤ Oder nimmt man sich und seinen Stuhl aus dem Kreis zurück?
➤ Stehen zwei Stühle vielleicht etwas enger beisammen, haben diese beiden Teilnehmer eine besondere Beziehung zueinander?

Im Laufe des Trainings, wenn sich nach und nach das Team bildet, wird der Kreis von selbst immer exakter. Die Abstände zwischen den Stühlen sind ebenso einheitlich wie ihre Ausrichtung zur Mitte. Das „Ei" wird kreisrund und enger werden – das auffälligste äußere Zeichen für die Entstehung eines Teams.

Für viele Aktionen lässt sich der Mittelpunkt der Aufmerksamkeit aus praktischen Gründen – um den Blick auf eine Pinnwand freizugeben oder eine Szene besser darzustellen – räumlich verlagern. Der Akteur ist zwar dann nicht mehr in der geometrischen, bleibt aber in der sozialen Mitte, auch wenn er frontal vor einem Publikum spielt oder einen Vortrag hält. Er befindet sich solange „im Mittelpunkt", bis seine Aktion abgeschlossen ist.

Der Interaktionskreis ist keine steife, feste Form. Die Stühle stehen nicht zementiert und unverrückbar im Raum, sondern der Kreis ist ständig in Veränderung. Neben kleinen, eher unauffälligen Veränderungen, die sich nebenbei einstellen, gibt es größere, bewusst vorgenommene Variationen des Kreises:

Offener Halbkreis (mit mehreren Stuhlreihen)

Er ermöglicht eine Darbietung vor der Gruppe, bei der es einerseits für das Publikum wichtig ist, die Gesichter der Akteure zu sehen, und andererseits für den Akteur, ein Publikum vor sich zu haben. Der offene Halbkreis kommt bei der Pinnwand-Technik, bei Vorträgen, bei Sketch-Aufführungen oder rhetorischen Übungen zum Einsatz.

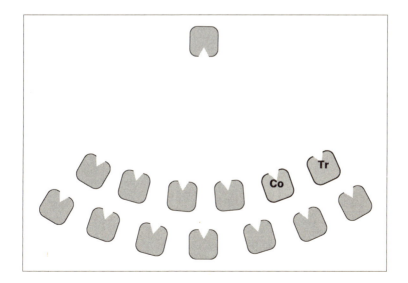

Gegenüberstehende Stuhlreihen
• •

Sie sind geeignet, wenn jeder einem Partner gegenüber sitzen soll, um ihn anzuschauen oder zu konfrontieren.

Reihenweise Unterhaltung

1.

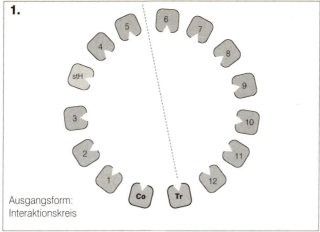

Ausgangsform:
Interaktionskreis

2.

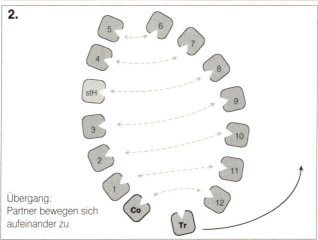

Übergang:
Partner bewegen sich
aufeinander zu

3.

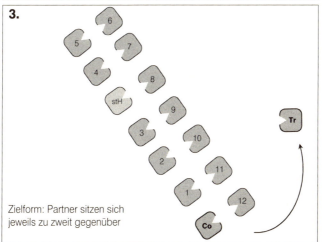

Zielform: Partner sitzen sich
jeweils zu zweit gegenüber

Kleingruppenkreise (von 3 bis 6 Personen)

Zur effizienten Lösung von Sachaufgaben oder um ein Problem zu diskutieren, kann es sinnvoll sein, in Kleingruppen zu arbeiten.

Hier bekommt der Einzelne mehr Raum, seine Meinung gewinnt an Bedeutung und kann schneller in konkrete Schritte umgewandelt werden. Bei der idealen Anzahl von 12 Teilnehmern (unter Umständen macht auch der Co-Trainer mit) lassen sich Kleingruppen am leichtesten einteilen:

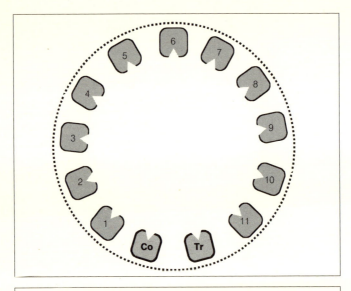

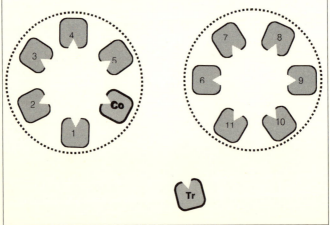

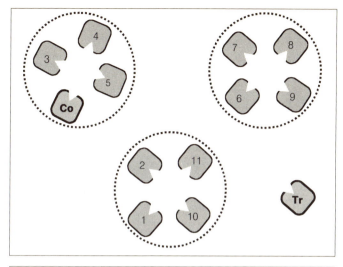

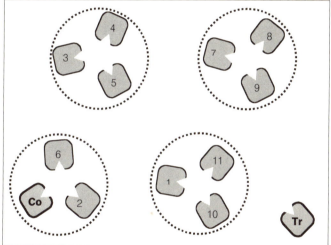

Arbeit ohne Kreis

Bei vielen Übungen, gerade wenn Bewegung gefragt ist, wird die Kreisform aufgelöst. Die Stühle werden je nach Platzbedarf nach hinten an die Wände des Raumes geschoben. Jede Variation des Kreises ist eine Übergangsform. Am Ende kommen alle Teilnehmer immer wieder in der ursprünglichen Kreisform, im Interaktionskreis zusammen. Dieser ist die tragende Basis, und hier, in der ganzen Gruppe, werden die emotionalen Prozesse zu Ende geführt. Jede *TeamTraining*-Veranstaltung beginnt und endet in der Kreisform.

9. Im Kreis sitzen

Zum ersten Mal im Interaktionskreis zu sitzen ist ein ungewohntes Gefühl. Aus der Schule oder von den sonst üblichen Veranstaltungen kennt man, in Reihen zu sitzen und in der Menge zu verschwinden. Man muss sich erst einmal daran gewöhnen, dass jeder jeden sehen kann und dass sich nichts der Aufmerksamkeit der Gruppe entzieht.

Im Kreis sitzen heißt: nur Stühle, keine Tische – und auch nichts anderes, was ablenken könnte. Gegessen und getrunken wird in den Pausen. Stift und Papier braucht man in der Regel nicht. Die uneingeschränkte Aufmerksamkeit gilt sich selbst, seinem Platz, der Situation und den anderen Teilnehmern im Kreis.

9.1 Seinen Sitzplatz wählen

Am Anfang eines Trainings sollte man damit beginnen, seinen Platz wahrzunehmen und ihn bewusst so zu wählen, dass man sich darauf wohl fühlt. Jeder Platz hat andere Qualitäten, die man nach und nach für sich entdecken kann:

➤ Sitze ich so, dass ich alle gut sehen kann? Oder muss ich gegen das einfallende Licht schauen?

➤ Habe ich die Tür im Rücken, so dass ich ständig denke, dass mir jemand in den Rücken fällt? Oder habe ich es gut im Blick, wenn jemand den Raum betritt oder verlässt?

➤ Was tut sich hinter mir? Ist dort die Wand, oder liegt etwas herum? Habe ich den Rücken frei, und bin ich nach hinten abgesichert?

➤ Wie ist mein Stuhl? Sitze ich gut darauf, ist er bequem, so dass ich auch länger darauf aushalte? Oder ist er so bequem, dass ich kaum aus ihm hochkomme?

Egal wo man sitzt, entscheidend ist, *dass* man sitzt und mit dabei ist. Der Rest wird sich von ganz allein entwickeln, wenn man nur offen und bereit dafür ist. Sind die Plätze so verteilt, dass jeder zufrieden ist, dann kann es eigentlich losgehen.

9.2 Die anderen wahrnehmen

Teilnehmer, die im team-dynamischen Kreis sitzen, ohne dass sich in der Mitte etwas abspielt, tendieren dazu, den Blicken der anderen auszuweichen. Sie haben nur flüchtigen Blickkontakt oder schauen lieber gleich zu Boden. Eine typische Situation bei Trainingsbeginn: Jeder ist noch mit sich allein und möchte sich nicht auf den anderen einlassen – man könnte ja entdeckt werden oder gar jemanden entdecken, also guckt man weg. Gerade aber die Ruhe im Kreis sollte man nutzen, um die Situation wahrzunehmen und den Blick im Kreis schweifen zu lassen:

➤ Wer ist dabei? Ist das Team, die Gruppe vollständig? Wer fehlt?

➤ Wer sitzt mir gegenüber, fühle ich mich bei dem Anblick wohl, oder leidet meine Stimmung darunter?

➤ Wer sitzt links und rechts neben mir, bin ich zwischen meinen beiden Nachbarn gut aufgehoben?

➤ Wie sitzen die anderen da? Angespannt und verschlossen, mit verschränkten Armen und gekreuzten Beinen? Oder locker und offen?

9.3 Seitengespräche führen

Was in anderen Seminaren unerwünscht ist, das hat beim *team-dynamischen Training* Kultur. Dem sonst oft störenden Bedürfnis nach Seitengesprächen kommt man gerne nach, denn sie enthalten oft die wichtigsten Informationen für einen Prozess. Seitengespräche gehören zur Methode: Nacheinander besprechen die Teilnehmer sich jeweils mit ihrem linken und rechten Nachbarn. Der Trainer teilt die Gesprächspartner zu, gibt ein Thema vor oder stellt es frei – besprochen wird ohnehin das, was anliegt und was man auf dem Herzen hat. Damit die Partner sich einander bequem zuwenden können, ohne zu sehr den Hals verdrehen zu müssen, werden die Stühle im rechten Winkel zueinander gestellt. Das geht schnell und schafft eine angenehme Gesprächsatmosphäre.

Seitengespräche sind im *team-dynamischen Kreis* „ein Renner", Gesprächsbedarf ist eigentlich immer vorhanden. Noch nie haben sich die Teilnehmer bei dieser Übung gegenseitig angeschwiegen. Im Zwiegespräch kommt auch der Schüchterne aus sich heraus. Seitengespräche sind ein ideales Mittel, um die Kommunikation zu fördern und die Interaktion anzuheizen. Im Seitengespräch lässt sich ein Thema wunderbar reflektieren, da es mit zwei Partnern nacheinander besprochen wird.

1.

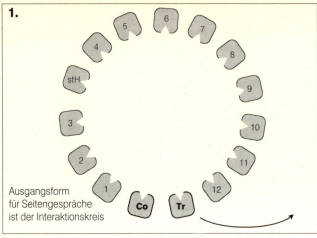

Ausgangsform
für Seitengespräche
ist der Interaktionskreis

2.

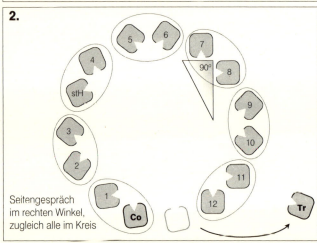

Seitengespräch
im rechten Winkel,
zugleich alle im Kreis

3.

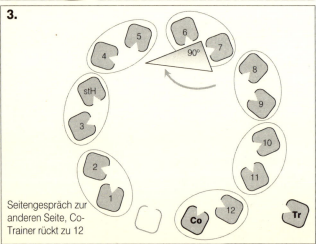

Seitengespräch zur
anderen Seite, Co-
Trainer rückt zu 12

Seitengespräche

9.4 Der Reihe nach zu Wort kommen

In einem guten Team sollte jeder zu Wort kommen, auch derjenige, der dazu neigt, sich vornehm zurückzuhalten. Wertvolles Potenzial könnte sonst brach liegen. Stille Wasser sind tief, und das bedeutet oft auch, dass derjenige, der tiefere Gedanken hat, zu den stilleren Teilnehmern gehört.

Um an entscheidenden Punkten das Potenzial aller im Kreis sitzenden Teilnehmer mit einzubeziehen, gibt es das Prinzip, die ganze Runde der Reihe nach zu befragen. Reihum zu antworten gehört zu den essenziellen team-dynamischen Methoden.

Die Antwortreihe kann blitzartig durchgeführt werden, dann nennt man sie ein „Blitzlicht". Sie kann aber auch vorsehen, dass jeder in der Runde sich in zwei, drei Sätzen zu einem Problem oder zur aktuellen Situation äußert. Alle kommen der Reihe nach zu Wort. Jedenfalls haben alle Teilnehmer die Chance, sich zu äußern. Wer nichts parat hat, kann weitergeben.

Mit dem Blitzlicht kann man die Stimmung einer Gruppe sondieren. Die Teilnehmer äußern sich der Reihe nach kurz und prägnant zu dem, was sie im Moment gerade denken oder fühlen. Sie tun dies nur mit einem Wort oder höchstens einem Satz, so wie beim Blitzlicht eines Fotoapparates, das kurz aufleuchtet und sofort wieder erlischt. Ein Blitzlicht muss schnell gehen.

So wie ein Foto stellt das Blitzlicht eine Momentaufnahme dar, egal ob die Teilnehmer auf eine Sachfrage antworten oder ihr Befinden äußern. Am Trainer liegt es jetzt, aus dem Sammelsurium etwas zu basteln – es zusammenzufassen oder nacheinander abzuhaken, am besten aber die individuellen Wünsche miteinander zu verbinden.

Nach einer Antwortreihe, egal ob die Teilnehmer blitzlichtartig antworten oder ob sie weiter ausholen, braucht man nicht mehr zu befürchten, dass noch abweichende Meinungen oder Ressentiments unter den Teilnehmern gären. Wer sich bei einer Rundumfrage nicht ehrlich äußert, trägt selbst die Verantwortung und wird sich nicht darüber beklagen können, dass seine Vorstellungen und Bedürfnisse keine Berücksichtigung finden.

Bert Hellinger (1997) sagt, wie man durch eine Runde eine gesammelte Atmosphäre schafft:

> Ich habe dazu noch eine Methode, die nenne ich Runde. Also, ich gehe reihum und lasse jeden kurz etwas über sich sagen, aber ganz kurz ... Und es darf niemand dazu Stellung nehmen, das ist ganz wichtig. Dann kommt der nächste dran, reihum. Wenn sie reihum sind, sind alle als Einzelpersonen völlig gewürdigt, und dadurch, dass jeder als Einzelner so zur Geltung kommen kann, entsteht in der Gruppe eine tiefe Sammlung von gegenseitigem Respekt. Es ist ganz wichtig, dass keiner Bemerkungen machen kann oder Deutungen oder irgendwas. Dann wirkt immer nur Wirklichkeit, und das sammelt am meisten.

9.5 Feedback geben

Dann und wann, zum gegebenen Zeitpunkt, wagt sich jemand in die Mitte, allein um sich „zu stellen", und bittet um Feedback. Denn er möchte nicht mehr länger spekulieren, fürchten und hoffen, er möchte jetzt wissen, wie er von den Teammitgliedern gesehen wird, wie sein Betragen und sein Beitragen bei den Teammitgliedern ankommt. Er ist jetzt bereit, sich etwas sagen zu lassen. Diesen Zeitpunkt sollte das Team nutzen.

Die Art und Weise, Feedback zu geben, hat ihre eigene Kultur. Wohlwollen sollte immer zum Ausdruck kommen. Gute Kritik ist kurz, weil sie sofort auf den Punkt kommt. Kritik im Rahmen eines Feedbacks kann man in *drei Phasen* gliedern.

1. *Den Betroffenen würdigen:* Ihm sagen, was man an ihm schätzt, wo seine Stärken liegen, was seine Fähigkeiten sind.

2. *Das Defizit neutral feststellen:* Ihm sagen, was gefehlt hat, wo man einen Mangel verspürt hat und was man sich demzufolge noch von ihm wünscht.

3. *Den Betroffenen unterstützen:* Ihm den Weg aufzeigen, ihm sagen, was und wie er es in Zukunft besser machen könnte, am besten noch, wie man ihm dabei helfen möchte.

Wer ein Feedback gibt, sollte sich bewusst sein, dass alles, was er an einem anderen Menschen erkennt, immer nur das sein kann, was er selbst in sich hat. Jeder kann nur das nachvollziehen und beurteilen, was er selbst erfahren hat. Ein Feedback ist deshalb immer auch eine Projektion und spiegelt die eigenen Wünsche und Probleme wider – dies ist weiter auch nicht schlimm, der Betroffene kann von der Erfahrung und der Sichtweise jedes Einzelnen nur profitieren.

Das Feedback verfehlt aber dann seinen Sinn, wenn aus der Projektion eine Selbstdarstellung wird und es sich beim Feedback-Geben nicht mehr um den Empfänger, sondern um den Absender dreht.

10. In der Mitte stehen

Die Mitte ist frei", etwa mit diesen Worten eröffnet der Trainer die Interaktion. Nur wenige Schritte sind es bis dorthin, aber es kostet jedesmal Überwindung, diese Schritte zu wagen. „Nicht alle auf einmal", hört man wenig später und fühlt sich provoziert, weil sich immer noch niemand gefunden hat, die gähnende Leere in der Mitte zu füllen. Und dann, kaum nachzuvollziehen, woher jetzt der letzte Impuls kam, findet man sich plötzlich selbst in dieser „magischen Mitte" wieder.

Schon der Gang in die Mitte drückt etwas aus: Wie geht jemand, wenn er von allen beobachtet wird? Versucht er sich elegant vom Stuhl aufzuschwingen? Schlurft er mit schweren Schritten? Oder tigert er voller Dynamik auch noch im Kreis hin und her?

10.1 Sich in der Mitte fühlen

Da steht man dann: vielleicht etwas unbeholfen, eventuell leicht irritiert. Man möchte am liebsten bescheiden zurücktreten. Aber wohin zurück? Es gibt kein Zurück. In der Mitte stehen heißt, exakt im Mittelpunkt zu stehen und nicht irgendwo in der Nähe seines Stuhles. Nur direkt im Zentrum wird man das teambildende Feld voll und ganz spüren.

Die erste Übung in der Mitte ist, diese einfach einmal auszuhalten und dabei wahrzunehmen, was in einem vorgeht. Die Mitte erfasst den ganzen Menschen: Gedanken schießen durch den Kopf, das Herz schlägt spürbar, im Bauch fängt es an zu kribbeln.

Bei jedem, der in der Mitte steht, spielt sich unglaublich viel ab: Die Gedanken und Gefühle können zudem individuell sehr verschieden sein:
➤ „Ich fühle mich im Kreis eingezwängt ..."
➤ „Ich fühle mich im Kreis hervorgehoben..."
➤ „Ich erlebe hier meine Grenzen, gleich geht es mir an den Kragen ..."
➤ „Ich erlebe hier die Möglichkeiten meiner Freiheit und kann mich ausleben ..."

➤ „Ich fühle mich wie auf dem Präsentierteller ...“

➤ „Ich fühle mich wie auf der Bühne, und ich liebe den Applaus ...“

➤ „Ich fühle mich umringt und bedroht ...“

➤ „Ich fühle mich geschützt und geborgen ...“

Das Gefühl in der Mitte ist existenziell. Jeder, der sich dort hineinbegibt, fragt sich gefühlsmäßig:

Wer bin ich hier eigentlich?
Gehöre ich zum Team oder nicht?
Bin ich gerade mit im Boot,
oder bin ich außen vor?

In der Mitte wird jedem Teilnehmer klar, ob er den Kreis als Schutz oder als Bedrohung empfindet. Fühlt er sich geschützt, dann hat er im Team seinen festen Platz. Fühlt er sich verunsichert, dann hat er sich ins falsche Lager verirrt. In der Regel sind es gemischte Gefühle, die sich erst mit der Zeit sortieren.

10.2 Sich in der Mitte zeigen

Irgendwann zeigen sich die Teilnehmer zum ersten Mal ganz bewusst in der Mitte. Sie lassen es zu, dass die anderen es sehen, wie es ihnen gerade geht. Denn sie wissen, dass es der erste Schritt ist, ins Team zu kommen: „Nehmt mich bitte so, wie ich bin!“

Damit der Kreis die Stimmung aufnehmen kann, die vom Einzelnen ausgeht, muss man eine gewisse Zeit in der Mitte bleiben. Am besten dreht man sich einmal langsam um seine Achse und schaut dabei allen einmal in die Augen.

Während ein Teilnehmer sich in der Mitte zeigt, braucht er nicht zu sprechen. Wie heißt es so schön? Ein Blick sagt mehr als tausend Worte.

Die Haltung: Wie steht jemand da, der sich nicht mehr wie ein Cowboy an die Bar oder wie ein Lehrer ans Pult anlehnen kann? Aufrecht? Gekrümmt? Wo hält jemand seine Hände? Versteckt er sie in den Taschen, verschränkt er sie vor der Brust, oder hält er sie auf dem Rücken zusammen? Lässt er sie vielleicht lässig an den Seiten baumeln, oder nutzt er sie zum Gestikulieren?

Die Gesten: Fuchtelt jemand herum? Unterstreicht er seine Worte, oder spricht sein Körper etwas ganz anderes als sein Mund?

Die Mimik: Was für ein Gesicht macht jemand? Lächelt er, oder grinst er nur? Poker-Face? Freundlich wach? Oder geht ein leichtes Zucken über das Gesicht?

Das Outfit: Gekämmt? Geschminkt? Geschmückt? Lässig, nachlässig oder adrett gekleidet?

Alles wird von den Teilnehmern, die drum herum sitzen, bewusst oder unbewusst wahrgenommen und zu einem Gesamteindruck verschmolzen. Wer sich in der Mitte zeigt, kann nicht mehr bluffen. Am besten, jeder zeigt sich so, wie er gerade ist. Das hat auch bei den Teammitgliedern die meiste Akzeptanz.

10.3 Sich in der Mitte darstellen

Selbstdarstellung ist eine hohe Kunst. Nicht von ungefähr ist der Beruf des Schauspielers so gut bezahlt. Erst wenn ein Teilnehmer seine eigene Rolle reflektiert hat und sich dieser bewusst ist, erreicht er den Abstand und die notwendige Lockerheit, um sich selbst in dieser Rolle zu gefallen und in andere Rollen schlüpfen zu können.

Der Interaktionskreis bietet den Teilnehmern jederzeit eine Bühne zur Selbstdarstellung. Somit erhält jeder Teilnehmer immer wieder die Gelegenheit, sich in verschiedenen Rollen auszuprobieren. Er hat dann die Resonanz der anderen Teilnehmer und kann sie um ein Feedback bitten.

Erfahrenen Teilnehmern ist bewusst, dass alles, was sie in den Trainings darstellen, mit der Rolle zusammenhängt, die sie im Beruf und in der Gesellschaft spielen. In allem Maße, wie es ihnen gelingt, ihren Platz im Team zu finden und die damit verbundene Rolle angemessen zu spielen, so finden sie auch ihren Platz und ihre Rolle im täglichen Leben.

Die Selbstdarstellung erfordert sehr viel Mut, Ehrlichkeit und Überwindung. Erst wenn ein Teilnehmer seine mitgebrachte Rolle („für was er sich hält") mit dem nötigen Abstand betrachtet und verstanden hat, kann er auch andere Rollen ausprobieren und übernehmen.

Erkennt der Trainer, dass ein Teilnehmer Schwierigkeiten mit einer Rolle hat, dann greift er dieses Beispiel auf und inszeniert aus dem Stegreif eine Szene, in der dem Teilnehmer diese Rolle zukommt. Der Betroffene wird sich seiner Grenze bewusst, er hat nun die Möglichkeit, sein Verhaltensrepertoire zu erweitern.

Rollenspiel: „Hallo, wer da?"

10.4 Sein Statement abgeben

Hat ein Teilnehmer der Gruppe etwas Wichtiges zu sagen, will er seine Meinung kundtun, dann steht er auf und geht dazu in die Mitte. Er *steht* zu dem, was er sagt – nur so bekommen seine Worte Gewicht und Bedeutung.

In der Mitte stehend neigt man weniger dazu, in endloses Gerede zu verfallen. Dort fasst man sich so kurz wie möglich. Hohle Worte und leere Reden wird der Kreis nicht tolerieren. Aus der Menge heraus verfällt man leicht ins Drauflosreden und verfängt sich in Begründung und Rechtfertigung. Bevor man aber in der Mitte ein Statement gibt, überlegt man es sich zweimal. Das Ich-Gefühl möchte etwas dazu sagen, das Wir-Gefühl aber fragt sich: „Bringt es das Team jetzt wirklich weiter, was ich zu sagen habe, oder hält es nur unnütz auf?" Entscheidend ist der emotionale Impuls, nämlich dass man *spontan* aufspringt, um sein Statement abzugeben, ohne sich vorher den Wortlaut zurechtgelegt zu haben.

Sein Statement abgeben

10.5 Sich Feedback holen

Jeder braucht für seine persönliche Weiterentwicklung die ehrliche Meinung der anderen – zur Bestätigung, aber auch als Impuls für Veränderungen und Verbesserungen. Möchte jemand bei einem Training sich selbst, seine Position, seinen Lernprozess besser einschätzen können, dann geht er bei passender Gelegenheit in die Mitte oder stellt sich vor die Gruppe und bittet um ein Feedback.

Der Betreffende „bittet" bewusst, denn er möchte ja, dass die Gruppenmitglieder ihm helfen – ihm etwas geben. Er kann jeden bitten, dessen Feedback ihn interessiert. Eine Reihenfolge ist nicht vorgeschrieben, er kann sie selbst bestimmen, aber auch reihum gehen. Und er bedankt sich bei jedem Einzelnen, indem er nach dessen Feedback einfach nur „Danke" sagt.

Das Feedback bleibt immer unkommentiert. Der Empfänger soll sich nicht in Rechtfertigungen verlieren, die nur seiner Verteidigung dienen. Er soll das Gesagte aufmerksam aufnehmen, es annehmen und auf sich wirken lassen, selbst wenn er sich noch so sicher ist, warum er eine Sache so oder so gemacht hat.

Die Wirkungen von gutem Feedback

Das Feedback einer Gruppe hat eine immense Wirkung auf den Empfänger. Unabhängig voneinander gehen die Äußerungen der Gruppenmitglieder meist in die gleiche Richtung und fühlen auf den gleichen Nerv, meist treffen sie einen Engpass oder einen „blinden Fleck".

Der Eindruck, den eine Gruppe beim Einzelnen hinterlässt, ist intensiv und unterstützt seinen emotionalen Lern- und sozialen Integrationsprozess. Der Empfänger wird seine Stärken, aber auch seine Defizite deutlich spüren und versuchen, es demnächst besser zu machen.

Große Freude macht es der Gruppe, wenn es dem Teilnehmer gelingt, ein Feedback, nachdem er es empfangen hat, in eine Verhaltensänderung oder in persönliches Wachstum umzusetzen.

Die Zeit darf nicht zu lang werden

Am Ende eines Projekts oder eines Trainings kommt es häufig vor, dass jeder sich noch ein Feedback von der Gruppe holen möchte. Bei zwölf Teilnehmern wären es dann 12 mal 11 (= 132) Feedbacks. Dauert jedes im Schnitt eine Minute, dann braucht die ganze Prozedur über zwei Stunden.

Geben auch noch die Trainer ihr Feedback und sind es mehr als zwölf Teilnehmer (zum Beispiel 15), dann kann die Dauer leicht vier Stunden betragen. 15 Leute bekommen von 16 Leuten (14 Teilnehmern und zwei Trainern) Feedback. Das sind 15 mal 16 (= 240) Minuten. Bei dieser Rechnung sind die Minuten für die Moderation und die anschließenden Statements derjenigen, die ihr Feedback bekommen haben, noch gar nicht mitgerechnet.

Eine Zeit der Geduld, die die Teilnehmer nur schwer aushalten werden, vor allem weil die Übung nicht nur schlicht zu absolvieren ist, sondern auch Tiefe hat und den ganzen Menschen existenziell fordert.

Wie kann man den Teilnehmern diese Zeit erleichtern und „verkürzen"?

➤ Den gesamten Ablauf in kürzere Phasen aufteilen. Bei zwölf Teilnehmern zum Beispiel kommen immer nur vier nacheinander dran, dazwischen werden andere Übungen eingefügt, insbesondere Lockerungsübungen.

➤ Vorher den Teilnehmern die Dauer der Feedback-Übung vorrechnen, die Anstrengung deutlich machen, die das erfordert, und sie bitten, nur kurze Feedbacks zu geben.
Die Verkürzung ist allerdings nicht beliebig, da ein Feedback nicht in Eile gegeben werden darf. Der Teilnehmer, der das Feedback gibt, muss die Zeit haben, sich zu sammeln,

er muss innere Ruhe haben, um sich dem in der Mitte stehenden Teilnehmer emotional zuwenden zu können. Ein gutes Feedback kann nur in einem gesammelten Zustand abgegeben werden.

➤ Der Moderator kann darauf hinweisen: Jeder Teilnehmer soll nur ein oder zwei wichtige Punkte ansprechen.
Häufig rollen die Feedback-Geber ihre ganze Kennenlern-Geschichte auf: „Ich erinnere mich noch, als ich dich vor zwei Jahren kennenlernte, da dachte ich, was ist denn das für einer, aber dann kamst du mal auf mich zu ..." So etwas kann unterbleiben.

10.6 • Sich ins Team integrieren

Eine Gruppe kann jemand Neuen, einen Neueinsteiger, Hinzu-Kommenden beziehungsweise Zu-spät-Kommenden nicht so ohne weiteres „integrieren". Das geht nicht, denn die Integration ist ein emotionaler Prozess, der sich vor allem bei dem Betreffenden selbst vollzieht. Alles, was die Gruppe tun kann, ist, dem Betreffenden Raum zu geben und Zeit zu lassen, damit er sich – von sich aus – integrieren kann.

Der Moderator darf also beispielsweise nicht sagen: „Du bist neu hinzugekommen, jetzt wirst du erst mal integriert, und wir machen deshalb ein Spiel mit dir ..."

Lieber sollte er zum Beispiel sagen: „Du bist jetzt neu hinzugekommen, wir haben hier schon angefangen, es wird wohl etwas dauern, bis du dich eingefunden hast. Hast du einen guten Platz, oder möchtest du gern woanders sitzen? Du darfst dir gern einen Platz aussuchen. Oder möchtest du kurz in die Mitte und uns etwas sagen?"

Der Weg von außen in den Kreis führt am besten über die Mitte. Der zu Integrierende hat zunächst noch keinen Platz in der sozialen Ordnung des Teams, was sich darin ausdrückt, dass es auch noch keinen Stuhl für ihn gibt: Er kann zwar in der Mitte stehen, könnte aber noch nicht im Kreis Platz nehmen.

Von einem Platz außerhalb des Teams wird er von einem Teammitglied (Zeremonienmeister) hereingebeten. Er darf die Mitte nutzen, um sein Anliegen vorzutragen, zum Beispiel:

➤ „Ich möchte einmal miterleben, wie das Team tagt"
➤ „Ich möchte einen Tag zu Gast sein"
➤ „Ich würde gern mitarbeiten"
➤ „Ich möchte dazugehören"
➤ „Ich bin zurück und möchte mich wieder einfinden"
➤ „Ich bin zu spät, und ich möchte sagen, dass es mir leid tut"

Während er in der Mitte steht, bittet er die im Kreis Sitzenden, ihm eine offene Antwort zu geben. Seine Reaktion sollte immer nur ein „Danke" sein, er bedankt sich für die Offenheit.

Der Moderator fasst nun zusammen. Meist wird der Betreffende ohne Vorbehalt aufgenommen. Hin und wieder gibt es aber Fälle, wo noch etwas zu klären ist, wo Einschrän-
kungen, Bedenken oder Bedingungen eine Rolle spielen. Zum Glück kommen sie auf diese
Weise an den Tag ...

Wenn nichts mehr zu regeln ist, wird der Betreffende positiv mit deutlichem Handzeichen
bestätigt. Er bekommt meist einen Applaus, auch dafür, dass er die Prozedur bis hierher
durchgestanden hat und dass er sich alle angesprochenen Aspekte seines Hinzukommens
zu Herzen genommen hat. Zuletzt ist der Betreffende selbst mit einem Statement dran.

Weil der zu Integrierende jetzt immer noch keinen Platz beziehungsweise keinen Stuhl hat,
darf er in die Runde schauen und sich wünschen, wo er sitzen möchte. Die häufigste Erfahrung ist, dass er mit Leichtigkeit zwei Personen ausmacht, zwischen denen er sitzen möchte.
Genau in diese Position wird ihm sein Stuhl gestellt. Wohlgemerkt: Sein Stuhl wird ihm
gebracht. Das hat seine Bewandtnis, denn der Betreffende *nimmt nicht Platz*, sondern die
Gruppe *gibt* ihm den Platz, räumt ihm den Platz ein!

Seine beiden neuen Nachbarn fühlen sich geehrt, die Runde rückt ein bisschen, und ab jetzt
hat der wiederum rund schließende Kreis einen Platz mehr. Die Gruppe ist um ein Mitglied, ein integriertes Mitglied gewachsen.

Befragt man die neu integrierten Mitglieder, wie sie sich nach dieser Prozedur fühlen, so
bekommt man stets eine positive Antwort, sinngemäß so: „Vorher hätte ich mich einfach
nur dazugeschmuggelt. Es ist jetzt gut, ich fühle mich wirklich angenommen, aufgenommen und zugehörig."

Die Teamaufstellungen
Ordnung und Harmonie im Team

Damit die anwesenden Teammitglieder einen tieferen Einblick in die Struktur ihres sozialen Systems bekommen und ihre jeweiligen Rollen leichter finden, werden sie in verschiedenen Ordnungen aufgestellt. Die Sozialstruktur des Teams wird physisch, das heißt räumlich und körperlich abgebildet und so für jedermann sinnlich wahrnehmbar.

11. Das Team in die Reihe bringen

Die Mitglieder eines Unternehmens oder einer Organisation können sich nach verschiedenen Merkmalen ordnen: Alter, Dienstalter, Dienstgrad, Berufsjahre, Status (Eigentümer, Gesellschafter, Geschäftsführer) oder Ausbildungsgrad (Meister, Geselle, Auszubildender, Praktikant). In einem studentischen Projekt zum Beispiel könnte das Semester eine Rolle spielen, in einem Seminar die Anzahl der schon besuchten Seminare. Bei den weniger eindeutig messbaren Kriterien wie Leistung, Kompetenz oder Vertrauen kann im Team abgestimmt werden.

Durch die Teamaufstellungen werden alle Rangordnungen zurückgeführt ins Räumliche und Körperliche, ins unmittelbar Anschauliche. Dabei erfährt jeder Einzelne seinen momentanen „Stand". Ihm wird deutlich, „wo er steht", „wie er steht", mit wem er „sich zusammensetzen" oder „sich auseinandersetzen" muss.

Für die Teammitglieder ist die Aufstellung mit mehr oder weniger starkem Herzklopfen verbunden. Kalt lässt es niemanden, wenn er durch die anderen gesagt bekommt, wo er sich denn einreihen oder einordnen darf. Das dazugehörige Aufrücken, Herumrücken, Platz-Machen, Platz-Nehmen oder Platz-Tauschen wird ohne große Diskussion vollzogen. Das Ergebnis wirkt für sich, es braucht nicht diskutiert zu werden.

Die generelle Übung, in der Reihenfolge der Rangordnung zu seinem vor- und nachgeordneten Nachbarn spontan improvisierte Worte zu sprechen („Zusprüche"), ist gleichzeitig ein gutes Training für Kreativität und freie Rede. Man gerät schon etwas unter Druck, wenn man an der Reihe ist und auf einmal merkt, dass das, was man zum nächsten spricht, die Beziehung fassen soll, aber gleichzeitig auch das innere Bild von dieser Beziehung verrät.

11.1 Kriterien der Rangordnung

In Teams und produktiven Systemen gibt es im wesentlichen sieben Ordnungen, die sich überlagern und zusammenwirken. Dabei ist jedes Ordnungskriterium für sich gar kein

Problem. Rangelei und Statuskämpfe entstehen erst, wenn die eine Ordnung einen Vorrang, die andere Ordnung aber einen Nachrang bedeutet.

1. Hierarchische Ordnung

Sie wirkt gemäß der Hierarchie der Aufgabenbereiche, für die die Teammitglieder eingeteilt und verantwortlich sind. Wer fällt in wessen Bereich? Der Leiter des größeren, übergeordneten Bereichs rangiert in der Position vor dem Leiter des kleineren, untergeordneten Bereichs. Die leitende Arbeit rangiert vor der ausführenden Arbeit.

2. Ordnung gemäß dem Dienstalter (Anciennität)

Sie gibt unter Teammitgliedern in der Position demjenigen einen Vorrang, der schon länger Mitglied des Teams ist. Die früheren Teammitglieder haben den späteren den Einstieg und die Mitgliedschaft ermöglicht. Dies gehört gewürdigt und kommt in der Rangfolge zum Ausdruck.

3. Ordnung gemäß dem Lebensalter

Die Älteren haben stets Vorrang vor den Jüngeren, denn die Älteren haben es den Jüngeren ermöglicht, überhaupt aufzuwachsen. „Alter geht vor Schönheit", heißt es. Wissen und Erfahrung entstehen mit der Zeit und häufen sich mit dem Älterwerden. Die Jüngeren haben die Kultur und Struktur von den Älteren übernommen.

4. Ordnung gemäß der Kompetenz

Sie gibt in der sachlichen Arbeit demjenigen Vorrang, der die größere Kompetenz hat. Diese Ordnung wirkt darauf hin, dass jeder entsprechend seinen Fähigkeiten mitgestalten kann. Auch der Chef dient einem Mitarbeiter, der eine spezielle Kompetenz hat, und arbeitet ihm in der Sache zu, selbst wenn er in der Verantwortungshierarchie einen höheren Rang einnimmt.

5. Ordnung gemäß dem Einsatz

Wer sich mehr einbringt, wer mehr beiträgt, mehr Zeit, mehr Energie, mehr Wissen, mehr Können oder mehr Kreativität einsetzt, hat Vorrang vor dem, der weniger investiert. Einsatz muss sich für jeden lohnen und sich auch im Rang widerspiegeln – ein ganz natürlicher Mechanismus, ohne den jedes Team ausbluten würde.

6. Ordnung gemäß dem Eigentum

Wer für ein Unternehmen oder eine Organisation sein Eigentum (zum Beispiel Kapital) zur Verfügung stellt, hat daran das umfassendste und absolute dingliche Verfügungsrecht.

Weil er mit seinem Eigentum nach Belieben verfahren und im Prinzip andere von jeder Einwirkung ausschließen kann, verschafft ihm dieses Recht einen besonderen Rang.

7. Ordnung gemäß der ethnischen Zugehörigkeit

Zugehörigkeit zum großen heimischen System (Heimat, Volk, Kultur, auch Religion) birgt eine Verbundenheit, die dem Dazugehörigen beim Kampf um den Rang einen Vorteil verschafft. Wer in einem deutschen Team als Deutscher arbeitet, wird es in der Regel leichter haben, im Rang aufzusteigen, als beispielsweise ein Türke mit den gleichen beruflichen Fähigkeiten und Voraussetzungen. Entsprechendes gilt in einem bayrischen Betrieb für einen Bayern gegenüber einem Hessen. Der Alteingesessene hat Vorrang vor dem Zugereisten.

11.2 Aufstellung nach Körpergröße

Körpergröße spielt in der menschlichen Rangordnung eine Rolle. Mit zunehmender Differenzierung der Gesellschaftsstruktur tritt das Imponierzeichen der Körpergröße jedoch zugunsten des Alters, der Erfahrung und der Lernfähigkeit an Bedeutung zurück. Im Laufe der Menschheitsgeschichte haben wir die Keule gegen den Computer eingetauscht. Inzwischen kämpfen wir um unsere Chancen und unseren Lebensstandard mit etwas anderem: den Ergebnissen unserer Arbeit. Aber die alten Instinkte sind noch intakt. Wer klein und schwächlich von Statur ist, wird im Sport wie auch im Berufsleben nicht so leicht als Anführer akzeptiert.

Im Sozialverband einer Gruppe stellt Körpergröße ein Merkmal im Bereich der Führungseigenschaften dar. Jemand, der groß ist, hat gute Sicht und somit Überblick über die Gruppe. Dieses Kriterium ist allerdings nur eines von vielen. Napoleon ist ein berühmtes Beispiel dafür, dass auch kleine Menschen gute Führungsqualitäten entwickeln können.

Ein internationales Personalberatungs-Institut fand in einer groß angelegten Befragung von Führungskräften heraus: 91 Prozent der Topleute sind größer als 1,80 Meter. Unsere Ahnen lassen grüßen. Der US-amerikanische Ökonom John Kenneth Galbraith will herausgefunden haben: In allen modernen Gesellschaften gibt es eine gewisse Tendenz dazu, sich groß gewachsenen oder auf andere Weise physisch eindrucksvollen Personen zu unterwerfen (Galbraith 1987).

Es sei klargestellt: In einem *TeamTraining* ist die Körpergröße nur eines von vielen Kriterien. Die Körpergröße eines Menschen ist aber etwas Offensichtliches, und sie ist nicht mit einem Tabu behaftet. Darum ist eine Aufstellung nach diesem Kriterium immer als Einstieg gut geeignet. Die Teilnehmer werden damit vertraut, sich im Raum hin- und herzubewegen und sich in eine bestimmte Formation zu stellen, die sich weder durch Zufall noch durch Drängelei ergibt, sondern eine Eigenschaft widerspiegelt.

Alle Teilnehmer stellen sich in einer Reihe wie die Orgelpfeifen auf. Dabei stellt sich der Größere immer rechts vom Kleineren auf. Und die ganze Reihe steht so im Raum, dass die Größeren den Kleineren nicht das Licht nehmen. Niemand soll einen anderen in den Schatten stellen.

In einem Workshop wurden in einer ersten methodischen Übung zur Sozialstruktur die spontan formulierten Zusprüche mit einem Diktaphon aufgezeichnet. Aufstellungskriterium war die Körpergröße, so dass sich eine eindeutige Rangfolge ergab. Die Übung bestand nun darin, dass der Größere dem Kleineren zuspricht und dabei:
1. den Unterschied neutral feststellt und beim Namen nennt
2. den Kleineren motiviert und ihm eine positive Perspektive gibt.

Zusprüche der Teilnehmer
(vom höheren zum niederen Rang)
Von 1 zu 2: Liebe ..., ich bin zwei Zentimeter größer als du, habe ich gerade erfahren. Du bist 1,78 m. Deswegen kann ich in der Rhön ein bisschen weiter schauen als du, das ist ein kleiner Vorteil. Es gibt auch noch andere Vorteile, aber den kann man leider nicht wett machen, und da bin ich stolz darauf. Aber du bist dafür wieder größer als andere. Da kannst du stolz darauf sein.

Von 2 zu 3:
Ich bin einen Zentimeter größer als du, aber die Berge in Thüringen sind niedriger, deswegen musst du nicht so groß sein wie ich – ich wohne in der Schweiz, und die Berge sind höher.

Von 3 zu 4:
Ich bin auch ein Stück größer als du, aber für mich ist körperliche Größe unbedeutend.

Von 4 zu 5:
Du bist ein bisschen kleiner als ich ..., aber du hast einen Vorteil, du hast eine schöne kräftige Stimme.

Von 5 zu 6:
Ich bin etwas größer als du, wenn du aber Stöckelschuhe anziehst, sieht das schon ganz anders aus. Aber vergiss nie, Maßeinheiten sind ein rein kultureller Standpunkt.

Von 6 zu 7:
Du bist ein bisschen kleiner als ich, dafür aber ein bisschen schmaler, aber dadurch wirkst du genauso groß wie ich.

Von 7 zu 8:
Ich bin ein kleines Stück größer als du, aber dafür hast du eine lockere Ausstrahlung.

Von 8 zu 9:
Ich bin nicht viel größer als du, nur ein kleines Stückchen. Und ich denke halt, dass du dich besser bewegen kannst, du bist agiler.

Von 9 zu 10:
Ich bin froh, dass ich noch nicht deine Größe im anderen Sinne habe.

Von 10 zu 11:
Ich bin ein Stückchen größer als du, das hat aber nichts zu sagen, du brauchst dich deshalb nicht zu grämen, das ist in Ordnung.

Von 11 zu 12:
Lieber ..., du bist ein ganzes Stück kleiner als ich ... Du hast mehr Erfahrung als ich, und darauf kannst du stolz sein.

Bei dieser Aufstellung ist interessant zu beobachten, dass sich von Zuspruch zu Zuspruch zunehmend eine gewisse Norm herausbildet. Viele schließen sich in dem, was sie sagen – im Grunde, was sie wagen –, an die Vorderfrau oder den Vordermann an. Die Norm entsteht aus Ängstlichkeit, sie ist das Antiprogramm zur Kreativität. Hier spiegeln sich die Phänomene Moral, Anpassung, Betriebskultur beziehungsweise gesellschaftlicher Konsens auf anschauliche Weise wider, nämlich: „Man darf dem Kleineren doch nicht bestätigen, dass er kleiner ist; er könnte es als Werturteil verstehen." Natürlich aber verstehen die Teilnehmer es als Werturteil, was daran zu sehen ist, dass eher diejenigen den Unterschied verwischen wollen, die hinten in der Reihe stehen, die also selbst eher zu den Kleineren gehören *(von 6 bis 12)*.

Bei den Zusprüchen in umgekehrter Reihenfolge, vom Kleineren zum Größeren, waren ebenfalls zweierlei Anforderungen zu erfüllen:

➤ den Unterschied neutral feststellen und beim Namen nennen
➤ die Größe des Vorgeordneten anerkennen

Zusprüche der Teilnehmer **(vom niederen zum höheren Rang)**
Von 12 zu 11: Ich bin klein, mein Herz ist rein und du sollst meine Führerin sein.
Von 11 zu 10: Du bist ein Stück größer als ich, ich bin ein Zwerg, du bist groß, und ich will auch so groß sein.
Von 10 zu 9: Du bist größer als ich; und weil du größer bist als ich, sollst du mir noch ein bisschen was zeigen, und zwar so Brain-Gym-Übungen. Das hat mir imponiert, wie gut du das kannst, weil ich es zu Hause geübt habe und nicht hingekriegt habe.
Von 9 zu 8: Ich bin froh, dass ich jemanden neben mir habe, der größer ist.
Von 8 zu 7: Du bist größer als ich, das hat den Vorteil für dich, dass du die bessere Luft einatmen darfst.
Von 7 zu 6: Du bist ein Stück größer als ich, und es macht mir Lust, wenn ich neben dir stehe, auch noch ein Stück zu wachsen.
Von 6 zu 5: Du bist größer als ich, und ich finde das in Ordnung, denn du bist ein Mann, und ein Mann muss groß sein.
Von 5 zu 4: Du bist größer als ich und zudem auch noch weiser. *(Lachen)*

Von 4 zu 3:
Ich bin froh, dass ich dir ein paar Worte sagen darf: Ich bin sehr froh, dass du bei uns dabei bist, auch wenn du ein bisschen größer bist.

Von 3 zu 2:
Du bist einen Zentimeter größer, und ich hoffe, dass ich von dir noch lernen kann.

Von 2 zu 1:
Du bist ein wenig größer als ich, und ich denke, du hast auch ein bisschen mehr Erfahrung, und deswegen möchte ich ein bisschen von dir lernen.

11.3 Aufstellung nach Alter

Die Älteren stehen rechts von den Jüngeren. Dies entspricht der Tischordnung für die Geschwisterreihe, die in einem Familiensystem für alle Mitglieder die beste Harmonie und Stabilität gewährleistet. Wird die Ordnung nicht eingehalten, ist dies ein Ausdruck von Spannungen oder Störungen in der Familie.

Heutzutage herrschen in vielen Familien komplizierte Verhältnisse: Rumpf-Familien, Fortsetzungs-Familien und Familien, die nicht mehr gemeinsam am Tisch sitzen. Es besteht die Gefahr, dass dadurch vielen jungen Menschen grundlegende Erfahrungen in ihrer Sozialisation fehlen – mit der Folge, dass sie kein Gefühl mehr für die Ordnung in sozialen Systemen mitbringen. Ihnen „fehlt der Anschluss", sie „tanzen aus der Reihe", ihr Verhalten ist „nicht in Ordnung". Ihre soziale Kompetenz hat sich nicht richtig entwickeln können.

Für viele Menschen sind deshalb Teamaufstellungen ein wertvoller Impuls. Jemand, der von seinem angestammten, ihm zustehenden Platz „verrückt" ist, kann wieder „auf die Reihe kommen". Die Glieder der Kette können sich „einrenken". Durch das „Hineinstellen" der Teilnehmer in eine Ordnung bewegt sich in der inneren „Einstellung" oft mehr, als auf den ersten Blick erkennbar ist. Ein äußerer Anstoß bewegt etwas im Inneren.

Auch die folgenden Zusprüche sind Originalaufzeichnungen aus der Workshop-Praxis:

Zusprüche der Teilnehmer
(vom älteren zum jüngeren)

Von 1 zu 2:
Liebe ..., ich bin hier der Älteste! Dass hier noch jemand ist, der fast so alt ist wie ich... Nun haben wir eine Welle und können stolz auf die jungen Leute blicken.

Von 2 zu 3:
Liebe ..., ich bin zwar die Zweitälteste hier, aber ich fühle mich bei weitem nicht als die Zweitälteste.

Von 3 zu 4:
Liebe ..., ich bin die Drittälteste und du die Viertälteste, nun gehören wir zum Drittel der Ältesten. *(Applaus)*

Von 4 zu 5:
Liebe ..., du bist zwar etwas jünger als ich, aber sei froh, du wirst bald auch so alt sein wie ich. *(Lachen)*

Von 5 zu 6:
(Pause) Da wir gerätselt haben, wer von uns die Ältere ist, sind wir eigentlich gleich alt.

Von 6 zu 7:
Liebe ..., ich bin unwesentlich älter als du, aber freue dich auf deinen Geburtstag, es ist schön. *(Lachen)*

Von 7 zu 8:
Ich fühle mich dir so nah, dass ich nicht fühle, dass ich älter bin als du.

Von 8 zu 9:
Liebe ..., der Unterschied ist so gering zwischen uns, ich merke den kaum.

Von 9 zu 10:
Du bist zwar ein bisschen jünger, aber glaube mir, du wirst auch noch so alt wie ich.

Von 10 zu 11:
Ja, du bist jünger, fast so alt wie ich, aber wenn du so alt bist wie ich, bin ich schon wieder ein Stückchen älter.

Von 11 zu 12:
Ja, liebe ..., du bist jünger als ich, aber das macht überhaupt nichts aus, denn will man jung sein oder alt, wie fühlt man sich überhaupt? *(Lachen)*

Von 12 zu 13:
Liebe ..., du bist unser Küken, aber mach dir nichts daraus, ich bin unser zweites Küken.

Von 13 zu 14:
Ich bin zwar 20 Jahre alt, und du bist zwar auch jünger als ich, aber mach dir nichts daraus, du wirst auch irgendwann einmal älter. *(Die Zuspruch-Richtung kehrt sich nun um: Die jüngeren sprechen zu den älteren Teilnehmern.)*

Zusprüche der Teilnehmer
(vom jüngeren zum älteren)

Von 14 zu 13:
Ich bin jünger als du, und ich hoffe, ich erreiche dein Alter auch noch.

Von 13 zu 12:
Liebe ..., du bist älter als ich, älter und weiser als ich. Und wenn ich älter bin, möchte ich auch noch weiser sein, und ich denke, das kriege ich auch noch hin.

Von 12 zu 11:
Lieber ..., du bist Jahrgang 69, es ist ein schöner Jahrgang. Jahrgang 70 ist auch nicht schlecht, aber ein Jahrgang 69 wäre ich auch gerne gewesen.

Von 11 zu 10:
Lieber ..., was ich am meisten bewundere ist, dass du Jahrgang 67 bist, dass das zwei Jahre sind, die ich leider verpasst habe. *(Lachen)*

Von 10 zu 9:
Liebe ..., wenn ich erst mal so alt bin wie du ... *(Lachen),* dann sehe ich die Dinge auch mit mehr Abstand und Erfahrung, aber jetzt muss ich erst mal mit meinem begrenzten Blickwinkel das noch sehen. Ich denke, ich komme dahin.

Von 9 zu 8:
Lieber ..., du bist ein bisschen älter als ich, etwas weiser und du hast deine Falten etwas eher gekriegt als ich. *(Betroffenes Lachen bei 8)*

Von 8 zu 7:
Liebe ..., wenn ich dich so ansehe, dann freue ich mich, älter werden zu können.

Von 7 zu 6:
Liebe ..., ich bin bald auch so alt wie du und freue mich darauf, bald auch so kraftvoll Entscheidungen treffen zu können wie du.

Von 6 zu 5:
Liebe ..., du bist etwas älter als ich, und ich hoffe, wenn ich so alt bin, habe ich auch soviel Lebenserfahrung wie du.

Von 5 zu 4:
Liebe ..., ich habe die ganze Zeit überlegt, warum ich noch nicht so gut kochen kann und keine Lust dazu habe, aber ich denke, wenn ich in deinen Altersbereich eingedrungen bin, dann ... *(Lachen)* lade ich alle zum Essen ein.

Von 4 zu 3:
Liebe ..., ich freue mich, wenn ich ein oder zwei Jahre älter werden kann, damit ich dann so viele Erfahrungen haben und aus meinem Schatzkästchen plaudern kann wie du.

Von 3 zu 2:
Liebe ..., du wirkst so jugendlich und sportlich. Ich wünsche dir einen Gewinn in einem Preisausschreiben, und zwar einen Flug durch unsere Planetenwelt, weil du dann das Glück hast, laut Relativitätstheorie, nicht älter zu werden.

Von 2 zu 1:
Lieber ..., du bist zwar etwas älter als ich, aber bitte bedenke, dass die Lebenserwartung des Mannes – worin uns auch die Geschlechtlichkeit unterscheidet – kürzer ist als bei der Frau. Lebe dein Leben.

Antwort von 1:
Ja, das war wirklich weise, und ich kann es auch annehmen, wenn ich auch älter bin und wenn ich es von einer Frau gesagt bekomme.

11.4 Aufstellung nach Anciennität

Anciennität bedeutet soviel wie Dienstalter (*ancien* = alt). Richtet sich in einer Hierarchie das Aufrücken in höhere Ämter oder höhere Gehaltsstufen allein nach dem Dienstalter, so spricht man vom Anciennitätsprinzip.

Für die Verteilung von Funktionen in einem Team oder einem sozialen System sollte nicht allein die Länge der Zugehörigkeit den Ausschlag geben, sondern die gesamte Leistung und Qualifikation. Dennoch kann es eine sträfliche Sünde sein, die Anciennität zu ignorieren. Denn die Dauer, die jemand dabei ist, und die damit verbundenen Erfahrungen sind bedeutsame Kriterien der Qualifikation und begründen einen Revieranspruch.

Die Geschichte eines sozialen Systems zu kennen und schon länger miterlebt zu haben kann bei der Einschätzung von Situationen durchaus von Bedeutung sein. Relevante und realistische Fragen in Organisationen sind zum Beispiel:
➤ *„Hast du den Gründer noch gekannt?"*
➤ *„Hast du das damals eigentlich noch miterlebt?"*
➤ *„Kannst du dir das vorstellen, wie wir hier angefangen haben?"*

Bei einer Anciennitäts-Aufstellung stehen die altgedienten Mitglieder rechts von den neueren. In einem Training mit dem Betriebsrat einer großen AG wurden die folgenden spontanen, zum Teil humorvollen Zusprüche aufgezeichnet.

Zusprüche der Teilnehmer
(vom dienstälteren zum dienstjüngeren)

Von 1 zu 2:
Ja, lieber H., ich bin länger im Betriebsrat als du, das macht sich natürlich an vielen Stellen bemerkbar. Trotz alle dem, auf Grund deiner Lebenserfahrung hast du dich immer ganz hervorragend eingebracht und auch für mich 'ne ganze Menge an Dingen in die Diskussion geschmissen, wo ich mir dann einen Kopf drum machen musste. Und auch aufgrund der Langjährigkeit innerhalb des Betriebsrats, wo ich durch dich inspiriert wurde, zukünftig gute Arbeit für die Interessen der Kollegen und Kolleginnen umzusetzen, damit du dann auch in deinem Alter weißt, dass Jüngere dir immer folgen können.

Von 2 zu 3:
Ja, lieber B., wir sind zwar zusammen gleich lang im Betriebsrat. Wir haben viel gestritten, aber auf diesem Wege möchte ich mich doch für die positive und gute Zusammenarbeit heute und hier ... dir dafür danken.

Von 3 zu 4:
Ja, J., ich bin ja länger als du im Betriebsrat, das heißt aber nicht, dass wir nicht auf gleicher Ebene sehr gut zusammenarbeiten. Und ich hoffe, dass wir diese gute Zusammenarbeit auf gleicher Ebene weiterhin fortführen.

Von 4 zu 5:
P., wir sind gleichzeitig in den Betriebsrat gekommen, wir haben uns auch schon an der einen und anderen Stelle ein wenig geknubbelt, weil du von einem Bereich kommst, der immer das Geld hereinbringt. In Zukunft sieht das auch anders aus. Aber wir haben versucht zusammenzuarbeiten, und das haben wir auch geschafft. Und da möchte ich auch, dass das so in der Zukunft auch bleibt. Und da werde ich auch etwas für tun. Ich hoffe, dass das bei dir ähnlich ist.

Von 5 zu 6:
Ja, ich bin etwas länger als du im Betriebsrat, und ich habe ja eben schon mal was dazu gesagt. Und ich hoffe, dass wir in den nächsten Monaten und Jahren mehr miteinander zu tun haben und dass wir gemeinsam versuchen, das Unternehmen zu erhalten, dass wir das gemeinsam hinbekommen.

Von 6 zu 7:
Ja, lieber M., wir sind zwar gleich lang im Betriebsrat, da möchte ich dir noch sagen, damals, als wir unsere Amtszeit angefangen haben, da war ich froh, auch Jungens in meinem Alter dabei zu haben. Toll.

Von 7 zu 8:
Ich bin von uns beiden der alte Betriebsratshase, das weißt du ja. Aber ich muss ganz ehrlich sagen, ich bin jetzt, da du jetzt eine Woche dabei bist, bin ich froh, dass ich nicht nur einen neuen Betriebsratskollegen dazu bekommen habe, sondern dass auch ein Freund von mir im Betriebsrat ist. Danke.

Von 8 zu 9:
Liebe T., ich bin, nein, du bist gar nicht im Betriebsrat *(Gelächter)*. Kandidier', kandidier'! Also ich bin ja jetzt im Betriebsrat, ich möchte dir wünschen, dass du bei uns bleibst.

Von 9 zu allen:
Ich bin ja nun von allen am kürzesten bei euch, aber ich fühle mich pudelwohl, und ich hoffe, ich werde mich auch noch in Zukunft pudelwohl fühlen, was mit Sicherheit an euch allen liegt. Ich kann nur sagen, ich habe es auch schon von draußen gehört, ihr seid ein tierisch guter Betriebsrat. Das kommt nicht nur aus meinem Mund. Von daher hoffe ich nur, dass es so weiter geht, und ich drücke euch die Daumen für die Zukunft. *(Applaus)*

In einem Team fühlen sich alle Mitglieder gut, wenn die neueren die altgedienten achten, denn diese sind es in erster Linie, die dem Team eine Identität verleihen und es repräsentieren. Die Älteren haben den Jüngeren den Platz geschaffen – sie haben aufgebaut, was die Jüngeren nur übernehmen und weiterführen. Nun dreht sich die Spruchrichtung um – die dienstjüngeren sprechen zu den dienstälteren Teilnehmern.

**Zusprüche der Teilnehmer
(vom dienstjüngeren zum dienstälteren)**

Von 9 zu 8:
Ich bin zwar gar kein Mitglied eures Betriebsrates, sondern nur eine eurer Sekretärinnen, und ich freue mich, seit einer Woche auch für dich arbeiten zu dürfen.

Von 8 zu 7:
M., ich bin wohl erst seit ganz kurzer Zeit im Betriebsrat und du schon viel länger, aber ich habe schon so viel von dir gelernt, und ich möchte noch mehr lernen von dir.

Von 7 zu 6:
Ja, T., jetzt sind wir wieder da. Wir sind gleich lang im Betriebsrat, auch gut, dass wir von gleicher Altersstruktur mehrere im Betriebsrat sind. Und ich hoffe in Zukunft, dass ich mit dir noch mehr zusammenarbeiten kann.

Von 6 zu 5:
Ja, lieber P., was soll ich dazu noch sagen, ich würde gerne mit dir noch länger zusammenarbeiten, und ich freue mich darauf.

Von 5 zu 4:
Ja, lieber J., wir sind ja beide ungefähr gleich in den Betriebsrat gekommen, und ich komme ja aus den Bereichen, die immer die Gewinne gemacht haben, wie du ja eben so nett erwähnt hast, die wir auch weiterhin machen werden, auf etwas niedrigerem Niveau. Aber trotzdem werden wir versuchen, den Defizitbereich in unserem Betrieb zu halten, weil auch diese Sache ganz wichtig für unsere Stadt ist. Danke. *(Applaus)*

Von 4 zu 3:

B., wir sind nicht gleich im Betriebsrat, ich bin noch nicht so lange da wie du. Du warst immer in einigen Bereichen für mich jemand, der mit viel Erfahrungen aufgewartet hat. Da habe ich mir einiges abgeguckt, ich hoffe immer das Gute! Ich wünsche dir auch noch weiterhin eine gute Zeit und dass wir gut zusammenarbeiten.

Von 3 zu 2:

Ja, mein lieber H., bald ist ja die Zeit für dich vorbei. Wir sind ja gleich im Betriebsrat, du bist ja nun mal der ältere Kollege, du hast ja auch schon beschlossen, im nächsten Jahr in den verdienten Ruhestand zu gehen. Ach nee, in diesem Jahr ... um Gottes Willen, das sind ja nur noch ein paar Monate! Und deswegen wünsche ich dir auch noch in Zukunft alles Gute. Ich habe von dir viel gelernt in der Zeit, doch das hat auch etwas mit deiner politischen Arbeit zu tun gehabt. Ich habe von dir viel mitgenommen, äh, ich sage, wenn man das Ganze als Fazit sieht, war es eine gute Zusammenarbeit. Danke!

Von 2 zu 1:

Lieber R., du bist der ältere von uns, der ältere im Betriebsrat. Betriebsratsarbeit ist wohl manchmal hart und schwer, trockene Materie, und du hast nur dazu beigetragen, dass auch Betriebsratsarbeit Spaß macht. Du hast auch immer mal wieder so eine Betriebsratssitzung ein bisschen aufgelockert, und dafür möchte ich dir heute recht herzlichen Dank sagen.

Zuletzt spricht 1 zu allen:

Jetzt soll ich auch positiv reden? Allgemein fällt mir natürlich ein, das, was ich schon mal gesagt habe: dass wir hier mal gemeinsam versuchen wollen, ich gehe davon aus, im Interesse aller, dass wir also hier wieder zum etwas umfangreicheren Miteinander und Nebeneinander kommen. Uns zukünftig, auch nach dem Seminar, die Zeit nehmen können, wenn irgendwelche Probleme bestehen, darüber zu reden und, damit es nicht irgendwann und irgendwo zum Knall kommt, sondern hier im Interesse unserer Kolleginnen und Kollegen, von denen wir gewählt worden sind, für den Fortgang der AG auch weiterhin unsere Arbeit machen. *(Applaus)*

11.5 Lob und Anerkennung zusprechen

Bei jeder Aufstellung kann sich die entstandene Reihe gut zum geschlossenen Kreis formen, wobei der Trainer die Nahtstelle zwischen dem Ersten und dem Letzten bildet. Prinzipiell wird jede Aufstellung auf der Ebene der Sprache reflektiert, dies geschieht je nach Kriterium spielerisch oder auch mit absoluter Ernsthaftigkeit durch eine Kaskade von „Zusprüchen". Der Reihe nach spricht jeder zu seinem Nachbarn:

➤ Der Ranghöhere spricht dem Rangniederen (kleineren, jüngeren, weniger erfahrenen Teammitglied) Lob oder Anerkennung zu; er darf auch auf den eigenen Vorrang oder Vorteil hinweisen, aber immer so, dass der Rangniedere motiviert wird.

➤ Der Rangniedere zollt dem Ranghöheren (größeren, älteren, erfahreneren Kollegen) Achtung und Anerkennung, er würdigt dessen Überlegenheit und spricht zu ihm mit spontanen Worten, wobei es nur um das aktuelle Kriterium geht, zum Beispiel Lebensalter.

Es gibt also immer zwei Runden: Zunächst spricht jeder zum linken (rangniederen) Nachbarn. Der Letzte in der Reihe spricht als Rangniederster zum gesamten Team. Dann kehrt sich die Reihe um: Jeder spricht zum rechten (ranghöheren) Nachbarn. Der Ranghöchste spricht abschließend zum gesamten Team. Es kommt darauf an, dass jeder im sozialen System seine Rolle findet, sie ausfüllt und sich gleichzeitig mit ihr bescheidet. Anspruch und Bescheidenheit sind in Balance zu bringen.

Die Kommunikation in der Reihe fließt kaskadenartig. Dabei ist die Reaktion der Teammitglieder aufschlussreich: Meist wird auf den sich entfaltenden Humor mit Schmunzeln und zustimmendem Lachen reagiert. Es kann aber auch passieren, dass jemand emotional ins Stolpern kommt, das heißt, ihn ein Gefühl überkommt, mit dem er im Moment nicht umgehen kann. Er wird sich seltsam verhalten, nicht richtig mitmachen können. Hier ist die Moderation des Teamtrainers gefragt, der nicht nur dafür sorgt, dass der Betroffene sein Gesicht behält, sondern auch, dass es weitergeht.

Kommt jedoch jemand an die Reihe, dessen Zuspruch hochmütig klingt oder dessen Anerkennung einen ironischen Unterton enthält, dann kommt in der Regel Gelächter auf, manchmal löst es sogar eine regelrechte Lachsalve aus. Hier ist offensichtlich jemand „neben der Rolle". Er fühlt seinen Platz nicht und fühlt deswegen auch nicht, was auf diesem Platz angemessen ist zu sagen. Die emotionale Reaktion der anderen wird ihn innerlich erreichen – ein wirksamer Impuls für sein Rollenverständnis und Rollenverhalten. Der Veränderungsprozess setzt automatisch ein, die Konstellation lässt das zu diesem Platz gehörende Feeling wachsen. Der Teamtrainer hat hier keine besondere Aufgabe.

Die emotionalen Erlebnisse bei den Aufstellungen zusammen mit dem jeweils anschließenden Brauch, zum Platz passende Worte nach „unten" und nach „oben" zu finden, sind für den Teilnehmer stets intensiv.

Die improvisierten, an den Nachbarn gerichteten Worte sind vergleichbar mit den sogenannten Lösungssätzen, wie sie bei den systemischen Familienaufstellungen nach Bert Hellinger gesprochen werden. Beim *Training im team-dynamischen Kreis* werden diese Worte jedoch nicht vorgegeben. Sie hören sich entweder gut an oder sind „daneben": Aber alles kann so stehen bleiben, wie es spontan gesagt wird. Die Reaktion der Gruppe wirkt als Regulativ. Diese „kultivierten" Teamaufstellungen fördern die Sozialisation der einzelnen Mitglieder auf einfache, aber wirksame Weise.

12. Beziehungen abbilden

12.1 Soziales wird räumlich und körperlich

In einem Team, wie auch in anderen Systemen, wird die soziale Dynamik stets auf symbolischer Ebene ausgedrückt und auch ausgelebt. Symbole gehen aber immer auf räumliche und körperliche Realitäten zurück:

➤ allein stehen
➤ selbständig sein
➤ seinen Standpunkt haben
➤ einen Standpunkt vertreten
➤ einen guten (oder schlechten) Stand haben
➤ standhalten
➤ standfest sein

➤ seinen Einstand geben
➤ zu seinem Wort stehen
➤ zu seiner Meinung stehen
➤ für etwas gerade stehen
➤ für etwas einstehen
➤ für etwas eintreten
➤ etwas vertreten
➤ jemanden vertreten

➤ zueinander stehen
➤ zu jemandem stehen
➤ jemandem zur Seite stehen
➤ jemandem beistehen
➤ jemandem Beistand leisten
➤ hinter jemandem stehen
➤ jemandem unter die Arme greifen

- jemanden unterstützen
- jemanden auffangen
- die rechte Hand des Chefs sein

- Schulter an Schulter stehen
- Schulterschluss
- fest zusammenhalten
- sich an jemanden halten
- jemandem zugeneigt sein
- eine Zuneigung haben
- eine Abneigung haben
- abgeneigt sein

- hervortreten, zurücktreten
- sich zurückhalten
- sich zurückziehen

- in Opposition gehen
- jemandem quer kommen
- jemandem die kalte Schulter zeigen
- jemanden über die Schulter ansehen
- jemanden angreifen

- Insider sein, in sein
- Hahn im Korb sein
- sich in den Mittelpunkt stellen

- Seitensprung
- außen vor sein
- Außenseiter sein, out sein
- den Letzten beißen die Hunde

Um die sozialen und funktionalen Beziehungen in einem Team zu klären und zu reflektieren, ist es nützlich, sie physisch abzubilden.

12.2 Der individuelle Zusammenhalt im Team

Da jeder Mensch nur zwei Hände hat, kann er sich gleichzeitig nur an höchstens zwei Menschen festhalten. Er kann sich in einem Kreis auch nur zwischen zwei Menschen einreihen, den einen hat er zu seiner Rechten, den anderen zu seiner Linken. Entsprechend ist der Zusammenhalt in einem Team nie ein Phänomen, das sich gleichmäßig über alle Personen verteilt. Jeder hat ein paar (ein Paar) Gefährten, mit denen er engere Beziehungen unterhält, seien sie durch den Arbeitsablauf oder durch persönliche Präferenzen begründet. Engere Beziehungen entwickeln sich, weil man aufeinander angewiesen ist, aber auch, weil man eine gemeinsame Wellenlänge gefunden hat.

Nun kommt die physische Abbildung: Jeder sucht sich unter den Anwesenden zwei aus, mit denen er am meisten zu tun hat, an die er sich hält. Dazu stellt der Trainer die passende Frage, zum Beispiel:

➤ „Mit welchen beiden Personen arbeitest du am meisten zusammen?"
➤ „An welche beiden Personen hältst du dich, wenn du Probleme hast?"
➤ „Welche beiden Personen kennst du am besten?"
➤ „Welche beiden Personen kennst du am längsten?"

Jeder „hält" sich an diese Kollegen, indem er den einen mit der rechten Hand, den anderen mit der linken Hand am Unterarm greift. Dadurch bildet sich ein Geflecht, das den Zusammenhalt des anwesenden Teams abbildet. In aller Regel ist es ein eindrucksvolles Erlebnis für die Teilnehmer, zu sehen und zu fühlen, dass in ihrem sozialen System – direkt oder indirekt – jeder mit jedem zusammenhängt.

Die Koordination ihrer Arbeit können die Mitarbeiter durch rhythmisches Kreisen ihrer Arme ausdrücken, wobei sie ihre Bewegungen harmonisch zu koordinieren versuchen. Dieser spielerische Körpereinsatz bringt Spaß und Aha-Erlebnisse.

Nur selten kommt es vor, dass es zwei oder mehr Gebilde gibt, die nicht durch greifende Hände zusammenhalten. Sollte dies der Fall sein, beginnt hier ein Integrationsprozess: Die nicht zusammenhängenden Teile der Gruppe werden zunächst getrennt platziert. Sie reflektieren dann darüber, wie sie funktional doch zusammenhängen, was sie miteinander verbindet oder warum sie in einem gemeinsamen Training gelandet sind. Das Wahrnehmen einer fehlenden oder schwächeren Beziehung kann Auslöser für eine intensivere Beziehungsaufnahme werden.

12.3 Männer und Frauen stehen sich gegenüber

Frauen wie Männer bilden jeweils eine Untergruppe. Die Gruppen stellen oder setzen sich gegenüber, je nachdem, wie viel Zeit man der Übung geben will. Wenn die Teilnehmer sitzen, werden sie sich automatisch noch mehr auf die Prozedur einlassen und sie auskosten. Ob sie nun sitzen oder stehen, Männer wie Frauen sollen jeweils vor die andere Gruppe treten und ein paar Worte der Wertschätzung sprechen: In jedem Auftritt soll der Unterschied in den Geschlechterrollen angesprochen werden und die subjektiv empfundene Wertschätzung gegenüber dem anderen Geschlecht zum Ausdruck kommen.

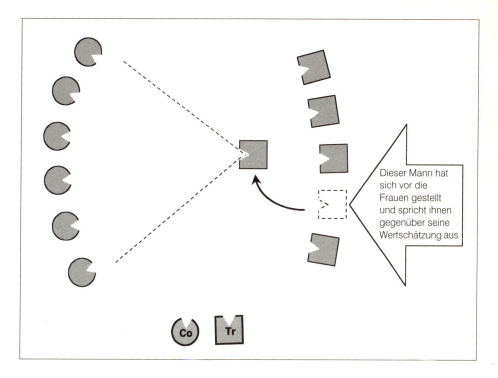

In der folgenden Dokumentation wird die Szene eines Workshops wiedergegeben, in dem unter den anwesenden Teilnehmern nur zwei Männer waren.

Zusprüche der Männer zu den Frauen
Erster Mann: Liebe Frauen, als Mann muss ich feststellen, dass die Frauen mehr für ihre Fortbildung tun, lauter Gesundheitspädagoginnen, und ich schäme mich für das Männergeschlecht. Die sitzen jetzt zu Hause und gucken sich „Bayern gegen 60" an und bilden sich nicht weiter. Aber schön, dass ihr da seid. *(Applaus)*
Zweiter Mann: Hochverehrte Damen *(die Frauen lachen)*, liebe Frauen *(die Frauen lachen noch mehr)*, ernsthaft habe ich eine tiefe Bewunderung für euch! *(Applaus)*

Daraufhin treten die Frauen einzeln hervor und sprechen zu den Männern, wobei in diesem Beispiel ja nur zwei Männer anwesend sind, die auf Stühlen vor den Frauen sitzen. Hier haben die Frauen Oberwasser, wodurch auch ein Ventil geöffnet wird, das sonst in Beruf und Öffentlichkeit oft verschlossen bleibt. Die Frauen sind heiter und locker.

Zusprüche der Frauen zu den Männern
Also, liebe Männer, ich kenne mich mit euch noch nicht so gut aus, ich bin ja noch nicht so alt, und ich hoffe, ich mache keine schlechte Erfahrungen mit euch ... *(Lachen und lauter, anhaltender Applaus der Frauen)*
So wie ihr das Niveau hier haltet, und so einen Mann abzukriegen, da muss man viel Glück haben. Ich bin hoch zufrieden mit euch, und macht weiter so.
Zwei besondere Mitglieder der Spezies Mann sitzen da, mehr oder weniger knackig *(Lachen),* ich denke, ihr seid eine echte Bereicherung.
Liebe Männer, ich bin prinzipiell einfach froh, dass es euch gibt.
Ja, ihr zwei Männer, ich denke, Frauen brauchen auch Reibungspunkte, und ich bin froh, dass ihr Männer in der Weiterbildung den Mut gefunden habt, euch auf uns einzustellen.
Ja, liebe Männer, es ist schön, dass es euch gibt hier in der Fortbildung, das macht es ein wenig spannend. Es gibt oft Situationen im täglichen Leben, da braucht man euch nicht so sehr, aber dann immer, erstaunlicherweise, wenn man so drin steckt, es müsste mal wieder einer her, dann sind sie immer wieder da. Das ist das beste am Ganzen. *(Kreischen und Lachen)*
Hallo ihr zwei, ich liebe Männer über alles, weil sie so unkompliziert sind. *(Lachen)*
Also, seid gegrüßt, liebe Männer. Es ist toll, dass ihr mit dabei seid. Aber könntet ihr dafür sorgen, dass eure Freunde den Hintern hochkriegen und mit euch kommen?
Grüß Gott ... *(Lachen, Brüllen)* Also, ihr sitzt hier lieb und brav, aber jetzt bin ich ja schon soviel älter und habe so viel Erfahrung. Es ist unheimlich gut, dass ihr zwei hier so sitzt und so mutig seid, euch uns allen hier so zu stellen ... in welcher Weise ihr das tut, so richtig nett und lieb. *(Applaus und Lachen)*

Reaktion der Männer
Erster Mann: So viel Anerkennung haben wir gar nicht verdient.
Zweiter Mann: Vielen Dank für so viel Lorbeeren.

Wieviel knisternde Spannung in dieser Übung steckt, aber auch wieviel Lebensfreude zum Ausdruck kommt, geht aus den oben dokumentierten Zusprüchen hervor. Die Teilnehmer und Teilnehmerinnen erfahren, wie leicht oder schwer es ihnen fällt, sich in ihrer Männer- beziehungsweise Frauenrolle zu präsentieren. So mancher Teilnehmer/ manche Teilneh- merin wundert sich über die eigenen Worte, die spontan hervorsprudeln, wenn er/ sie dem anderem Geschlecht frontal gegenübersteht.

Ob Mann oder Frau, die Teilnehmer lernen, sich gegenüber dem anderen Geschlecht zu artikulieren und ihre Wertschätzung auszudrücken. Auf jeden Fall wird ihnen bewusst, dass die soziale Polarität „Mann/ Frau" auch in der Trainingsgruppe existiert, gleich, wie sie damit umgehen oder was sie daraus machen. Männern wie Frauen tut es gut, unter ihres- gleichen zu sein. Man denke an den Stammtisch oder das Kaffeekränzchen, wo Männer beziehungsweise Frauen unter sich sind und Identität tanken.

12.4 Jeder steht mit jedem in Beziehung

Zur Ordnung im Team gehört es auch, dass jeder jeden ausreichend gut kennt und sich über alle Beziehungen im klaren ist. Gehen wir von der optimalen Gruppengröße von 12 Teilnehmern aus, dann hat jeder einzelne 11 Beziehungen. Es ergeben sich also insgesamt im Team 132 (= 12 mal 11) Beziehungen. Wie geht nun der Teamtrainer vor, um alle diese Beziehungen abzubilden?

Er kann dafür sorgen, dass jeder jedem einmal frontal gegenübersitzt und mit ihm kom- muniziert. Die Beziehungsaufnahme oder -klärung kann zum Beispiel durch stilles Anschauen ohne Worte erfolgen. Ebenso durch Besprechen eines Themas, das der Trainer vorgibt. Wie schon beim Seitengespräch kommt es auch bei diesem Frontalgespräch nicht unbedingt darauf an, dass das Thema eingehalten wird. Das Thema wird aber auf jeden Fall die Atmosphäre prägen:
➤ *„Was ich dir schon immer sagen wollte ... "*
➤ *„Was ich dich schon immer fragen wollte ... "*
➤ *„Mir gefällt an dir ... "*
➤ *„Was ich mir noch von dir wünsche ... "*
➤ *„Danke, dass du heute für mich da warst ... "*

Die 132 Frontalgespräche sollen kombinatorisch so aufgehen, dass alle gleichzeitig einen Partner haben, im gleichen Takt wechseln und jedem einmal, aber auch nur einmal gegen- übersitzen. Dazu muss der Teamtrainer systematisch vorgehen.

Er setzt seine Teilnehmer in zwei Reihen gegenüber. An den ersten Platz setzt er seinen Co- Trainer – oder bei gerader Teilnehmerzahl einen Teilnehmer –, der als „Eckposten" fungiert. Nun rücken nach jedem Gespräch alle Teilnehmer einen Platz nach links, ausgenommen der „Eckposten", der bei jedem Ringtausch auf seinem Platz sitzen bleiben muss. So wird gewährleistet, dass am Ende jeder mit jedem kommuniziert hat.

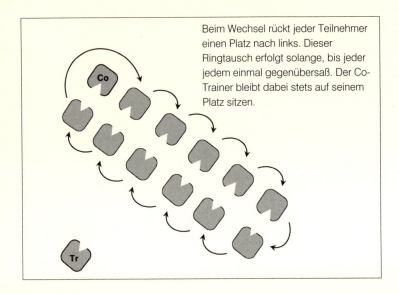

Beim Wechsel rückt jeder Teilnehmer einen Platz nach links. Dieser Ringtausch erfolgt solange, bis jeder jedem einmal gegenübersaß. Der Co-Trainer bleibt dabei stets auf seinem Platz sitzen.

Auf diese Weise bekommt jeder jeden einmal zu Gesicht. Das Team kann sich „in jeder Beziehung" besser kennenlernen oder auch „in jeder Beziehung" aufs Laufende bringen.

Für den Fall, dass es keinen Co-Trainer und auch keinen anderen „Eckposten" gibt, wenn der Trainer also eine ungerade Anzahl von Übenden hat, dann sitzt jeder Teilnehmer einmal allein und schaut den anderen zu. Das ist auch eine interessante Erfahrung.

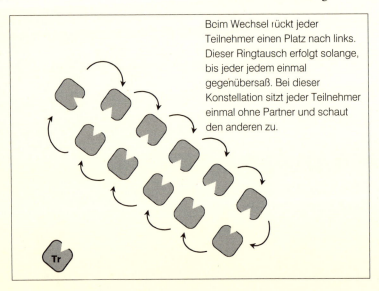

Beim Wechsel rückt jeder Teilnehmer einen Platz nach links. Dieser Ringtausch erfolgt solange, bis jeder jedem einmal gegenübersaß. Bei dieser Konstellation sitzt jeder Teilnehmer einmal ohne Partner und schaut den anderen zu.

13. Demokratie im Team

Eine Demokratie beabsichtigt, nicht den Erben oder den Monarchen in die Führungsrolle zu bringen, sondern den Beliebtesten, Kompetentesten und Vertrauenswürdigsten. Auch in einem Team verteilt man Verantwortung und Funktionen nach der Sozialkompetenz, zum Beispiel nach Führungs- oder Kooperationsfähigkeiten – insbesondere nach dem Vertrauen, das jemand bei allen übrigen genießt.

Eine Rangfolge aufzustellen, in der es nach sozialen Fähigkeiten geht, gehört zu den anspruchsvollsten, aber auch zu den wirksamsten Methoden, die beim *Team Training* eingesetzt werden können. Die Sozialstruktur einer Gruppe wird durch die Plätze für alle sichtbar abgebildet. Die unterschwellige „Hackordnung" wird ausgewechselt durch eine gewählte, sichtbare „Vertrauenshierarchie", in der die verschiedensten Aspekte den Ausschlag geben können.

Bei einer derartigen Aufstellung könnte es eigentlich nach Selbsteinschätzung gehen: „Für wie sozialkompetent halte ich mich?" Hierbei würde aber die – mehr oder weniger echte – Vorsicht und Bescheidenheit immer dazu führen, dass viele sich nach hinten drängeln. Auf diese Weise entsteht weniger eine Ordnung als allenfalls ein Bewusstsein dafür, dass die Einschätzung der eigenen und fremden Fähigkeiten eben schwierig ist.

13.1 Wählen und gewählt werden

Objektiviert wird das Ganze erst durch eine **demokratische Prozedur**: „Wählen und gewählt werden" heißt dabei das Motto.

Durch das **Wählen** wird jeder zum gleichberechtigten Souverän. Jeder hat gleich viele Stimmen, und jede Stimme zählt gleich viel.

Durch das **Gewählt-Werden** kommt jeder auf den ihm gemäßen Platz, der seinen momentanen Fähigkeiten entspricht, der etwa mit dem Tabellenplatz beim Sport oder dem Listenplatz in einer Partei vergleichbar ist.

Die Wahl wird auf einer spielerischen Ebene als eingekleidete Aufgabe gestellt – reine Zahlenarithmetik ist nicht angebracht.

Falsch: *„Welchen fünf Teilnehmern schreibst du die höchste Sozialkompetenz zu?"*

Richtig: *„Welche fünf der anwesenden Leute wählst du in den Vorstand des heute zu gründenden Vereins?"*

„Mit wem würdest du Afrika durchqueren? Suche dir fünf Expeditionsteilnehmer."

„Für die nächste Übung soll sich das Team teilen; mit welchen fünf würdest du jetzt gern in einer Kleingruppe zusammenarbeiten?"

Die spontane Wahl ist in offenen Gruppen eine der interessantesten Übungen, für manchen Teilnehmer auch eine der schwersten. Es gibt einen gewissen Entscheidungsdruck, aber mit den getroffenen Entscheidungen wächst das Bewusstsein über die Kriterien und Prioritäten.

Formal läuft es folgendermaßen: Jeder Teilnehmer vergibt stets halb so viele Stimmen, wie er Mitspieler in der Gruppe hat – sich selbst zählt er nicht mit. In einer Gruppe von elf Teilnehmern kann sich also jeder fünf Mitspieler auswählen, denen er seine Stimme gibt. In einer Gruppe mit ungerader Teilnehmerzahl hat jeder eine gerade Zahl an Mitspielern. Jeder vergibt die Hälfte an Stimmen.

$$x = n : 2$$

x = Anzahl der zu vergebenden Stimmen
n = Anzahl der Mitspieler (sich selbst ausgenommen)

In einer Gruppe mit gerader Teilnehmerzahl hat jeder eine ungerade Zahl an Mitspielern. Die Zahl der zu vergebenden Stimmen ist hier:

$$x = (n-1) : 2$$

Jeder kann seine Stimmen spontan und nach eigenem Gutdünken verteilen. Hat jeder sich im Stillen entschieden, dann treten die Teammitglieder einzeln in die Mitte (nur freiwillig!) und fragen: „Bei wem bin ich dabei?" Wurden sie gewählt, zählen sie die Handzeichen. Dass es jemanden gibt, der von allen gewählt wurde, ist eine Seltenheit; ebenso, dass jemand gar keine Stimmen erhält. Im Durchschnitt erhält jeder halb so viele Stimmen, wie er Kollegen im Team hat.

Die Teilnehmer setzen sich anschließend nach ihrer Stimmenzahl in die übliche Reihenfolge: Es beginnt links neben dem Trainer beziehungsweise dem Co-Trainer mit demjenigen, der am meisten Stimmen auf sich vereinigen konnte.

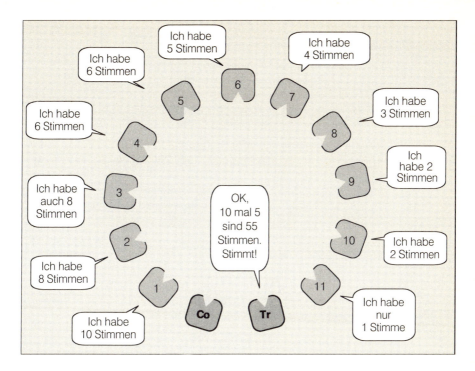

Haben Teammitglieder die gleiche Stimmenzahl, was am häufigsten im mittleren Feld vorkommt, so lässt sich unter ihnen eine „Feinstruktur" ermitteln:

Die betreffenden Mitspieler gehen noch einmal in die Mitte. Jetzt konzentriert sich die Wahl nur auf diese Kandidaten. Die übrigen Teammitglieder haben jeweils nur eine Stimme, die sie einem dieser Kandidaten geben. Mit großer Wahrscheinlichkeit gibt es jetzt ein eindeutiges Ergebnis.

Bei einem Patt kann jeder ein Statement geben, vielleicht sagt der Moderator auch ein Rollenspiel an, in dem die Kandidaten konkurrieren. Spätestens jetzt wird sichtbar, wer den größeren und wer den geringeren Stress hat. Natürlich gebührt dem Lässigeren, dem Kreativeren der höhere Rang. Die Gruppe wird es erkennen und dementsprechend abstimmen.

13.2 Seinen Platz einnehmen und annehmen

Unangemessener Frust? Nein – wertvolle emotionale Übungen für das Verteilen der Funktionen im Team! Jeder erfährt durch die Wahlergebnisse, wie seine Art ankommt, was sein Einsatz und seine Fähigkeiten im Ansehen der anderen wert sind.

Wer jemanden für etwas wählt oder nicht wählt, muss sich auch gefallen lassen, gewählt oder nicht gewählt zu werden. Das Schwierige dabei ist meist nicht, die Wahl anzunehmen, sondern die Nicht-Wahl auszuhalten. Aber es ist ja alles nur für den Moment des Trainings und nicht fürs ganze Leben. Übrigens: Das Ergebnis würde zu jeder Stunde anders ausfallen. Und es hat sich schon öfter gezeigt, dass etwas dran ist an dem Spruch: „Die Ersten werden die Letzten, und die Letzten werden die Ersten sein."

Der Stress, den die Teilnehmer in der beruflichen Praxis aushalten, wenn sie sich übernommen oder sich zu hohe Funktionen zugemutet haben, ist wesentlich größer als die Aufregung, die sie in der Dynamik des Teams erleben. Sie werden sozusagen geimpft, aber sie befinden sich in einem Schonraum und bekommen vom Team wohlwollende Impulse, die Gefühle zu verarbeiten.

In der Praxis – im „richtigen Leben" – sind die Konsequenzen, die aus einer Fehleinschätzung der eigenen Fähigkeiten resultieren, oft gleich existenziell. Viele Fachschüler und Studenten leiden unter dem Praxisschock, der sie ereilt, nachdem sie sich fachtheoretisch fit gemacht haben. Mit ihrem Wissen mögen sie ganz oben stehen, in der Sozialstruktur ihres Betriebes fangen sie ganz unten an – der Schock ist umwerfend. Dagegen ist es beim *Team-Training* ein „Sandkastenspiel", geschützt und abgefedert. Man lernt, sich zu relativieren, sich realistischer einzuschätzen und sicherer in ein soziales System einzugliedern.

Die Prozedur des Wählens fördert die Teamfähigkeit der Teilnehmer, weil diese beginnen, ihren Platz zu fühlen:

➤ für denjenigen, der dazu neigt, sich zu überschätzen, eine schmerzhafte, aber heilsame Erfahrung
➤ für denjenigen, der sich eher unterschätzt, ein aufmunternder Impuls

Ganz sicher kommen mit den überraschenden Ergebnissen bei den Teilnehmern auch überraschende Gefühle hoch. Für einige ist unverhofft „Weihnachten", andere sind heilfroh, auf einem mittleren Platz gelandet zu sein, der ihnen weder zu heiß noch zu kalt ist. Wiederum andere fühlen sich wie nach einem verlorenen Kampf um die Weltmeisterschaft, unter Tränen müssen sie ihren Anspruch herunterschrauben.

Die Gefühle, die den Einzelnen überkommen, sind ihm vielleicht bekannt. Es sind Gefühle, die er bisher verdrängt hat. Sie stehen jetzt an, als zugehörig erkannt, zugelassen und ausgedrückt zu werden. Darum ist es wichtig, dass der Trainer noch einmal auf die Möglichkeit hinweist, die freie Mitte für freie Worte zu nutzen. Mancher geht in die Mitte und fordert von Einzelnen Aufklärung darüber, warum er gewählt wurde oder warum er *nicht* gewählt wurde. In der Regel folgen jetzt bewegende Momente, die niemanden unberührt lassen. Aus der Teilnahme wird Anteilnahme, und erfahrungsgemäß gewinnt ein Training jetzt noch mehr an Tiefe.

Im Endeffekt geht es nicht darum, zu wählen oder gewählt zu werden. Auch nicht darum, ganz vorne oder ganz hinten in der Gruppe zu sitzen. Die Schwierigkeit besteht vor allem darin, den zugewiesenen Platz auszuhalten und die damit verbundene Rolle auszufüllen.

Für so manchen ist auch ein mittlerer Platz schwierig, weil man sich damit im unauffälligen Mittelfeld bewegt und nichts Besonderes darstellt. Die Aufmerksamkeit der Gruppe richtet sich nämlich am meisten nach „oben" (von hier kommt die Musik) und nach „unten" (dort wird gepäppelt).

Wenn alle gemeinsam durch diese demokratische Prozedur gegangen sind und jeder seinen Platz fühlt und füllt, dann entsteht aus einer Gruppe ein Team, das in seinem Zusammenhalt fast einer Familie gleichkommt. Geht dieses Team dann öfter und mit verschiedenen Kriterien der Sozialkompetenz durch die Prozedur, dann wird es zu einem Team von „geschätzten" Individuen, die keine Probleme mehr haben, einander zu ergänzen, zusammen kreativ und produktiv zu sein.

Das entstandene Teamgefüge schafft eine soziale Basis, auf der sich alle wohl fühlen können. Niemand sieht sich in seinen Fähigkeiten über- oder unterfordert, weil vom Team richtig eingeschätzt. Das Team weiß immer mehr als jeder einzelne. Diese Weisheit schafft eine Ordnung, die den Einzelnen trägt, die den Stress nimmt und jedem Mut macht.

13.3 Struktur rückwärts

Wenn der Workshop schon fortgeschritten ist und sich in der allgemeinen Stimmungslage bereits ein Erfolg abzeichnet, ist manchmal noch eine besondere Übung zur Teamstruktur angebracht: Bei einer weiteren Wahl zur Sozialstruktur werden diesmal *Defizit-Kriterien* vorgeschlagen, was einige Teilnehmer zunächst gar nicht merken. Denn es wird ganz in der gewohnten Weise gewählt, nur eben mit einer speziellen Fragestellung:
➤ „Bitte wählt euch einmal drei (oder vier) Teammitglieder, die inzwischen euer spezielles Interesse geweckt haben, von denen ihr noch etwas haben, sehen oder wissen möchtet."
➤ „Wer ist, eurer Meinung nach, bis jetzt noch nicht voll auf seine Kosten gekommen?"
➤ „Wen möchtet ihr noch näher kennenlernen?"
➤ „Wer hat sich bisher noch zurückgehalten?"
➤ „Mit wem möchtet ihr noch etwas klären?"

Dass jetzt Defizite aufgearbeitet werden sollen, kann in der Art der Fragestellung aber auch noch stärker zum Ausdruck kommen:
➤ „Wer ist bis jetzt noch am wenigsten in der Mitte gewesen?"
➤ „Wer ist bisher am wenigsten integriert?"
➤ „Wer steht noch ein wenig außen vor?"
➤ „Mit wem habt ihr noch ein Hühnchen zu rupfen?"

Der Trainer muss die Situation mutig angehen, aber das Kriterium *einfühlsam* formulieren. Jeder soll spüren, dass die Übung nur der Teamentwicklung dient und nicht etwa der Suche nach Sündenböcken. Um es noch deutlicher zu machen: Es wäre falsch vorzuschlagen, dass sich jeder bitte mal „drei Buhmänner" aussuchen solle.

Wer bei dieser Wahl die meisten Stimmen bekommt, ist jetzt der Letzte, und wer die wenigsten bekommt, ist der Erste. In gewisser Hinsicht erhält man eine **_Momentaufnahme_** der Engpässe und Schwachstellen im Team. An diesen Stellen, bei diesen Personen, liegt das größte Potenzial für die gemeinsame Entwicklung verborgen. Und weil das jeder spürt, gibt es auch keine Proteste bei den Teilnehmern, so eine Wahl durchzuführen. Jeder macht mit, und jeder weiß: Wer jetzt viele Stimmen bekommt, hat sich bisher neutral gehalten, sich rausgehalten, sich weggedrückt, unauffällig gemacht, hat wenig beigesteuert – könnte eventuell aber auch anders ...

Zur Form der „Struktur rückwärts": Wer die meisten Stimmen hat, sitzt diesmal rechts vom Trainer. Es schließt sich derjenige mit den zweitmeisten Stimmen an usw. So ist die Platzierung genauso wie bei jeder anderen Demokratie-Übung: Durch die Plätze im Kreis wird die Entfaltung des sozialen, kreativen, produktiven Potenzials physisch veranschaulicht. Wer mehr davon entfaltet hat, sitzt rechts von dem, der weniger entfaltet hat.

Wozu kann ein solches Bild gut sein? Warum soll das, was ohnehin den meisten klar ist, noch in einer offenen Rangfolge deutlich werden?

In der Entfaltung des bisher nicht Entfalteten liegen große Chancen für das Team. Dazu hilft diese Prozedur mit dem Ansatz: Die Letzten sind hier nicht „Übrig-Gebliebene" oder „Zurück-Gebliebene", sondern „Wunschkandidaten", auf die sich ein allgemeines Interesse, auch eine Hoffnung richtet. Sie werden mit Bedacht ausgewählt. Wenn diese Kandidaten zum Schluss doch noch über ihren Schatten springen, sich der Gruppe gegenüber öffnen, ist der Jubel meist groß. Gerade in den letzten Stunden eines Workshops ist die Wahrscheinlichkeit, dass jemand auspackt und dadurch noch den Anschluss bekommt, sehr hoch. Ihm wird jetzt selber auffallen, dass Zurückhaltung keine Tugend mehr ist, die ihm und dem Team weiterhilft. Mancher Teilnehmer braucht ein wenig Druck, um „in die Hufe zu kommen".

„Struktur rückwärts" beim Verlassen des Raumes

Es gibt eine interessante Beobachtung, die man bei Teams, Klassen, Projektgruppen, Konferenzen, Fortbildungsveranstaltungen etc. immer wieder macht: Die „Struktur rückwärts" einer Gruppe zeigt sich in der Regel auf ganz natürliche, den Mitgliedern aber nicht bewusste Weise. Strebt eine Gruppe, nachdem sie ihre Versammlung geschlossen hat, auseinander, dann verlassen die Mitglieder den Raum nicht alle gleichzeitig, sondern in einer Reihenfolge, die durchaus ihre Bewandtnis hat:

➤ Wer zum Gruppenrand gehört, wird darauf drängen, endlich wegzukommen, er wird den Trainings- oder Konferenzraum als einer der ersten verlassen, um in die Freiheit oder in ein anderes soziales System zu eilen, in dem er eine wichtige Rolle spielt.

➤ Wer in der Gruppe eine Arbeit oder organisatorische Aufgaben übernommen hat, wird noch mit dem einen oder anderen Kollegen geschäftig etwas auszutauschen haben, weswegen er noch etwas länger im Raum verweilt.

➤ Je wichtiger die Kollegen noch etwas zu besprechen haben, je dringender sie die Ideen und Vorgehensweisen diskutieren, desto länger stehen sie noch in kleinen Grüppchen im Raum.

➤ Zuletzt gehen die Verantwortlichen, die die Schlüssel beziehungsweise die Schlüsselpositionen innehaben. Sie führen noch Gespräche auf höherer Verantwortungsebene. Es sind diejenigen, die den Rahmen sichern oder die Gruppe führen.

➤ Aufsteiger bleiben auch gern bis zuletzt, sie suchen Kontakt zu den höheren Ebenen, indem sie sich anbieten, noch etwas zu helfen oder aufzuräumen, noch etwas zum Auto zu tragen oder dergleichen. Dabei können sie gleich etwas von den Informationen und Emotionen mitbekommen, die die Verantwortlichen austauschen. Für sie gibt es die Chance, in die Aktivitäten der Verantwortlichen einbezogen zu werden.

Die Erfahrung hat gezeigt: Die Mitglieder eines sozialen Systems verlassen dessen Aktivitäten in einer Reihenfolge, die der sozialen Rangfolge rückwärts entspricht.

Diesen Zusammenhang kann der Teamtrainer als Indikator nutzen. Er achtet darauf, wer zuerst wegläuft und wer erst kurz vor ihm (und seinem Co-Trainer) den Raum verlässt. In dieser Person, beziehungsweise in diesen Personen, findet er die soziale Spitze des von ihm trainierten Teams.

13.4 Abstimmungen im Team

Ein Team ist kein Rat, kein Konvent, kein Parlament. Darum dienen auch die im Team stattfindenden Abstimmungen nicht etwa dazu, den Willen der Mehrheit herauszufinden oder die Machtverhältnisse klarzustellen. Es müssen keine Koalitionen gebildet und es müssen auch keine Minderheiten als Sperrminoritäten anerkannt werden. Die Demokratie in einem politischen Gremium ist etwas ganz anderes als Demokratie im Team.

Das Abstimmen im Team entspricht eher dem Stimmen eines Orchesters, dessen Instrumente zusammen spielen und harmonieren sollen. In einer Teamabstimmung soll stets der Konsens gefunden werden. Ziel ist die Synergie, die Übereinstimmung, die Identifikation aller Mitglieder mit dem geplanten Vorgehen oder Vorhaben.

Schon bei einer Gegenstimme oder Enthaltung wird hinterfragt und der Einzelne um eine Stellungnahme gebeten. Immerhin sind solche Stimmen mit dem Mut verbunden, gegen den Strom zu schwimmen, sich zu zeigen und zu exponieren. Geheime Abstimmungen gibt es in einem kooperativen Team ohnehin nicht. Man zeigt seine Zustimmung durch ein eindeutig sichtbares Handzeichen, die hoch ausgestreckte Hand.

Was steckt dahinter, wenn ein Einzelner sich mit Absicht heraushält, wenn er ein Vorgehen oder Vorhaben nicht mit seiner Stimme unterstützt? Immer werden Werte und Erfahrungen den Ausschlag geben, und für jedes Team ist es eine Bereicherung, dieses Potenzial anzuzapfen. Ein gutes Team wird immer versuchen, die Bedenken oder abweichenden Vorstellungen mit in die Gesamtlösung zu integrieren. Jeder Widerspruch ist eine Ergänzung.

13.5 In Betrieben herrscht die Hierarchie

In Betrieben, die ja in der Regel hierarchisch, nach einem Leitungssystem (Linien-, Stablinien- oder Funktionensystem) organisiert sind, herrscht sicherlich keine Demokratie. Die Hierarchie ist hier maßgebend und fest verankert.

Der Stellenplan, das Stellengefüge gibt die Rangordnungen vor. Das Organigramm mit seinen Instanzen-Ebenen lässt keine demokratische Willensbildung zu. Es steht fest, wer wem was sagen kann. Auf gleicher Ebene gibt es allerdings ein gewisses Gerangel, falls nicht die Dauer der Betriebszugehörigkeit oder die eingebrachten Kompetenzen eine Rangordnung der Macht bestimmt haben.

> **Beispiel:** Im System des 23-köpfigen Betriebsrates einer AG stand die hierarchische Rangordnung fest:
> 1. Betriebsratsvorsitzender
> 2. stellv. Betriebsratsvorsitzende
> 3. freigestellte Betriebsräte
> 4. Betriebsräte mit Sonderfreistellung
> 5. „normale" Betriebsräte
> 6. Referent des Betriebsrates
> 7. Sekretärinnen des Betriebsrates

Auf gleicher Ebene hatte das inoffizielle Gerangel schon lange dafür gesorgt, dass die Rangordnungen feststanden. Die informelle Struktur war für außen ein Tabu. Bei einem Training wurden Abstimmungen zur sozialen Kompetenz abgeblockt.

Gerne hätten die Trainer der Gruppe transparent gemacht, „welche drei Mitglieder hier am meisten für das Arbeitsklima verantwortlich sind". Dieses war nämlich ruppig, was unter anderem dazu führte, dass Frauen es selten in diesem Gremium aushielten. Als es den Trainern durch eine raffinierte Übungsfolge schließlich gelang, eine derartige demokratische Abstimmungsprozedur durchzuführen, wurde das Ergebnis von allen gemeinsam als „bedeutungslos" erklärt. Es glich ohnehin im wesentlichen der hierarchischen Struktur. Das austarierte Machtgefüge ließ sich hier nicht in Frage stellen!

Anders kann es in Projekt-Teams, zum Beispiel in Qualitätszirkeln oder in Kooperationen sein, die neben hierarchischen Ordnungen als neue produktive Systeme gebildet werden. Hier können durchaus demokratische Abstimmungsprozesse benutzt werden, um Funktionen zu verteilen und (Rang-)Ordnungen aufzubauen.

14. Die exponierten Plätze

14.1 Der erste und der letzte Platz

Diese beiden Plätze in der Rangfolge des Teams verdienen besondere Aufmerksamkeit, denn die Rolle des Ersten wie die des Letzten ist schwierig zu spielen. Jedes Teammitglied, das an erster oder letzter Stelle steht, ist typischen Gefahren und Belastungen ausgesetzt. Nur wenn es einem Team gelingt, diese besonderen Mitglieder zu schützen und in entsprechender Weise zu stützen, wird es Bestand und Erfolg haben.

Der Erste prägt die Gruppe am meisten

Der Erste, die Nummer eins in der Sozialstruktur des Teams, wird nicht deswegen zum Ersten auserkoren, weil er den Zweiten in die Tasche steckt, sondern weil er die ganze Gruppe am besten überblickt und voranbringen kann. Und weil er am meisten dazu beiträgt, dass die Gruppe weiterexistiert. Er spielt die wichtigste Rolle, er ist das Alpha-Tier. Er steht praktisch erhöht, ist Blickfang, Meinungsführer, Repräsentant. Er ist Vaterfigur beziehungsweise sie ist Mutterfigur für alle anderen. Diese Position gilt es auszufüllen und auszuhalten. Außerdem ist der Erste immer wieder Anlaufstelle für Fragen und Probleme und leider oft auch Zielscheibe für Angriffe und kritische Gedanken. Er trägt die größte Last, ihm gebührt dafür auch die größte Anerkennung.

Der Letzte lernt am meisten

Der Letzte in einer Rangfolge beziehungsweise Reihenfolge hat es besonders schwer, denn er hat ja „gar keine Ahnung" und kann eigentlich „noch gar nicht mitreden". Dieser Letzte

(Neu-hinzu-Gekommene, Jüngste, Schwächste, der mit dem wenigsten Durchblick) stellt das empfindlichste Glied der Kette dar. Hinter ihm kommt niemand mehr, der zu ihm aufschauen oder sich an ihn anschließen könnte. Er *ist* also nicht nur, er *fühlt* sich auch wie der „Letzte" oder „Allerletzte".

Und der wichtigste Punkt: Dieser Letzte steht in Gefahr, das System zu verlassen, um woanders besser, zentraler integriert zu sein, um sich sicherer zu fühlen, denn „den Letzten beißen die Hunde". Dieses Sprichwort ergibt sich aus der Naturbeobachtung: Das schwächste Tier bleibt auf der Flucht zurück und wird leicht zur Beute der Verfolger.

Darum muss sich ein funktionierendes Team um den Letzten aufmerksam kümmern, selbst wenn dieser noch wenig beiträgt und weiter nichts als Arbeit macht. Wenn dieser Letzte nämlich den Anschluss verliert und wegbleibt, dann gibt es einen anderen Letzten. So wird ein Team von zehn leicht zu neun. Und neun werden dann zu acht ... Die „zehn kleinen Negerlein" dezimieren sich sehr schnell zu einem Alleinstehenden, dessen Überlebenschance nicht besonders groß ist.

Fazit: Der Bestand eines Teams wird am effizientesten gesichert, wenn es sich besonders um den Letzten, den Nachwuchs bemüht. Man sollte ihn „päppeln". Denn irgendwann wird er die Energie, die Zuwendung, die er bekommen hat, in das Team zurückgeben. – Und wenn nicht? Dann hat der Letzte dem Team auch genützt: Denn die Funktion auf diesem Platz ist zunächst nur, ihn auszuhalten und damit einen sozialen Eckpunkt zu markieren.

Ist sich ein Teilnehmer bewusst, dass er den letzten Platz innehat, und bleibt er bewusst im Team, ohne Gedanken an den Ausstieg zu verschwenden, dann entsteht eine wichtige Sozialkompetenz. Eine Zeitlang bewusst „Randfigur" gewesen zu sein ist eine existenzielle Erfahrung und damit eine soziale Qualifikation.

Der Letzte sitzt neben dem Ersten

Setzen sich die Teilnehmer im team-dynamischen Kreis in eine Reihenfolge, die ihrem Rang in der Gruppe entspricht, bildet man also die Sozialstruktur durch Plätze ab, so sitzt der Letzte direkt neben dem Ersten. Dies verdeutlicht eindrucksvoll die besondere Beziehung zwischen diesen beiden: Der Erste muss die Gedanken und Gefühle der gesamten Gruppe bis hin zum Letzten verstehen und dafür sorgen, dass das ganze Team auch auf diesen Letzten Rücksicht nimmt, so dass dieser sich wohl fühlt und sich integrieren kann. Nur so kann das Team nachhaltig Bestand haben und sich weiterentwickeln.

Häufig kann man in der Interaktion einer Gruppe beobachten, dass der Letzte auf den Ersten „schießt". Der Erste reagiert dabei oft empfindlich: „Warum sägt gerade er an meinen Nerven, wo er doch am wenigsten Ahnung hat?" Hier ergibt sich oft ein Disput, der von den meisten als unnütz angesehen wird. Aber diese Aktionen haben durchaus ihren tieferen Sinn:

➤ Der Letzte macht auf einfache („dreiste") Weise auf sich aufmerksam. In der Sache wird er sicherlich nicht unrecht haben, und man darf davon ausgehen, dass er gute Absichten hat. Aber unbewusst hält er sozusagen den Zug an, um selber besser aufspringen zu können; denn er will dazugehören und mitfahren.

➤ Es handelt sich hier um einen Testfall für alle übrigen Teammitglieder. Diese müssen nämlich auf die Provokation richtig reagieren: Den Ersten müssen sie stärken, so dass er in seiner Rolle bestätigt wird; den Letzten müssen sie verstehen und immer wieder einbeziehen, so dass er immer mehr Anschluss bekommt. Die beste Lösung ist, die Gruppe schirmt den Ersten gegen die Angriffe des Letzten ab, indem sie sich um den Letzten kümmert.

Sinngemäß gilt das, was für *den* Letzten gilt, auch für *die* Letzten (zum Beispiel für die letzten drei) und das, was für *den* Ersten gilt, prinzipiell auch für *die* Ersten. Der Zug darf sich nicht entkoppeln: Nur die vorderen, die mittleren und die hinteren Wagen zusammen ergeben einen Zug!

14.2 Die Ersten werden die Letzten sein ...

... und die Letzten werden die Ersten sein. Die tiefere Bedeutung dieser Aussage bestätigt sich beim *TeamTraining* immer wieder:

Jemand, der heute in der Sozialstruktur der Gruppe der Letzte ist, kann morgen schon aufsteigen, ja sogar zum Ersten werden. Voraussetzung ist allerdings, dass er seinen Platz als Letzter gefühlt und angenommen hat. In der Geschichte der *TeamTraining*-Workshops hat es diesen Fall des öfteren gegeben. Wie wird dies möglich?

Mit der Zuteilung des letzten Platzes ist eine soziale Entlastung verbunden. Der Teilnehmer braucht keinem Siegerbild mehr zu entsprechen. Er hat aufgehört, besser sein zu wollen als irgendein anderer in der Gruppe. Jetzt kann er so sein, wie er ist, kann loslassen und locker sein. Er hat ohnehin schon jedes Terrain verloren. Der Ruf ist bereits ruiniert. Nun kommt die Narrenfreiheit, er braucht keinerlei Bewertung und keine Einstufung mehr zu fürchten. Und das Unglaubliche tritt ein:

Die Energie, die vorher in die Imagepflege und die Aufrechterhaltung alter Erfolgsposen ging, steht jetzt für die *echte* Qualifikation zur Verfügung. Die Kreativität kann sprudeln, und sie sprudelt authentisch. Diese Authentizität schätzt die Gruppe. Die von dem „Narren" frei und vorlaut gebrachten Sprüche und Kommentare sitzen auf den Punkt genau. Überraschend lang ist der Applaus, wenn sich die „steife Randfigur" zu einer „emotionalen Leitfigur" entpuppt.

Hingegen kann jemand, der heute auf Platz eins gewählt wird, Stress bekommen. Er fragt sich, wie er jetzt reagieren, wie er sich besonders darstellen soll. Soll er Führungsqualitäten unter Beweis stellen? Soll er immer alles am besten können? Soll er größere Lasten tragen als alle anderen, muss er sich mehr bemühen? Muss er seinen Platz verteidigen? Mancher plagt sich mit seinen Ambitionen und bricht unter seinem eigenen Anspruch emotional zusammen. Am nächsten Morgen fühlt er sich belastet und muss erst langsam begreifen, dass Erster sein nur ein vorübergehender Zustand ist und man deshalb lernen muss, auf der sozialen Leiter schnell rauf- und abzusteigen.

In seinem Buch „*Die Weisheit der Wölfe*" beschäftigt sich der amerikanische Unternehmensberater *Twyman L. Towery* mit den Strategien von Wolfsrudeln. Er beobachtete und studierte sie über viele Jahre und übertrug die Erkenntnisse auf das soziale Leben der Menschen, um die Wolfsstrategien für Geschäftserfolg, Familie und persönliche Entwicklung nutzbar zu machen. Auch bei den Wölfen gibt es den Letzten, man nennt ihn den „Omega-Wolf", und *Towery* beschreibt, wie es so einem Wolf in seiner Position ergehen kann:

> Geradeso wie es Alpha-Wölfe gibt, existiert auch häufig ein Omega-Wolf im Rudel. Das ist normalerweise, aber nicht immer, ein männlicher Wolf und oft der Kleinste aus dem Wurf. Es kann einem weh tun, wenn man mit ansieht, wie das Rudel dieses junge Mitglied anscheinend malträtiert und es bei fast allem auf den letzten Platz verweist – besonders beim Fressen, da bekommt es das wenigste.

> Aus dieser Verhaltenskonstellation erwächst jedoch häufig ein merkwürdiges Phänomen. Omega-Wölfe werden, wenn sie überleben, zumeist sehr zähe Kreaturen. Zu irgend einem Zeitpunkt beginnen sie, im Austeilen ganz genauso gut zu sein wie im Einstecken. Und es ist nicht ungewöhnlich, dass diese Omega-Wölfe, nachdem sie ihre Überlebensfähigkeit bewiesen haben, sich aus eigenem Antrieb fortwagen und so eine Zeitlang zu den sprichwörtlichen „einsamen Wölfen" werden. Diese einsamen Wölfe schließen sich letztendlich anderen Rudeln an oder finden ein Weibchen (bzw. Männchen) und beginnen, ein eigenes Rudel zu gründen.

> In beiden Fällen ist das Ergebnis ihrer unbeugsamen Beharrlichkeit ein Positivum für die Wolfswelt. Wenn sie sich einem neuen Rudel anschließen, bringen sie neues Blut in das Rudel und schwächen damit die Auswirkungen der Inzucht ab. Werden sie der Alpha-Führer ihres eigenen Rudels, dann haben die Mitglieder einen neuen Anführer, der trotz wenig Aussicht auf Erfolg beharrlich durchhielt und sich behauptete.

> Das gleiche Ergebnis sehen wir Menschen in vielen unserer sozialen Verbände: Der Rekrut, den man ständig schikaniert, aus dem aber ein phantastischer Soldat wird; der Baseballspieler, dem man sagt, er sein zu klein, der aber weitermacht und ein Star wird; das Kind, bei dem man eine Lernbehinderung diagnostiziert – und dann ist es schulisch nicht nur erfolgreich, sondern triumphiert, indem es ein Universitätsstipendium fürs College gewinnt ...
> *(Towery 1999, 104 f.)*

14.3 Führen als Letzter

Ein produktives System führen heißt, den ersten Platz einzunehmen, über die wichtigsten Dinge zu entscheiden und allen zu sagen, wo es lang geht. Was aber, wenn ein neuer Chef in eine schon länger existierende Firma oder Abteilung kommt? Ist er sofort der Erste, oder bleibt er der Letzte, denn er ist ja zuletzt gekommen?

Erster oder Letzter? – Ein extremer Rollenkonflikt, der neueinsteigenden Führungskräften immer wieder zu schaffen und die Mitarbeiter hellwach macht: Sollen sie sich nun besonders anstrengen, oder sollen sie den Neuen erst einmal auflaufen lassen? Oder sollen sie das System verlassen, weil sie sich nicht an die neue Obrigkeit gewöhnen wollen? In der Tat lösen neue Chefs, deren neue Besen bisweilen „zu gut" kehren, in den Firmen immer wieder richtiggehende Kündigungswellen aus.

Wann immer ein Neuer in ein System, eine Organisation oder Firma eintritt, hat er aus Sicht der Altgedienten vorerst den letzten Platz. Er hat die Betriebszugehörigkeit null und hat noch keine internen Informationen, weder über die Firmengeschichte noch über die firmentypischen Abläufe. Er kennt kaum jemanden, hat zwar Kollegen, aber noch keinerlei Beziehung zu ihnen. Und dies gilt ebenso, wenn der Neue ein Vorgesetzter werden soll und von Anfang an auf dem Chefsessel sitzt. Der Neue muss jetzt *vom letzten Platz aus* führen, denn nur so lässt sich der Rollenkonflikt „Erster – Letzter" überwinden.

Aber wie sieht das praktisch aus, beispielsweise wenn der Chef gerade neu eingestellt wurde und nun der Belegschaft vorgestellt wird? Mit welcher Einstellung sollte er seinen Hierarchie-Platz einnehmen?

Weniger passend wäre, wenn er sagte: *„Guten Tag, ich bin Ihr neuer Vorgesetzter. Ab heute weht hier ein anderer Wind, vieles wird sich ändern. Packen wir es gemeinsam an, und gestalten wir unsere Zukunft. Ich setze ganz auf Ihre Loyalität."*

Hingegen könnten folgende Worte angebracht sein: *„Guten Tag, ich bin hier ein neuer Mitarbeiter. Ich freue mich, dass ich Sie unterstützen darf, und hoffe, dass Sie mich in Ihre Reihen aufnehmen und ich von Ihren Erfahrungen profitieren kann."*

Als Neuer muss man gegenüber den alten Mitarbeitern unbedingt die Anerkennung für ihre bereits erbrachten Leistungen zum Ausdruck bringen. Das alte Team, die bisherige Belegschaft hat es ja erst möglich gemacht, dass eine neue Stelle geschaffen werden konnte beziehungsweise eine alte Stelle neu besetzt werden kann. Die Existenzmöglichkeit eines neuen Mitglieds in einem Team basiert ausschließlich auf den Leistungen der bisherigen Teammitglieder. Dessen muss sich eine neue Führungskraft stets bewusst sein.

Die amerikanische Autorin *Marlo Morgan* schildert in ihrem Buch „*Traumfänger*" die Erlebnisse, die sie bei den australischen Ureinwohnern, den Aborigines, hatte: Auf einem dreimonatigen „Walkabout" durch den australischen Busch bekam sie eine ganz andere Sichtweise über das Führen. Um diese zu erläutern, ist ein wörtliches Zitat bestens geeignet:

> Als wir uns zum Aufbruch rüsteten, sagte man mir, dass ich heute an der Reihe sei, die Gruppe anzuführen. Ich sollte an der Spitze gehen und allen anderen den Weg weisen.
>
> „Aber das kann ich nicht", sagte ich. „Ich weiß doch gar nicht, wo wir hingehen und wie man sich hier zurechtfindet. Ich danke euch sehr für dieses Angebot, aber ich kann euch wirklich nicht führen."
>
> „Du sollst es aber tun", war die Antwort, „es ist an der Zeit. Um deine Heimat, die Erde, alle Stufen des Lebens und deine Beziehung zu dem, was du siehst, und dem, was du nicht siehst, kennenzulernen, musst du führen. Es ist gut, eine Zeitlang als letzter in einer Gruppe zu gehen, und es ist auch in Ordnung, länger in der Mitte zu verweilen, aber irgendwann kommt für jeden die Zeit zu führen. Man kann die Bedeutung einer Führungsrolle nur verstehen, wenn man sie selbst einmal eingenommen hat.
>
> Irgendwann, früher oder später, muss jeder einmal alle Rollen durchspielen, und zwar ohne Ausnahme – wenn nicht in diesem Leben, dann in einem anderen! Es gibt nur eine Möglichkeit, eine Prüfung zu bestehen, man muss sich ihr stellen. Und alle Prüfungen auf jeder Ebene werden auf die eine oder andere Weise so lange wiederholt, bis man sie besteht."
>
> ... sie unterhielten sich darüber, dass jeder Mensch auch einmal am Ende einer Gruppe gehen müsse. Langsam fragte ich mich, ob die Obdachlosen in Amerika vielleicht freiwillig in ihrer Opferrolle verharrten. Sicherlich fühlten sich die meisten ... irgendwo in der Mitte am wohlsten: weder zu reich noch zu arm; zwar nicht todkrank, aber auch nie richtig gesund; nicht frei von aller Schuld, aber keine Verbrecher. Doch früher oder später müssen wir das Selbstvertrauen haben, aus der Gruppe herauszutreten. Wir müssen führen, wenn auch nur, um zu lernen, für uns selbst verantwortlich zu werden. *(Morgan 1995, 176)*

14.4 Der Platz des Gastes

In gewisser Weise vereinigt ein Gast beide Merkmale in sich: Er ist der Erste und zugleich der Letzte der Gruppe, die er besucht.

➤ Für die Dauer seines Besuchs ist er der Wichtigste, dem ganz aktuell Achtung und Aufmerksamkeit gebührt. Selbst das erste Teammitglied lässt ihm noch den Vortritt. Der Gast steht, solange er zu Besuch ist, an erster Stelle.

> *„Der Gast, und sei er noch so schlecht, er wird geehrt, das ist sein Recht"*

➤ In seiner existenziellen Kompetenz aber ist er der Letzte. Er ist der Neueste, findet sich am wenigsten zurecht. Deshalb braucht er die meiste Hilfe und Unterstützung. Er kennt weder die Gebräuche der Gruppe, noch kennt er sich in den Räumen aus, selbst nach der Toilette muss er fragen. Wahrscheinlich weiß und kennt er noch weniger als das letzte Teammitglied.

Nun gibt es nur einen Platz im team-dynamischen Kreis, der diesem ambivalenten Rang gerecht wird: der Platz zwischen dem Ersten und dem Letzten. Deshalb sitzt ein Gast an der rechten Seite des Ersten und an der linken Seite des Letzten. Hier wird er sich wohl fühlen. Er ist gemeinsam mit dem Ersten im Blickfeld, wenn dieser ihn vorstellt und zu ihm spricht. Gleichzeitig ist er ein „neuer Letzter", und er sitzt richtig eingereiht neben dem letzten Teammitglied, das jetzt – solange der Gast anwesend ist – zum Vorletzten aufrückt.

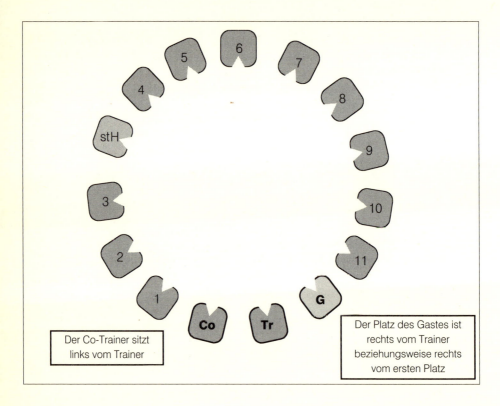

Der Co-Trainer sitzt links vom Trainer

Der Platz des Gastes ist rechts vom Trainer beziehungsweise rechts vom ersten Platz

Die Übungen

Ernst und Spaß sind kaum zu trennen

Ernst und Spaß müssen beim *Training im team-dynamischen Kreis* keine unvereinbaren Gegensätze sein, genauso wenig wie Arbeit und Spiel. Die Arbeit wird im Spiel dargestellt, und viele Übungen spiegeln den Ernst des Lebens im Spaß wider.

Gruppendynamische Übungen gibt es wie Sand am Meer. In diesem Kapitel wird eine exemplarische Auswahl von Übungen vorgestellt, die beim *team-dynamischen Training* besonders beliebt sind und häufig zum Einsatz kommen – allerdings jeweils an die Situation angepasst und somit in einer jeweils passenden Variation.

Diese Übungen sind keine essenziellen Bestandteile der Methode, das heißt, es muss nicht jede Übung in jedem Training zum Einsatz kommen. Der Teamtrainer greift auf sein vielfältiges Repertoire zurück. Er setzt die Übungen ein, je nach Trainingsphase und momentaner Situation, je nach Lernziel, das er ins Auge gefasst hat.

Man darf nicht denken: „Wenn ich die Übungen kenne, kenne ich das team-dynamische Training." Die Methode lebt vor allem vom ad hoc inszenierten Spiel und von der spontanen Improvisation. Was das Training zur Methode macht, sind nicht die Übungen, sondern methodische Elemente wie:
➤ die Selbstdarstellungen in der Mitte des Kreises
➤ die Systemaufstellungen mit den Zusprüchen
➤ die improvisierten emotionalen Rollenspiele
➤ der fließende Übergang zwischen Ernst und Spaß

Die Methode *Training im team-dynamischen Kreis* besteht also nicht aus einem Katalog von Übungen, sondern der Trainer wählt und kreiert Übungen, die in den methodischen Rahmen passen. ***Die Übungen sind nicht die Methode.***

15. Übungen zu Phasen der Teamentwicklung

Der Teambildungsprozess durchläuft verschiedene Phasen, die mit Übungen unterstützt und beschleunigt werden. Vor allem aber schaffen die Übungen beim Teilnehmer ein Bewusstsein für den eigencn laufenden Lernprozess.

15.1 Kennenlernphase

Der Name dreimal

In zwangloser Reihenfolge gehen die Teilnehmer in die Mitte und tragen ihren Namen auf dreierlei verschiedene Weise vor, zum Beispiel: „Karin ... Kaaahrin ... Kascha." Von der Gruppe wird der Name jedesmal genau so wiederholt, wie er gesprochen wurde, also exakt imitiert in Klang und Betonung.

Bei dieser Übung kommt es oft dazu, dass die Teilnehmer als letztes eine Koseform ihres Namens intonieren und „verraten". Oft ist darin ein Stück Emotion enthalten, zum Beispiel wenn sie den Namen zornig oder liebevoll aussprechen. Damit zeigen sie schon etwas aus ihrer sonstigen sozialen Umgebung, zum Beispiel aus ihrer Familie, und legen zugleich ein Stück äußere Schale ab. So wird die Kommunikation ein wenig privater und natürlicher.

Auf diese Weise behält die Gruppe die Namen sehr gut. Das Herumlaufen mit Namensschildchen ist nicht notwendig.

Nachahmen

. . . .

Teilnehmer nehmen einander intensiv wahr, wenn sie gegenseitig ihre Gesten oder Bewegungen nachahmen. Sie synchronisieren sich dadurch. Ein Teilnehmer stellt sich in die Mitte, vollzieht eine Geste oder körpersprachliche Bewegung, während die Teilnehmer im Kreis versuchen, diesen Ausdruck möglichst identisch nachzuvollziehen. Für denjenigen, der sich im Mittelpunkt produziert, ist es oft ein verblüffendes Erlebnis, dass alle um ihn herum mitmachen. Er sieht sich unverhofft in der Rolle eines Anleitenden, der das Verhalten der Gruppe vorgibt.

Mitte als Marktplatz

. . . .

Auf einem Marktplatz herrscht reges Treiben, dort ist der Treff, nicht nur um mit Ware zu handeln, sondern auch um in Kontakt zu kommen.

Als Marktplatz dient die Fläche innerhalb des Stuhlkreises. Dieses Areal wird durch das Nach-außen-Rücken der Stühle vergrößert. Die Teilnehmer ziehen wie das Volk auf dem Markt kreuz und quer umher und machen sich miteinander bekannt. Der Trainer kann dazu unterschiedliche Rollen vorgeben:

Die Mitte als Marktplatz

„Begrüßt euch steif – seid höflich zueinander – jetzt freundlich – überfreundlich – jetzt geht wortlos aneinander vorbei – straft euch mit Missachtung – stellt euch vor, ihr seid in der feinen Gesellschaft und beginnt einen Small Talk ...“

So schlüpfen die Teilnehmer in verschiedene Rollen und lernen, schnell zwischen Rollen zu wechseln. In der Mitte ist wenig Platz. Man kommt sich nahe, will sich aber körperlich nicht berühren. Die Aufmerksamkeit steigt, der Adrenalinspiegel auch.

Versteckte Eigenschaften

Bei dieser Übung lernen sich die Teilnehmer von einer neuen Seite kennen. Jeder schreibt auf eine Karte eine Eigenschaft, die man ihm auf den ersten Blick nicht ansieht (das kann auch eine Fähigkeit oder ein Hobby sein): Ich bin geschwätzig – Ich singe im Chor – Ich spreche Japanisch – Ich kann mit den Ohren wackeln – Ich repariere Radios – ... Die Karten werden gesammelt. Aus dem Stapel zieht dann wiederum jeder Teilnehmer eine Karte. Wer seine eigene Karte zieht, muss sie noch einmal umtauschen.

Variante 1

Einer der Teilnehmer geht in die Mitte und stellt die Eigenschaft, die er gezogen hat, pantomimisch dar. Derjenige, der glaubt, dass diese Darstellung seine versteckte Eigenschaft ist, gesellt sich dazu. Beide spielen jetzt die Eigenschaften gemeinsam vor – eine amüsante Aufführung für die Zuschauer. Wenn sich beide sicher sind, dass sie das gleiche spielen, geben sie es bekannt. Die nächste Fähigkeit stellt derjenige vor, der hinzugekommen ist. Dies geht so lange, bis alle Fähigkeiten beziehungsweise Hobbys erraten wurden.

Auf diese Weise lernen die Teilnehmer gleich einmal die Mitte als Spielfläche, als Bühne kennen. Sie zeigen bei ihrer Darstellung etwas von ihrem Wesen, sie spielen sich frei und machen den ersten Schritt, um im weiteren Trainingsverlauf in der Mitte auch persönliche Statements abzugeben.

Variante 2

Jeder macht sich mit der Karte in der Hand auf die Suche. Die Mitte wird zum Marktplatz, wo man Leute trifft und fragt: „Bist du die Geschwätzige?“ – „Kannst du mit den Ohren wackeln?“ – „Bist du derjenige, der gerne gärtnert?“ – „Hast du aufs Kärtchen geschrieben, dass du Taubenzüchter bist?“ Wenn alle Teilnehmer den jeweiligen Kartenschreiber gefunden haben, stellen sie nacheinander ihren Mitspieler vor und bitten ihn, seine versteckte Fähigkeit pantomimisch darzustellen.

15.2 Konfliktphase

Ein intensiver Kennenlernprozess mündet zwangsläufig in eine Konfliktphase. Wer kann wem sagen, was Trumpf ist? Wer kann wen in die Schranken weisen? Nach und nach tastet man sich an die eigenen Grenzen und die der anderen heran, bis es zur Grenzüberschreitung kommt: Der Konflikt ist da. Die Übungen in der Konfliktphase tragen dazu bei, die Teilnehmer an ihre Grenzen zu bringen.

„Grenze" heißt dabei immer: Was kann jemand zulassen, ohne zu moralisieren oder in Aggression zu geraten? Die individuellen Grenzen müssen dem Team bewusst sein, um sie in Zukunft zu respektieren und nicht mehr aus Versehen zu verletzen.

Ja-Nein-Übung

Nur nicht nachgeben, das ist das Grundprinzip dieser Übung. Die Gruppe stellt sich dazu in zwei Reihen auf, jeder hat einen Partner als Gegenüber. Der Teilnehmer auf der einen Seite sagt strikt „Ja", während sein Gegenüber ständig mit „Nein" dagegenhält.

Die Teilnehmer versuchen dies etwa drei Minuten lang durchzuhalten und dabei mit Stimme, Mimik und Gestik zu variieren. Mal laut, dann leise; mal energisch, dann sanftmütig; mal wütend, dann ruhig und dann verführerisch – immer jedoch bleiben sie bei Ihrem „Ja" oder „Nein". Anschließend werden die Rollen vertauscht und danach die Partner der Reihe nach gewechselt. Wem es bisher schwer gefallen ist „Nein" zu sagen, der hat es bei dieser Übung vielleicht gelernt, zumindest einmal geübt. Der eigentliche Wert der Übung liegt darin, mit der Anti-Haltung aus sich herauszukommen und seiner Aggressivität freien Lauf zu lassen.

Ja-Sager oder Nein-Sager zu sein ist eine abstrakte, aber intensive Rolle, die die Teilnehmer meist auch temperamentvoll umsetzen. Man kann den Teilnehmern auch Schuhe, Schaumgummi-Keulen, gerollte Wolldecken oder sonstige weiche Schlaginstrumente in die Hand geben, damit sie ihrem „Ja" beziehungsweise „Nein" Nachdruck verleihen können. Die Übung wird wahrscheinlich keinen Konflikt heraufbeschwören, aber sie schafft in der Gruppe das Klima, in dem unterschwellig schlummernde Konflikte an die Oberfläche kommen können.

Meinungsskala

Diese Übung ist schon fast eine Methode, denn sie folgt dem methodischen Prinzip, Beziehungen räumlich und körperlich zu veranschaulichen. Dies hilft in Momenten, in denen die Stimmung nicht gerade eine Wonne ist. Ein Konflikt bahnt sich an. Zu einem bestimmten Problem existieren verschiedene unüberbrückbare Meinungen in der Gruppe. Beispiel:

Erich will generell keine Emotionen zulassen, vor allem will er sie nicht „gepusht" wissen, weil es eben „sehr gefährlich ist und auf Kosten einzelner geht". Die anderen wollen schon Emotionen zulassen – mehr oder weniger? Hat sich Erich nun isoliert, oder hat er Sympathisanten? Wie sind die Meinungen in der Gruppe?

Hier hilft die Übung, die Meinungen in eine Ordnung zu bringen, das heißt, sie physisch, plastisch abzubilden. So werden die unübersichtlichen Meinungen zum anschaulichen „Meinungsbild".

Wer am meisten Emotionen zulassen will, steht ganz vorn, wer weniger zulassen will, weiter hinten usw., bis zu demjenigen, der überhaupt keine Emotionen dulden will.

Eine Meinungsskala aufzustellen ist eine bewusstseinsschaffende Übung für das gesamte Team. Jeder muss mit dem linken und rechten Nachbarn kommunizieren und seine Meinung mit ihm abgleichen. Die Teilnehmer kommen untereinander in viele kleine, kurze Gespräche, zum Beispiel:

„Sowas geht einfach zu weit hier ... und deswegen stehe ich links von dir, OK?"

„Von uns beiden, glaube ich, bist du der, der das enger sieht ..."

„Ich bin der Meinung, dass das eben durchaus noch im Rahmen war, eigentlich sogar gut für das Team. Aber du, glaube ich, fandest das eben nicht so gut ..."

Zum Schluss hat jeder seinen Platz, der – ähnlich wie in der Politik – ausdrückt, ob er weiter links oder rechts steht. Übungseffekt: Es wird abgebildet, wie weit jemand geht. Jeder steht zu seiner Position (er steht auf einer Position), und jeder kann es sehen. Keiner hält mit seiner Meinung hinter dem Berg. Kein Versteckspiel mehr! Die Übung endet mit Zusprüchen, die Reihe herunter und die Reihe herauf.

Zum Beispiel: „Ich möchte mehr Emotionen zulassen als du, haben wir festgestellt. Ich hoffe, du fühlst dich dabei genauso lebendig wie ich."

Gruppentrennung

Es hat keinen Zweck, einen schwelenden Konflikt durch „Ausdiskutieren" beseitigen zu wollen. Emotionen sind innere Zustände, sie lassen sich nicht beseitigen, es sei denn, man lässt sie zu. Deswegen werden – als Übung mit „bitterem" Ernst – zwei Konfliktparteien gebildet, die sich im Raum gegenüberstehen. Innerhalb dieser Parteien herrscht Einigkeit. Das Gefühl mit seiner Meinung richtig zu liegen, kann voll genossen werden.

Was man zusammenbringen will, muss man zuerst trennen, um es überhaupt zu unterscheiden. Will man verschiedene Teile einer Gruppe (zum Beispiel Cliquen, Abteilungen oder Untergruppen) in einem Training integrieren, so sollte man sie erst einmal trennen. Denn der Unterschied muss zuvor sichtbar werden. Der Ist-Zustand muss erkannt und anerkannt worden sein, bevor er in die Soll-Richtung weiterentwickelt werden kann.

15.3 Organisationsphase

Der Eklat ist überstanden, und der Konflikt hat sich gelöst. Die Emotionen unter den Teilnehmern sind zum Zuge gekommen, die geistigen und rhetorischen Vorherrschaften sind ausbaldowert. Nun kann es an die Organisation gehen. Im wesentlichen geht es dabei um die konkreten Fragen: *Wer macht was – wann – wo – wie – womit – mit wem – wozu? Wer bedeutet was – für wen?*

Rolle und Funktion

Rolle und Funktion hängen ganz eng miteinander zusammen. Die *Rolle* ist die personale Verhaltensdimension einer *Funktion*, die jemand ausübt. Die *Funktion* ist die produktive, sachbezogene Dimension einer *Rolle*, die jemand verkörpert. In der Organisationslehre bedeutet **Funktion** immer soviel wie Aufgabe. So ist ein „betrieblicher Funktionsbereich" ein Aufgabenbereich.

Bei jedem Teilnehmer gibt es eine Entsprechung zwischen seiner **Rolle** im Training und seiner Rolle in Beruf und Gesellschaft. Die Mittel und Verhaltensweisen, die er zur Platzfindung im Team einsetzt, wird er auch im Streben um eine Position in Beruf und Gesellschaft einsetzen. Im team-dynamischen Kreis hat jeder ständig die Möglichkeit, sich selbst in verschiedenen Rollen darzustellen.

Die Selbstdarstellung erfordert sehr viel Mut, Ehrlichkeit und Überwindung, denn man kann jederzeit unverhofft „anecken". Erst wenn ein Teilnehmer seine mitgebrachte Rolle („für was er sich hält") mit dem nötigen Abstand betrachtet und verstanden hat, kann er andere Rollen ausprobieren und übernehmen.

Funktionen im Team

Welche Funktion übernimmt jemand innerhalb des Teams? Um diese Frage genau und befriedigend zu beantworten, müssen die Aufgaben unter den Teammitgliedern verteilt werden, was aber nur möglich ist, wenn die Ziele feststehen. Es ist allerdings ein Unterschied, ob ein Team in der Gründungs- oder mittendrin in einer Arbeitsphase steckt:

1. Hat sich eine Gruppe zusammengefunden, um ein Team zu werden?

In diesem Fall geht es darum, unter den Teilnehmern ein Bewusstsein für die unterschiedlichen Kompetenzen und Potenziale zu schaffen.

2. Hat sich ein Team getroffen, um ein reales Problem zu lösen?

In der Arbeit eines bestehenden Teams sind es konkrete Funktionen, die vergeben und übernommen werden sollen. Diese müssen so verteilt werden, dass sie mit den Fähigkeiten der Personen übereinstimmen und zugleich für den Einzelnen eine Anforderung darstellen. Die Aufgabenverteilung erfolgt in den Schritten:

Wählen und gewählt werden

Als Teammitglied ist man sich bisweilen seiner Funktion nicht sicher. Kann man die Aufgabe übernehmen, darf man sie sich zutrauen – oder überschätzt man sich damit? Ein Team weiß da immer mehr als der Einzelne. Diese kollektive Weisheit schafft eine Ordnung, die jedem Sicherheit gibt und den Stress reduziert.

Aus diesem Grund hat es sich bewährt, Funktionsträger vom Team wählen zu lassen. Das Team wählt einfach durch Mehrheitsbeschluss. Allerdings wäre Einstimmigkeit dabei das Wünschenswerte.

Bestätigen und bestätigt werden

Damit man in seiner Funktion ein sicheres Gefühl hat und seine Aufgabe gut erfüllen kann, braucht man das Vertrauen und die volle Unterstützung des Teams. Die holt man sich am besten, indem man sich bestätigen lässt. Dazu geht man in die Mitte, trägt seine Aufgabe vor und fragt den Kreis: „Wer bestätigt mich und unterstützt mich bei meiner Aufgabe als Kassierer – stellvertretender Moderator – in meiner Funktion als Gesandter ...?" Normalerweise strecken jetzt alle Teilnehmer eine Hand nach oben. Ist dies nicht der Fall, so sollten die Vorbehalte noch geklärt werden, denn sie stellen eine wertvolle Ergänzung dar.

Wählen und bestätigen im Team

Rollen im Team
··················

Die Teilnehmer reflektieren in Seitengesprächen, welche Rolle sie im Team momentan für sich sehen. Dann schauen sie sich im Kreis um und überlegen sich, bei welchen drei anderen Teilnehmern sie die Rolle noch am wenigsten erkennen. Haben alle Teilnehmer für sich im Stillen drei ausgewählt, gehen sie der Reihe nach in die Mitte und fragen: Wer hat bei seiner Wahl an mich gedacht?

Jeder Teilnehmer zählt die Handzeichen, wiederholt die Anzahl noch einmal für alle gut vernehmbar und setzt sich wieder. Wenn alle Teilnehmer abgefragt haben, platziert sie der Trainer in der Reihenfolge nach Stimmenanzahl. Diesmal sitzt derjenige mit den meisten Stimmen rechts neben dem Trainer, danach kommt der mit den zweitmeisten Stimmen und so weiter, bis derjenige mit der geringsten Stimmenanzahl links neben dem Co-Trainer sitzt.

Ist für einen Teilnehmer die Hürde zu groß und möchte er diese Übungssequenz nicht mitmachen, so ist das natürlich OK – jede Übung ist freiwillig. Dieser Teilnehmer bekommt den Platz direkt rechts neben dem Trainer zugewiesen. Im Prinzip sitzen jetzt alle systemisch in einer Sozialstruktur, die man durch die spezielle Fragestellung bei der Wahl als „Struktur rückwärts" bezeichnen kann.

Jeder Teilnehmer, der mitmachen möchte, geht nun in die Mitte und fragt reihum, in welcher Rolle die Einzelnen in der Gruppe ihn bisher wahrgenommen haben. Bei den Rollenbezeichnungen kann es – je nach Stimmungslage – ernst, aber auch humorvoll zugehen: „Notruf-Säule" – „Hilfs-Sheriff" – „Unser Fels in der Brandung" – „Lebenslustiger Hühnerdieb" … Wenn der Teilnehmer die einzelnen Rollen zu hören bekommt, soll er diese nicht kommentieren, sondern so annehmen, wie sie ihm gesagt worden sind, und immer nur mit „Danke" antworten.

Zum Schluss bleibt er noch einen Moment in der Mitte stehen, spürt noch einmal nach, welcher Beitrag ihm am meisten gegeben hat. Welche Rolle hat ihn am besten getroffen, ihn gehoben, vielleicht sogar geehrt oder auch betroffen gemacht? Diese von ihm nun ausgewählte Rolle wird vom Co-Trainer auf einem Schildchen (Pinnwandkärtchen) festgehalten und ihm überreicht. Er legt es zunächst unter seinen Sitzplatz.

Was sich jemand auswählt, ist immer höchst spannend, denn mit dieser Übung wird ein Fremdbild zu einem akzeptierten Eigenbild beziehungsweise Wunschbild. Auf einem viertägigen Workshop ergaben sich am dritten Tag zum Beispiel folgende Rollen: „Einfühlsamer Leiter" – „Gezähmte Widerspenstige" – „Freund und Partner" – „Der verschmitzte Weise" – „Ich weiß, was ich will" – „Der, der annehmen kann" – „Magnetisches Therapeutikum" – „Mut zur Lücke".

Mögliche Anschluss-Übungen sind zum Beispiel:

➤ Jeder Teilnehmer gibt in dieser ihm zugedachten und von ihm angenommenen Rolle in der Mitte ein Statement ab
➤ Jeder klebt sich mit Tesa-Band sein Kärtchen wie eine Auszeichnung auf die Brust oder heftet es sich ans Revers
➤ In der Form der Reihengespräche (diesmal mit Stehplätzen) tritt jeder mit jedem in Beziehung, und man spricht gemeinsam über die Ergänzungsmöglichkeiten, die sich aus dieser Rollenverteilung ergeben
➤ Die Karten werden schließlich für alle sichtbar an eine Pinnwand gehängt. Dort dokumentieren sie eine wichtige Station im Teambildungsprozess

15.4 Kreativitätsphase

In dieser Phase entfaltet sich nicht nur die schöpferische Kraft jedes einzelnen Teilnehmers. Im Team multiplizieren sich die Kräfte als synergetische Leistung, denn das Ganze ist mehr als die Summe seiner Teile. Der persönliche Erfolg der Teilnehmer in der Kreativitätsphase lässt den schwierigen Prozess der Teambildung fast vergessen.

Das imaginäre Kunstwerk
••••••••••••••••••••••••••••

Die Teilnehmer schließen die Augen und lassen ihre Trainingserlebnisse wie einen Video-film vor sich abspulen, erst rückwärts, dann vorwärts, bis sie eine Szene vor Augen haben, die ihnen – aus was für Gründen auch immer – stärker im Gedächtnis geblieben ist.

Der Trainer bittet nun darum, dieses Bild im Geiste, mit verschlossenen Augen, zu malen. In der linken Hand die Leinwand, in der rechten Hand den Pinsel. Sind alle imaginären Kunstwerke fertig, werden sie noch mit einem Titel versehen, signiert und dann von einem der Teilnehmer eingesammelt, der sie neben dem Trainer abstellt. Wohlgemerkt: Es wird mit imaginären Werken hantiert. Alles wird pantomimisch dargestellt.

Der Trainer nimmt nun diese Werke und beschreibt, was er darauf erkennt, solange, bis einer der Teilnehmer sich entschließt festzustellen, dass es sich um das von ihm gemalte Bild handelt. Dieser „Künstler" stellt das Bild daraufhin kurz aus der Mitte heraus vor, beschreibt was es darstellt, was ihn an dem Motiv so fasziniert hat und warum er es gemalt hat.

Noch nie ist eines der vom Trainer vorgestellten Werke übrig geblieben. Immer wurde das, was der Trainer beschrieben hat, von einem der Teilnehmer als sein Bild identifiziert. Diese Übung eignet sich sehr gut, um Erlebnisse zu reflektieren und abzurunden oder eine Trainingseinheit abzuschließen.

Sketch in der Drittelgruppe
••••••••••••••••••••••••••••

Ist nicht jeder ab und zu ein guter Schauspieler? Macht nicht jeder mal Theater? Die kürzeste und leichteste Form von Theater ist der Sketch. Beim *Training im team-dynamischen Kreis* gehört der Sketch fest zur Kultur. Er ist als Übungsform nicht aus den Workshops wegzudenken. Die Sketche sind stets ein Feuerwerk an Kreativität und Produktivität, das Potenzial der Teilnehmer entfaltet sich auf spannende und oft umwerfend komische Weise. Sketche:
➤ beziehen alle Teilnehmer aktiv mit ein
➤ fördern die Kreativität und das Improvisationstalent
➤ fördern den persönlichen Ausdruck des Einzelnen
➤ fördern das Gefühl der Zusammengehörigkeit
➤ reflektieren die Wirklichkeit und schaffen Abstand
➤ prüfen die Zuverlässigkeit des Einzelnen
➤ fördern ein noch intensiveres Kennenlernen
➤ bringen Kultur und Identität in das soziale System
➤ bieten Abwechslung und Amüsement nach langen Sitzungen
➤ geben Impulse in die Teamdynamik (Gruppendynamik)
➤ stärken das Team (die Gruppe) als Gesamtheit

Die Sketchgruppen lassen sich am einfachsten zusammenstellen, indem dafür drei Regisseure aus dem Team gewählt werden. Die Regisseure wiederum wählen sich ihre Schauspieler, die bei ihnen vorsprechen und sich in ihren Lieblingsrollen anbieten. Hier darf man urkomische Szenen erwarten.

Einzige Richtlinie: Es sollen Schauspieltruppen von gleicher Größe entstehen, das Team wird gedrittelt. Präsentiert eine der Gruppen dann ihren Sketch, so bleiben die Mitglieder der zwei anderen Gruppen und die Trainer, um das Schauspiel zu bewundern. Die Darsteller spielen dann immer vor „vollem Haus", sprich genügend Zuschauern, die sich an der Inszenierung erfreuen.

Sketch: „Der Weihnachtsmann kommt"

Manchmal ist es gut, ein in der Luft liegendes Thema vorzugeben: „Unsere Produktion im Jahre 2020". Zehn bis fünfzehn Minuten genügen den Gruppen, um die Sketche auf die Bahn zu bringen. Wichtig ist zunächst nur, dass die Rollen verteilt werden, die Kreativität kommt dann von selbst, insbesondere durch die Improvisation. Mit Sicherheit sprühen die Sketche nur so vor Humor.

Ein guter Sketch enthält in seiner Dramaturgie immer eine Wendung. Zum Beispiel: Die Situation wendet sich doch noch unverhofft zum Guten. Am liebsten haben die Zuschauer ein „Happy End".

16. Übungen, um Kompetenzen zu trainieren

Jede Übung im *team-dynamischen Kreis* verfolgt Lernziele, wobei vor allem emotionale und soziale Kompetenzen der Teilnehmer gefördert werden sollen. Denn das Ziel beim Training ist nicht nur, dass die Teilnehmer zusammenwachsen, sondern auch, dass sich die Einzelnen im Team und durch das Team qualifizieren.

16.1 Selbsterfahrung oder Sozialerfahrung?

Obwohl jeder Teilnehmer auch etwas über sich selbst erfährt, versteht sich das trainierende Team nicht als „Selbsterfahrungsgruppe". Bei einem *Training im team-dynamischen Kreis* wird nicht psychologisiert. Niemand braucht über seine persönlichen und intimen Gefühle zu sprechen. Es geht auch nie um die persönliche Vergangenheit des Einzelnen. Und es spielt keine Rolle, warum sich jetzt jemand so oder so verhält. So wie er ist, von dieser Basis aus, kann jeder seine sozialen und kooperativen Kompetenzen verbessern.

Genaugenommen verdichten sich auf dem Workshop die Lebenserfahrungen. Denn der Workshop vollzieht sich als eine Sozialerfahrung, wo sich letzten Endes doch jeder – im Spiegel der anderen – selbst erfährt. Sich selbst wahrzunehmen heißt nichts anderes, als sich im Spiegel der anderen wahrzunehmen.

Jeder ist nur das, was er den anderen ist. Deshalb muss er in die Interaktion treten. Es geht nicht nur darum, einen Platz im Gesamten zu finden und zu besetzen, sondern darum, unter den anderen ein Verhalten zu finden, das nicht mit den anderen konkurriert, sondern das Verhalten der anderen ergänzt.

Der Trainer spiegelt
....

Um Teilnehmern ein Bewusstsein über ihr Verhalten zu verschaffen, bedient sich der Trainer seiner ganzen Einfühlungs- und Ausdrucksfähigkeit: Er spiegelt die Teilnehmer, das heißt, er kommuniziert spielerisch so mit ihnen, dass sie sich selbst erkennen können. Ein guter Trainer dosiert, er macht das in verschiedenen Intensitäten: Erst eher beiläufig, um den Teilnehmer zu sensibilisieren und dann immer deutlicher. Bei feinfühligen Menschen reichen diese Signale schon, um Bewusstsein zu bilden.

Der Facettenspiegel
....

Eine gute Übung für jeden Teilnehmer ist es, in die Mitte zu gehen und die eigene Art spiegeln zu lassen. Der Kreis spiegelt die Körperhaltung, die Sprache, den Duktus. Manch einer wundert sich, wie er auf die anderen wirkt, mancher nutzt die Gelegenheit, die andern nach seiner Pfeife tanzen zu lassen. Zu denken gibt es jedem, wenn er auf diese Weise gnadenlos zur Ursache dessen wird, was alle um ihn herum tun. Der Facettenspiegel ist nicht nur ein Vergrößerer und Multiplizierer, sondern auch ein Intensivierer. Viele mutige Teilnehmer kommen, sich am Kopf kratzend, aus der Mitte und setzen sich stark beeindruckt wieder an ihren Platz. Sie haben sich selbst beeindruckt.

Blickkontakt
....

Anderen Menschen in die Augen schauen zu können wird in unserer Kultur als Zeichen eines ehrlichen Charakters gewertet. Blickkontakt halten ist eine soziale Fähigkeit. Bei einer Blickkontakt-Übung geht es um die Wechselwirkung zwischen den Übungspartnern. Jeder soll bewusst den anderen anschauen und sich bewusst anschauen lassen.

Dazu werden zwei gerade Stuhlreihen aufgestellt, so dass sich jeweils zwei Teilnehmer gegenübersitzen. Sie nehmen bequem Platz und entspannen sich. Das Licht im Raum sollte sie nicht blenden, aber auch nicht so dunkel sein, dass man sein Gegenüber kaum mehr erkennen kann. Das Gesicht des Partners soll in seinen Feinheiten auf einen Meter Entfernung gut erkennbar sein.

Ohne Worte sehen sich die Teilnehmer nun eine Zeitlang in die Augen, ohne mit dem Blick abzuschweifen oder auszuweichen. Anschließend, nach etwa drei Minuten, rücken sie einen Stuhl weiter und erleben die Übung mit einem neuen Partner.

Die Teilnehmer lernen, den Blick des anderen auszuhalten, den anderen in sich hineinschauen zu lassen. Und sie lernen auch, andere Menschen genau zu betrachten. Viele

Menschen fühlen sich unwohl, wenn sie zu lange angeschaut werden. Dieses Gefühl verliert sich im Laufe der Übung.

16.2 Die anderen wahrnehmen, sich einfühlen

Aufgefangen werden

Der Trainer bittet einen Teilnehmer, sich vor ihn hinzustellen und die Augen zu schließen. Jemandem von der kräftigeren Sorte gibt er lautlos zu verstehen, dass er sich hinter diesen Teilnehmer stellen soll, um ihn aufzufangen. Jetzt gibt der Trainer dem vor ihm stehenden Teilnehmer einen kleinen Schubs, so dass er, wenn er sich sicher fühlt, nach hinten fallen lässt, wo er natürlich von starken Armen aufgefangen wird.

Ziel dieser Übung ist es, Vertrauen in die anderen aufzubauen. Man stellt sich hin und lässt sich nach hinten fallen, ohne sehen zu können, ob wirklich jemand hinter einem steht, der einen auffängt. Das wird aber zuverlässig immer der Fall sein. Am Einknicken der Knie kann man genau erkennen, wie weit das Vertrauen in die anderen geht.

Sich fallen lassen

In Dreiergruppen kann die Übung weitergeführt werden: Jeweils zwei Übungsteilnehmer „pendeln" einen Dritten hin und her. Dieser Dritte macht sich steif und vertraut darauf, dass er von vorne und von hinten aufgefangen wird.

Ein besonderes Erlebnis ist es für die Teilnehmer, wenn sie von einer ganzen Gruppe aufgefangen werden. Dazu bildet man Kreise von sechs bis acht Personen. Einer tritt in die Mitte, macht sich steif und lässt sich zunächst nach hinten fallen. Die Gruppe fängt ihn mit den Händen auf und gibt ihn mit leichtem Schwung wieder ab, so dass er in alle Richtungen trudelt.

Rückenstärkung
....

Dies ist eine der schönsten Übungen beim *Team Training*. Partnerweise nimmt man Aufstellung: Zwei ungefähr gleich große Partner stehen Rücken an Rücken und schließen dabei die Augen.

Diese Übung muss ganzheitlich verstanden werden: Das Einfühlungsvermögen auf der körperlichen Ebene ist ohne die emotionale Einfühlung nicht möglich, die bei diesem gemeinsamen „Tanz" entsteht. Die Partner balancieren ihre Kräfte aus und stützen einander. Aus zwei einfühlsamen Partnern wird ein gutes Gespann, die einander Rückenstärkung geben und deren Bewegungen sich synchronisieren.

Mit einsetzender Musik beginnen sie sich zu bewegen und sich dabei in die Bewegung des Partners einzufühlen. Sie nehmen den eigenen wie den Rücken des Partners bewusst wahr: die Form, die Stärke, die Balance, den gemeinsamen Rhythmus.

16.3 Sich ausdrücken, sich selbst darstellen

Nonsense-Reden
....

Nonsense-Reden sind spontan gehaltene Kurzvorträge zu Themen wie:
„Der Sinn des Unsinns"
„Obsttag bei den Fruchtfliegen"
„Wie lange gart ein Schnürsenkelauflauf?"
„Regenmäntel für Regenwürmer"
„Warum Schildkröten kein Preisschild tragen"
„Licht- und Schattenseiten der Mitternachtssonne"

Mit der Nonsense-Rede üben die Teilnehmer sich im Vortragen. Sie lernen, auf spielerischer Ebene vor Menschen frei und sicher zu stehen und zu sprechen. Die Stimme kann sich entfalten, Stil und Worte werden spontan gewählt. Und sie lernen, mit den Gefahren und

Beeinträchtigungen umzugehen, denen man als Referent unterliegt: Nervosität, Schwitzen, Zittern und in der Klemme zu sein, nicht mehr weiterzuwissen. Wer hat noch keinen Blackout erlebt?

Was macht man, wenn man ein Nonsense-Thema aus der Lostrommel zieht? Wie kriegt man es hin, seine Zuhörer in den Bann zu ziehen? – Es kommt darauf an, laut zu assoziieren, zu improvisieren, aus dem hohlen Bauch heraus zu argumentieren, authentisch und mit Selbstironie. Wer es versteht, über ein Nonsense-Thema eine Minute lang spannend zu sprechen, dem wird es keine Schwierigkeiten mehr bereiten, über ein Sachthema, auf das er sich vorbereiten konnte, zu referieren.

Damit es den Teilnehmern leichtfällt, auf Anhieb Nonsense zu reden, machen sie dies erst in der Zweiergruppe (vor nur einem Zuhörer), dann in einer Viergruppe, vor der halben und schließlich vor der ganzen Gruppe. Die Nonsense-Rede endet etwa nach einer Minute oder wenn sie mit dem Applaus der Zuhörer einen Höhepunkt erreicht hat.

Nonverbale Reden

Zu einem vorgegebenen Thema – und sei es noch so unsinnig – lässt es sich ja noch ganz gut reden. Was aber, wenn man eine Minute lang einen Kreis aus der Mitte heraus begeistern soll, ohne Worte zu gebrauchen?

Die Teilnehmer können bei dieser Übung ihrer Fantasie freien Lauf lassen. Sie dürfen jede Sprache sprechen, nur darf es keine sein, die es wirklich gibt. Sie können lallen, plappern, grunzen, quietschen oder was auch immer für Laute von sich geben. Die Teilnehmer sollen versuchen, sich durch Lautsprache nonverbal auszudrücken, um so mit dem Kreis in Kontakt zu treten. Sie sollen das Gefühl kennen lernen, wenn es einem die Sprache verschlägt oder wenn man durch Sprechen nichts erreichen kann.

„Die Mitte ist frei"

Wer in der Mitte agiert, übt sich am meisten – egal was er dort darstellt, es ist immer eine Erfahrung wert. Der Moderator ist ständig mit der Frage konfrontiert: Welchen Teilnehmer hole ich jetzt in die Mitte?

Antwort: Den mit der meisten Energie! Also den offensten, positivsten, erregtesten, emotionalsten. Sprühende Lebensenergie ist am besten genutzt, wenn sie auf möglichst viele verteilt wird. Die Fontäne eines Springbrunnens sprüht selbstverständlich aus der Mitte des Brunnens – und nicht am Rande. Jemand, der vor Witz und vor Begeisterung sprüht, gehört in die Mitte des Kreises. Jemand, der sich offen äußert, egal ob aus Wut oder aus Enttäuschung, gehört ebenfalls in den Mittelpunkt, denn dort gibt er ein Beispiel – mit den größten Chancen, dass es nachvollzogen und verstanden wird. Das Team kann die Energie optimal aufnehmen, ja oft auch „auffangen".

In der Mitte ist alles möglich: Eine Teilnehmerin hat sich einmal nur in die Mitte auf den Boden gelegt. Sie stellte so etwas wie einen Durchmesser des Kreises dar. In der Gruppe entstand eine sehr positive Stimmung: „Man kann dazugehören, man kann die ganze Aufmerksamkeit bekommen, dafür braucht man noch nicht einmal gerade zu stehen."

17. Übungen, abgestimmt auf die Situation

D as Know-how eines Teamtrainers besteht unter anderem darin, in jeder Situation eine passende Übung parat zu haben. Er braucht ein Gespür dafür, wann die Teilnehmer Bewegung brauchen, wann er das Tempo aus dem Training herausnehmen muss oder wann die Teilnehmer mal wieder eine Aufmunterung benötigen. Im Trainerjargon würde man sagen: „Das Team muss aufgemischt werden" – „Das Team muss sich erholen" – „Das Team muss ein bisschen gepäppelt werden" ...

17.1 Das Team braucht Bewegung

Training im team-dynamischen Kreis ist eine ganzheitliche Methode, sie lässt den Drang des Menschen, sich öfter mal zu bewegen, den Kreislauf in Schwung zu bringen, zu schwitzen und tiefer zu atmen, nicht außen vor. Bewegungen im seelisch-geistigen Bereich gehen mit körperlicher Bewegung einher.

Platzwechsel

Die einfachste Möglichkeit, mit der man eine Gruppe in Bewegung bringen kann, ist der Platzwechsel. Dabei erheben sich alle Teilnehmer von ihren Stühlen und suchen sich einen neuen Platz. Dies kann in unterschiedlichen Variationen von statten gehen: Alle tauschen den Platz mit ihrem Gegenüber – alle gehen durch die Mitte – mit oder ohne Berührung – man geht in Zeitlupe oder besonders schnell ... Diese Übung ist simpel, doch sie wirkt. Auf dem neuen Platz hat man eine andere Sichtweise – nicht nur rein optisch bewegt sich etwas, sondern auch gedanklich und emotional. Platzwechsel tun immer dann gut, wenn sich eine

Situation festgefahren hat. Auch die Trainer können ihre Plätze wechseln, um auf neue Gedanken zu kommen, meist aber behalten sie ihren ausgesuchten „Stammplatz", von dem aus sie alles optimal überblicken können.

Der Gordische Knoten

Um einer Gruppe Bewegung zu verschaffen, ist alles willkommen, was Spaß macht. Das geht von sportlichen bis zu spielerischen Elementen. Zum Beispiel kann der „Gordische Knoten" gelöst werden:

Der Gordische Knoten

In einem engen Kreis stehend, strecken alle Teilnehmer ihre Hände mit verschlossenen Augen in die Mitte, wo ein ungeordneter Hände-Haufen entsteht. Nun sucht jede Hand eine andere, fremde Hand. Dadurch hängen alle an einer verknoteten Kette, die sie nun, ohne loszulassen, entwirren sollen, so dass ein vollständiger Kreis entsteht. Das klappt meistens, aber manchmal entstehen mehrere Kreise, die zudem noch ineinander hängen können.

Die imaginäre Reise
. . . .

Die Teilnehmer machen zusammen eine imaginäre Fahrt mit der Eisenbahn, indem sie die Augen schließen und, sich auf die Schultern greifend, zum Vordermann, zur Vorderfrau, Anschluss halten. Der Trainer oder Co-Trainer – mit offenen Augen – führt den Zug mit unterschiedlichem Tempo durch den Raum. Imaginäre Brücken- und Tunnelfahrten, bei denen man hopsen oder sich bücken muss, bringen ebensoviel Laune wie scharfe Kurven oder „Entgleisungen". Großes Geschrei gibt es, wenn die Kette abreisst. Der Moderation des Zugführers sind keine Grenzen gesetzt.

Mit beschleunigender Musik ist dies eine sinnliche und zugleich verbindende Erfahrung. Der Unterschied zur Polonaise („Blankenese") ist nicht groß. Der Moderator weiß den Übergang zu gestalten. Hier wird er einmal so richtig zum Animateur.

So einfach diese Übung auch ist, so eindeutig ist sie in ihrer Symbolkraft und Wirkung: Der Zug ist ein Ganzes – das sich bewegt, das sich nicht entkoppeln darf – also: Anschluss halten – Vertrauen aufbringen – Körperkontakt.

Oft entwickelt der Moderator aus einer kleinen Zugfahrt eine ganze Weltreise. Mit dem schwebenden Flugzeug, dem schwankenden Schiff und dem holpernden Auto geht es in exotische Länder, wo man auf andere Kulturen trifft. Über weite Strecken „reisen" die Teilnehmer mit geschlossenen Augen. Die verschiedensten Erlebnisse, Körperzustände und Verhaltensweisen reihen sich bei diesem Rollenspiel aneinander, zum Beispiel wenn es in New York in die Bar oder in der Sahara ins Beduinen-Zelt geht.

Tanzübungen
. . . .

In vielen Firmen wird nicht so gerne getanzt – die Mitarbeiter mögen einander in der Regel nicht zeigen, wie gehemmt und steif sie sind. Sie sind innerlich mehr auf Festhalten als auf Lockerlassen eingestellt.

Hingegen sind Tanzübungen auf offenen *Team Training*-Workshops oder bei der Ausbildung von Trainern ein wesentlicher Bestandteil der Selbsterfahrung. Bei gezieltem Musikeinsatz kommen die Teilnehmer so richtig in Schwung. Sie tanzen sich die Anspannung von Leib und Seele, die Beschwingtheit der Musik ergreift sie. Sie leben sich aus, sie dürfen ausflippen. Musik vermag es, Emotionen zu wecken und Gefühle an die Oberfläche zu bringen, genauso aber zu glätten und den Rahmen zu schaffen, um sich zu entspannen. Musik macht Stimmung. Die Schwingungen, die von ihr ausgehen, übertragen sich automatisch.

Um die Teilnehmer so richtig anzuheizen, empfehlen sich afrikanische Rhythmen und soulige Titel, aber auch Folklore, die Pep hat, wie zum Beispiel Zigeunermusik. Der Rhythmus gibt den Takt an, nach dem sich die Teilnehmer gemeinsam bewegen – sie kommen damit auf eine Wellenlänge.

Ausklopfen

Ein Teilnehmer steht in der Mitte, während die anderen sich um ihn herum scharen und mit den Handflächen seine Muskulatur abklopfen – Tabuzonen selbstverständlich ausgenommen. Am besten geht das zu Percussion-Musik. Wer in der Mitte steht, kann sich dann richtig in den Takt der Hände hineinfallen lassen. Er spürt den ganzen Körper, die Muskulatur wird durchblutet und entspannt – ein herrliches Erlebnis.

17.2 Das Team braucht Entspannung

Nach intensiver Bewegung oder nach Phasen der Betroffenheit sollen die Teilnehmer Gelegenheit bekommen, sich zu entspannen und zu erholen.

Welche Entspannungsübungen zum Einsatz kommen, hängt ganz vom Repertoire des Trainers ab. Wichtig ist nur, dass die Übungen den Teilnehmern genau das geben, was sie momentan brauchen. Man kann zur Entspannung beispielsweise auf Atemübungen, kinesiologische Übungen, Autogenes Training, Progressive Muskelentspannung und bestimmte Yoga-Übungen zurückgreifen.

Schlafübung

Jeder psychische oder physische Zustand ändert sich erst dann, wenn man ihn zulässt. Dieses Naturgesetz sollte man auch beachten, wenn die Teilnehmer müde sind: Man genehmigt ihnen ein kleines Nickerchen – es genügt ein Kurzschlaf von zehn Minuten. Auf Workshops können sich die Teilnehmer auf den Boden legen und in ihre mitgebrachten Decken hüllen. Der Trainer suggeriert sie in den Schlaf.

Sanft werden sie von einem Tonband mit einer morgendlichen Stimmung, mit Vogelgezwitscher oder den amüsanten Geräuschen einer Morgendusche geweckt. Zusammen reckt und streckt man sich, um dann gut erholt weiterzumachen.

Fantasiereisen

Brauchen die Teilnehmer gedanklichen Abstand, um sich vom turbulenten Geschehen zu lösen, und soll ihr Kopf wieder frei werden, so bietet sich eine Fantasiereise an.

Um das genießen zu können, sollten die Teilnehmer entspannt sitzen oder liegen. Die Augen sind geschlossen, und das Licht im Raum ist zurückgenommen. Störungen von außen sollten soweit wie möglich vermieden werden. Der Trainer spricht langsam und mit sanfter Stimme, er schöpft seine Bilder am besten aus dem Moment.

Auf ähnliche Weise lässt sich auch eine Einheit abrunden. Die Teilnehmer gehen mit ihren Gedanken den Tagesablauf noch einmal durch. Der Trainer geht dabei die einzelnen Stationen ab, um sie bei den Teilnehmern nochmals wie Wolken vorbeifliegen zu lassen. „Ganz entspannt im Hier und Jetzt" finden sich die Teilnehmer auf ihrem Platz sitzend wieder.

„Gute Nacht" – die Gruppe im Kurzschlaf

17.3 Das Team braucht Ermunterung

In einer Workshop-Phase, wo viele Teilnehmer durchhängen, wird Lob und Wertschätzung gebraucht, um sie aufzubauen. Jeder braucht Anerkennung von der Gesellschaft, in der er lebt. Insbesondere braucht jeder die Wertschätzung des Teams, in dem er arbeitet. Diese Wertschätzung kommt darin zum Ausdruck, wie der Einzelne behandelt wird, zum Beispiel durch Worte und symbolische Handlungen.

„Du bist gut!"
. . . .

Auf jemanden mit dem Finger zeigen, das tut man nicht. Für diese spaßige Übung aber soll es einmal erlaubt sein. Der Stuhlkreis wird weit gestellt, so dass die Mitte wieder als Marktplatz genutzt werden kann. Jeder geht auf diesem Platz herum, zeigt auf jeden, den er trifft, mit dem Zeigefinger und ruft ihm zu: „Du bist gut!" Der andere entgegnet eindringlich mit den gleichen Worten: „Du bist gut! Du bist gut!" Ein intensiver, positiver Schall wird alsbald den Raum erfüllen.

Lob und Anerkennung

Selbstverständlich ist die Anerkennung zwischen den einzelnen Personen in einem Team sehr individuell. Sie hängt immer davon ab, was bei jemandem anerkennenswert ist und wer es wahrnimmt. Vorgesetzte loben ihre Mitarbeiter zu wenig, und wenn, dann oft auf falsche Weise und zu spät.

➤ *„Hab ich was gesagt? Na also! Dann haben Sie's wohl richtig gemacht ... "* (ist kein Lob)
➤ *„Da ist kein Fehler passiert, sonst hätte sich wohl jemand gemeldet ... "* (ist auch kein Lob)
➤ *„Läuft in letzter Zeit optimal. Ich glaube, weil Sie das so gut im Griff haben. Danke auch ... und weiter so!"* (ist schon ein Lob)

Lob löst einen Motivationsschub aus, der die Produktivität der Mitarbeiter merklich erhöht. Aber in den meisten Instituten, Betrieben und Abteilungen wird dieses Potenzial unnötig verschenkt. Untersuchungen haben ergeben, dass sich zwei von drei Mitarbeitern die ausdrückliche Anerkennung ihrer Leistung durch den Chef wünschen. Tatsächlich aber geht rund die Hälfte derjenigen, die mal ein Lob brauchen, leer aus.

Schuld daran ist in erster Linie die Ahnungslosigkeit der Vorgesetzen, die weder gelernt haben, angemessen zu kritisieren noch angemessen zu loben. Manche Vorgesetzten befürchten auch, aus dem Lob könnten möglicherweise Ansprüche, eventuell sogar Gehaltsforderungen abgeleitet werden. Dabei sind Lob und Geld (Anerkennung und Zuerkennung) zwei soziale Energieformen, die sich ergänzen, bis zu einem gewissen Grad sogar ersetzen können. „Der Mensch lebt nicht von Brot allein." Aber Loben muss geübt werden. Die lobende, positive Einstellung zum Mitarbeiter muss als Grundgesinnung gepflegt werden. Und auch die Worte, mit denen man Lob formulieren kann, müssen ins Repertoire der Führungskräfte aufgenommen werden.

Damit das Loben und Anerkennen auch leicht von den Lippen geht, wird es im *Team Training* systematisch geübt. Dazu bekommt jeder einen zu lobenden Partner. Dies klappt sofort durch die Form der Seitengespräche, hier hat jeder zwei Übungspartner. Noch intensiver wird die Übung in der Form der Reihengespräche, hier hat jeder beliebig viele Übungspartner hintereinander, je nachdem wie oft der Trainer die Teilnehmer weiterrücken lässt. Je mehr Übungspartner, desto eindringlicher der Übungserfolg.

Einige Beispiele können Trainer und Co-Trainer gerne demonstrieren:

➤ *„Das hat mir gefallen, wie du so couragiert im Projekt deine Meinung vertreten hast."*

➤ *„Darf ich mich neben dich setzen, da kann ich gleich was von deiner guten Laune abbekommen."*

➤ *„Deine Jacke gefällt mir. Willst du mir verraten, wo du sie gekauft hast?"*

➤ *„Dein Vortragsstil ist einfach klasse, dein Referat ist für mich ein Vorbild."*

➤ *„Mit dir kann ich gut zusammenarbeiten, du machst alles so zuverlässig und ohne Umschweife."*

Es gibt ein paar Leitregeln, die zeigen, worauf es bei der Wertschätzung ankommt. Diese Leitlinien könnte der Trainer im voraus oder auch im Verlauf der Übung erklären:

➤ Die Individualität des Partners respektieren

Jeder weiß, dass du mit mehreren oder sogar vielen sympathischen, wertvollen Personen zusammenarbeitest. Gerade deshalb möchte dein Partner, dass du ihn als eigenständige, bemerkenswerte Persönlichkeit betrachtest und behandelst. Und nicht als „einen von vielen", die alle das gleiche zu hören bekommen.

➤ Sich auf den Partner in Ruhe einstellen

Hetze nicht von Kontakt zu Kontakt. Gönne dir bei jedem neuen Partner eine Atempause und verinnerliche, mit wem du es zu tun hast. Überlege, bevor du sprichst, was du zuletzt von ihm wahrgenommen hast, worüber du zuletzt mit ihm gesprochen hast und welche Themen für ihn besonders wichtig waren.

➤ Interesse an den Gedanken des Partners zeigen

Beginne nicht immer zuerst mit deinen eigenen Themen. Höre dem anderen konzentriert zu. Nimm ernst, was er sagt. Sitz nicht mit versteinerten Gesichtszügen da. Zeige mit deiner Mimik und Gestik, dass du auch gefühlsmäßig bei der Sache bist.

➤ Sich niemals negativ über Dritte äußern

Das, was du deinem Partner über andere mitteilst, zeigt ihm, welche Art von Einschätzungen und Kommentaren er selbst von dir erwarten muss. Sag also zum Beispiel nicht: „In dem Rollenspiel heute nachmittag warst du der eindeutig Bessere. Die Anja hat ja nur doof geguckt und keinen Stich gemacht." Sage besser: „Mit der Anja hattest du einen sehr guten Auftritt. Dein Rollenspiel war sehr amüsant."

„Ich nehme dich so, wie du bist"

Wenn alles andere geheuchelt ist und wenn die Stimmung wirklich mal ganz unten ist, weil die Teilnehmer sich gegenseitig auf den Wecker gehen, kann der Trainer sie einander gegenüberstellen. Sie sagen sich gegenseitig nur den einen Satz: „Ich nehme dich so, wie du

bist." Die Antwort heißt dann immer nur „Danke". Es ist ganz wichtig, dass dieser Wortlaut eingehalten wird, die Teilnehmer sollen nicht ins Gespräch kommen.

Diese Übung soll wie ein Ritual ablaufen. Die Reaktionen der Teilnehmer sind ganz unterschiedlich. Hier und da gibt es vielleicht eine Umarmung. Manche bleiben steif und
ungerührt. Manchmal kommen Tränen, oder es gibt feuchte Augen.

Die Teilnehmer

Das Team lebt von der Verschiedenartigkeit

Oft stellen Interessenten die Frage nach der Zielgruppe des *Trainings im team-dynamischen Kreis*. Eine eindeutige Antwort fällt schwer, denn das Training hat eigentlich keine feste Zielgruppe, genauso wenig wie beispielsweise Sporttraining oder Sprachunterricht. Jeder Mensch braucht Bewegung, und jeder will sprechen. Der *team-dynamische Kreis* selbst ist die „Zielgruppe" für alle, die ihre sozialen und emotionalen Kompetenzen trainieren wollen. Wichtig ist, dass das Training methodisch auf den jeweiligen Bedarf und die Aufnahmefähigkeit der Teilnehmergruppe abgestimmt wird.

Damit das Training erfolgreich verläuft, muss der Teamtrainer wissen, wer überhaupt kommt: Wie setzen sich die Teilnehmer zusammen, und wie viele werden es sein? Kennen sie sich, oder sehen sie sich das erste Mal? Stammen sie aus dem gleichen Unternehmen, gibt es hierarchische Unterschiede? Wie alt sind sie, und sind sie auf dem gleichen emotionalen und intellektuellen Entwicklungsstand? Ist man im Training unter sich, oder sind Gäste dabei, die aus einem anderen Bereich kommen?

18. Unverwechselbare Individuen

Jeder Teamtrainer wünscht sich Teilnehmer, die sich gerne zeigen, die aus sich herauskommen, die sich in die Mitte stürzen und sich nicht am Stuhl festhalten. „Lieber bunte Vögel als graue Mäuse." Jede Teilnehmergruppe wird tatsächlich erst dann arbeitsfähig, wenn sie ihre sozialen Beziehungen so weit geklärt hat, dass sie die Verschiedenartigkeit ihrer Mitglieder nicht nur akzeptiert, sondern für die Ziele und den Entwicklungsprozess der Gruppe nutzen kann.

Ein *team-dynamisches Training* lebt davon, dass sich jede einzelne Person auf ureigenste Weise einbringt. Je verschiedener diese Personen sind, desto spannender kann es werden. Aber auch um so schwieriger, denn man muss immer erst alle Teilnehmer unter einen Hut kriegen, das heißt, ins Team integrieren. Und das ist gar nicht so leicht, niemand darf dabei über- oder unterfordert werden.

Aus grauen Mäusen sollen im Verlauf des Trainings bunte Vögel werden, und Vögel, die schon bunt sind, sollen noch prächtiger in ihren Farben erstrahlen.

18.1 Lebensalter

Das *Training im team-dynamischen Kreis* macht für junge Teilnehmer, zum Beispiel Schüler oder Studenten, genauso Sinn, wie für den im Berufsleben stehenden Erwachsenen. Ob jung, ob alt, jeder kommt durch die Form der Interaktion auf seine Kosten und wird viel davon mitnehmen können. Nur wird das Training je nach Zielgruppe den Schwerpunkt auf einer anderen Ebene haben und damit unterschiedlich intensiv sein.

Emotionales Lernen beginnt mit der Geburt. Die erste Schule ist das Familienleben, wo wir erfahren, wie wir selbst empfinden und wie andere auf unsere Empfindungen reagieren.

Ab einem Alter von *6 Jahren*, das entspricht in etwa der Einschulung, macht emotionales Lernen im Interaktionskreis einen Sinn. Die Kinder lernen, ihre Gefühle wahrzunehmen und zu benennen, sie auszudrücken und mit ihnen umzugehen. Ihre Selbstwahrnehmung und ihr Einfühlungsvermögen entwickelt sich. Sie lernen, verbal wie non-verbal zu kommunizieren. Dies alles sind Grundvoraussetzungen, um Beziehungen herzustellen und sie dauerhaft aufrecht zu erhalten.

Teamfähigkeit und Führungsqualitäten sind bevorzugte Ausbildungsziele eines *team-dynamischen Trainings*. Die Vermittlung dieser Fähigkeiten setzt aber auf seiten der Teilnehmer ein gewisses Maß an gelebtem Leben voraus.

Das Lebensalter von *23 Jahren* entspricht der Volljährigkeit plus fünf Jahre Erfahrung als Erwachsener. Die wenigsten Teilnehmer unter 23 Jahren werden im *team-dynamischen Kreis* die Möglichkeit haben, aus der „Lehrlingsrolle" herauszukommen, um sich eigenständig und unabhängig zu entwickeln, geschweige denn Führungsfunktionen zu übernehmen und Moderationsfähigkeiten zu erwerben. Erfahrungsgemäß haben sie noch kein konkretes Ziel vor Augen, um ihren eigenen Weg zu erkennen und ihn zu gehen.

Eine sozio-kulturelle Methode wie das *Training im team-dynamischen Kreis* kann soziale Prozesse, wie erwachsen werden und Härten erfahren, nicht ignorieren. Diese Prozesse müssen jedoch abgerundet sein, um sie zu reflektieren und ihnen eine neue Bedeutung zu geben.

Aber jüngere Teilnehmer haben meist den Vorteil, dass sie noch unverbraucht und „unverdorben" sind. Sie sind noch nicht vom Beruf ausgelaugt und noch nicht von der Familie verschluckt. Sie haben noch Spiel und Perspektiven. Ältere Teilnehmer hingegen schaffen häufig nicht mehr das Rollenspiel. Ihre Rolle hat sich festgefahren, ihr Image ist festgezurrt. Der Spaß ist ihnen im Verlauf des Lebens verlorengegangen. Ernst und Spaß werden strikt getrennt, Spielen ist für sie „Kindergarten".

18.2 Mitgebrachte Erfahrungen

Kein Training ist wie das andere. Jedes Training – und hat man noch so viele besucht – ist eine neue Erfahrung, ein weiterer Schritt in der persönlichen Entwicklung. Mit jeder Gruppe wird man sich auf unbekannte oder auch bekannte Gesichter einlassen. Selbst mit denselben Leuten wird man von Mal zu Mal unterschiedliche Erlebnisse haben, um sich schließlich immer wieder zu einem Team zusammenzufinden.

Ein *team-dynamisches Training* mit „alten Hasen", mit Teilnehmern, die schon einige Male dabei waren und eine Portion Workshop-Erfahrung mitbringen, wird unvergleichlich tiefer gehen als ein Training mit Neueinsteigern. Die erfahrenen Teilnehmer werden das Ganze locker, offen und bereitwillig angehen, während die neuen sich erst auf ungewohntem Terrain zurechtfinden müssen. Sind Teilnehmer das erste Mal dabei, werden sie sich in Vorsicht üben und bedeckt halten. Ihr Verhalten wird reserviert und von Hemmungen bestimmt sein.

Ganz entscheidend ist auch, welche Erfahrungen ein Teilnehmer bisher in Gruppen gemacht hat. Es gibt Leute, die schon dicht machen, wenn sie nur einen Kreis von Stühlen sehen. Wiederum andere neigen dazu, so gut wie jede Situation mit den Erfahrungen zu vergleichen, die sie in einer anderen Gruppe gemacht haben: „Das kenn' ich schon, das war damals genau so, und dann haben wir das so gemacht."

Übrigens ist nichts schwerer, als die team-dynamischen Methoden im Kreise von Trainern und Pädagogen zu vermitteln. Die Trainer machen sich ihre Kompetenzen gegenseitig streitig oder konkurrieren mit dem Teamtrainer. Sie werden überdies das Ziel des Trainings aus den Augen verlieren. Sie werden selten für eigene Lernprozesse bereit und offen sein, weil sie sich ganz automatisch in die Beobachter- und Beurteilerrolle zurückziehen. Sie können das *TeamTraining* nicht gut finden, ohne ihre eigene Methode in Frage zu stellen.

18.3 Offenheit und Bereitschaft

Will ein Teilnehmer im team-dynamischen Kreis in einen wirksamen Lernprozess kommen, muss er bereit sein, aus der gewohnten Rolle des unschuldigen Schülers, des unterdrückten Lehrlings, des konsumierenden Studenten oder des abhängigen Angestellten herauszukommen. Jeder Teilnehmer muss für sich Verantwortung übernehmen: für sein Denken, sein Fühlen, sein Wollen und sein Verhalten. Er gestaltet seinen persönlichen Lernprozess selbst und beschuldigt nicht die anderen wegen der Gefühle, die bei seiner Suche nach dem Weg auftauchen.

Der Teilnehmer muss bereit sein, seine Erfahrungen einzubringen und zu seinen Gefühlen zu stehen. Er muss dazu bereit sein, neue Methoden auszuprobieren, mit ihnen zu experimentieren und damit selbst neue Erfahrungen zu machen. Er sollte von seiner Freiheit Gebrauch machen und anfangen, seine eigene Subjektivität und Individualität zu erforschen, die eigenen Qualitäten nach und nach zu entdecken, um sie immer kreativer und produktiver ins Team einzubringen.

Ein guter Teilnehmer ist kritisch und offen zugleich. Er sollte alles, was läuft, daraufhin prüfen, ob er es mit seinem Gefühl vereinbaren kann. Nur dann wird er emotional so offen sein, dass er sich aus dem Zustand der Betroffenheit heraus weiterentwickeln kann. Geeignete Methoden und die Dynamik der Gruppe werden dazu beitragen, dass sich die zur Teambildung notwendige Offenheit bei den Teilnehmern schnell einstellt.

19. Die Gruppe als Gesamtheit

Der Weg einer Gruppe zum Team wird von allen mitwirkenden Individuen beeinflusst und je nach Zusammensetzung anders ausfallen. Darum stellt sich dem Trainer vor jedem Training dieselbe Frage: Wer sollte teilnehmen? Die ganze Abteilung oder nur Führungskräfte mit ihren Assistenten? Nur die ausführenden Mitarbeiter? Jeder, der hereinschneit? Jeder, der sich anmeldet? Nur fortgeschrittene Teilnehmer? Nur Anfänger? Der Trainer muss möglichst schon im Vorfeld auf die Struktur der Gruppe Einfluss nehmen; zumindest sollte er sie vorher kennen, um auf eventuelle Probleme oder Herausforderungen vorbereitet zu sein.

Im übrigen: Eine gute Mischung von Männern und Frauen tut einem *Team Training* gut, um sowohl die eher weiblichen als auch die eher männlichen Eigenschaften im Team ausgewogen verfügbar zu haben.

19.1 Gruppengröße

Die Effizienz des *team-dynamischen Trainings* ist stark von der Zahl der Teilnehmer abhängig, denn die Dynamik eines Teams hängt ganz erheblich von seiner Größe ab. Eine gut zu trainierende Gruppe besteht aus 10 bis 15 Mitgliedern, das Optimum liegt bei zwölf – Trainer und Co-Trainer nicht mitgerechnet.

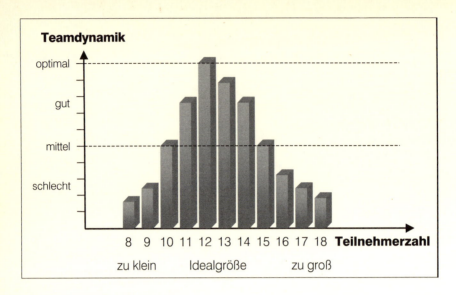

Nicht weniger als 10 Teilnehmer

Das *Training im team-dynamischen Kreis* funktioniert auch dann noch, wenn auch mal nur zehn Teilnehmer mit dem Trainer im Kreis sitzen. Sind es aber noch weniger, dann nimmt die Dynamik des Teams rapide ab. Das Training geht schwer und zäh. Folgendes wird passieren: Damit es leichter geht, macht der Trainer die eine oder andere Übung mit und läuft Gefahr, den Überblick zu verlieren.

In zu kleinen Gruppen ist jeder Einzelne zu oft an der Reihe und gerät zu stark in den Mittelpunkt, als dass er sich auch einmal geistig und emotional zurückziehen könnte, um sich zu erholen. Jeder Teilnehmer braucht Rückzugsmöglichkeiten, damit sich eine Aktion oder ein Erlebnis setzen kann.

Teilnehmer, die lernen sollen, vor Menschen sicher aufzutreten, vor ihnen zu sprechen oder sich vor ihnen zu präsentieren, werden in einer zu kleinen Gruppe nicht das Gefühl haben, vor einer Menge zu stehen. Und wenn sich zum Beispiel sechs Personen „in den Kreis setzen", ähnelt es doch eher einem Sechseck, dessen Mitte zu eng ist, um hineinzutreten.

Je kleiner die Gruppe, desto größer die Gefahr, dass ein Einzelner sie in seinem Sinne manipuliert. *Team Training* in Kleingruppen unter zehn Personen ist nur schwer möglich – wenn überhaupt.

In Kleingruppen – zu viert, fünf oder sechs – kann man aber gut auf der Sachebene arbeiten. Nachher trifft man sich wieder im Plenum, um die Ergebnisse zusammenzutragen.

Nicht mehr als 15 Teilnehmer

Im team-dynamischen Kreis sollte man nicht über 15 Teilnehmer hinausgehen. Die Teilnehmer neigen sonst dazu, inaktiv im Kreis zu sitzen und in der Menge unterzutauchen. In einer zu großen Gruppe tendiert der Einzelne dazu, sich angesichts der „Masse" mit seiner Meinung zurückzuhalten.

Peilt man mit einer Gruppe von mehr als 15 Personen die Teambildung an, dann werden sich die weniger impulsiven Teilnehmer unwohl fühlen, weil sie in der zu großen Gruppe kaum zum Zuge kommen. Sie werden die ersten sein, die „hinten runterfallen" und den Anschluss an das Team verpassen. Sie werden „wegtröpfeln" und dem nächsten Training fernbleiben, um sich etwas anderes zu suchen, wo es ihnen leichter fällt, sich auszuleben und sich zu produzieren.

In der zu großen Gruppe wird es leicht langweilig, weil sich die Übungen totlaufen. Die Interaktion läuft zu langsam: Bis etwa der Zwanzigste mit seinem Statement in der Mitte war, ist schnell eine halbe Stunde vergangen. Der Einzelne schafft es kaum noch, zu jedem eine Beziehung aufzubauen, zu viele Personen sind anzuschauen und zu beachten. Jeder wartet auf die Pausen und sonstigen Gelegenheiten, sich einige wenige zu suchen, zu denen er einen direkteren Draht hat.

Die zu große Gruppe neigt zur Cliquenbildung. Denn es ergeben sich zu viele potenzielle Beziehungen, die nicht aktuell sind und nicht zum Tragen kommen. Die Konflikt- und Kooperationspotenziale, die in den einzelnen Verbindungen liegen, können nicht mehr ausreichend angesprochen werden.

Gruppengröße/Mitglieder	Anzahl der Beziehungen	Zeit pro Beziehung (bei 3 Std.)
10	90	2 Minuten
11	110	...
12	132	...
13	155	...
14	182	zirka 1 Minute
15	210	...
→ 16	240	$3/4$ Minute
17	272	...
18	306	...
19	342	...
20	380	knappe $1/2$ Minute

So kommt zum Beispiel in einer dreistündigen Trainingseinheit (180 Minuten) bei 16 Teilnehmern (➜) auf jede Beziehung nur eine ³/₄ Minute, um sie im Kreis anzusprechen oder zum Tragen zu bringen.

Ein Training in größeren Gruppen kann seinen Schwerpunkt nur auf der animativen Ebene haben. Und damit ist es kein *Training im team-dynamischen Kreis* mehr. Die große Gruppe schafft lediglich einen Rahmen, die Methode vorzustellen und einzelne Übungen anzuschneiden. Vertiefen aber kann man den Prozess nicht, denn dazu bleibt für den Einzelnen zu wenig Zeit.

Ist eine Gruppe zu groß, dann heißt es also teilen. Man bildet lieber zwei parallele Teams oder veranstaltet zwei Workshops nacheinander, um den Bedürfnissen jedes Einzelnen gerecht zu werden.

Man spricht vom Tropfen, der das Fass zum Überlaufen bringt. Ebenso vom Boot, das voll ist. Ähnlich sind im Prinzip die Verhältnisse im team-dynamischen Kreis: Bei zwei Trainern und einem stillen Helfer sind 15 Teilnehmer die absolute Obergrenze. Diese ist für die Trainer sehr gut spürbar, übrigens lässt sie sich auch optisch durch die beiden Symbolkreise mit 15 und 16 Teilnehmern darstellen:

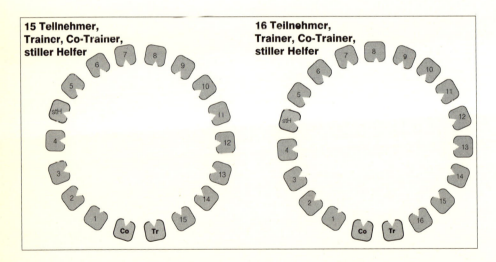

Beim längeren Hinsehen gewinnt man den Eindruck, dass der linke Kreis gerade eben noch, der rechte aber gerade nicht mehr für ein *TeamTraining* geeignet ist. Man muss die beiden Bilder nur ein Weilchen auf sich wirken lassen. Links haben wir noch eine Gruppe von Individuen, rechts schon eher eine Masse.

Die richtige Gruppengröße

In der richtigen Gruppengröße mit 10 bis 15 Teilnehmern liegt der Schlüssel zum Erfolg:

➤ Die Gruppe ist gerade *so klein*, dass jedes Individuum genügend lange in den Mittelpunkt rücken kann

➤ Die Gruppe ist gerade *so groß* und damit so stark, dass sie von einem Einzelnen nicht dominiert werden kann

Jeder kooperative Teilnehmer wird sich über kurz oder lang der Gruppe anvertrauen, wenn er denn dazu gehören will. Er wird nicht in ihr untergehen, sie aber als Instanz anerkennen müssen, die stärker ist als er alleine. Dies macht die einfache, aber verblüffende Wirkung des *team-dynamischen Trainings* aus.

19.2 Gruppenzusammensetzung

Für den Verlauf eines Trainings ist die Gruppenzusammensetzung von größter Bedeutung. Hier kommt es vor allem auf zwei Kriterien an:

1. Ist es eine homogene oder heterogene Gruppe? Sind die Teilnehmer auf gleichem emotionalen und intellektuellen Niveau?

2. Kennen sich die Teilnehmer untereinander? Sind sie zum Beispiel aus einer Firma, einer Abteilung oder einem Semester?

Das folgende Modell veranschaulicht die Zusammenhänge nur sehr oberflächlich. Für einen Teamtrainer ist es aber notwendig, einen zumindest groben Überblick über die Zusammensetzung der Teilnehmergruppe zu haben, um darauf mit den entsprechenden Übungen reagieren zu können.

	homogene Gruppe Teilnehmer sind auf gleichem Niveau	**heterogene Gruppe** Teilnehmer sind *nicht* auf gleichem Niveau
Teilnehmer kennen sich	eingefahrene Strukturen Gefahr der Cliquenbildung	Teamstruktur offensichtlich guter Erfahrungstransfer
Teilnehmer kennen sich *nicht*	längere Anlaufphase Beziehungen entwickeln sich erst	erfahrene Teilnehmer beschleunigen Kennenlernprozeß Gruppenbildung „alt gegen neu"

Homogene Teilnehmergruppen

Der Vorteil einer homogenen Gruppe liegt darin, dass sich alle Teilnehmer auf etwa demselben Entwicklungsniveau befinden. In den wenigsten Fällen kommt es zu einer Über- oder Unterforderung einzelner Teilnehmer.

Sehen sich die Teilnehmer in einem team-dynamischen Kreis zum ersten Mal, dann wird die Kennenlernphase mehr Zeit in Anspruch nehmen, und es wird etwas länger dauern, bis jeder Einzelne aus sich herausgeht. Dafür haben alle denselben Ausgangspunkt, es bestehen noch keine Beziehungen, und die Vorerfahrung mit dem Training ist ähnlich.

Auf den ersten Blick mag es so scheinen, dass es für eine homogene Gruppe, bei der sich die Teilnehmer untereinander kennen, am einfachsten ist, ein Team zu werden. Dieser Schein trügt, denn bereits bestehende Beziehungen unter den Teammitgliedern stellen oft eine Beeinträchtigung für die Teamarbeit dar.

Sich gut kennende, homogene Gruppen haben den Nachteil, dass die Strukturen bereits festgefahren sind. Löst man diese Verkrustung auf, kann es zu heftigen Auseinandersetzungen in der Gruppe kommen.

In Zweierbeziehungen wirken starke Bindungen, die Einfluss auf das gesamte Teamgefüge haben: Die Zeit und Energie, die die beiden für einander brauchen, geht für die restlichen Verbindungen im Team verloren. Wollen sich Lebensgefährten oder ein Kollegenpaar für einen *Team Training*-Workshop anmelden, muss der Trainer vorher abschätzen, ob die beiden sich in der Gruppe voneinander lösen werden.

Heterogene Teilnehmergruppen

Bei unterschiedlichem Entwicklungsstand der Teilnehmer wird die Teamstruktur wesentlich schneller sichtbar. Kennen sich die Gruppenmitglieder bereits, dann sind ihnen die Stärken und Schwächen der anderen – und je nach Bewusstseinsgrad auch ihre eigenen – schnell transparent.

Die Schwierigkeit bei einer heterogenen Gruppe besteht vor allem darin, jedem Teilnehmer auf seine Weise gerecht zu werden. Die Rollen müssen so verteilt werden, dass niemand über- oder unterfordert wird.

Gelingt dies, dann hat eine heterogen zusammengesetzte Gruppe vielleicht das größte und am schnellsten zu verwirklichende Entwicklungspotenzial. Die weniger erfahrenen Mitglieder haben die Möglichkeit, bei den erfahrenen „Füchsen" in die Schule zu gehen und von ihnen zu lernen.

Es besteht allerdings auch die Gefahr, dass jüngere oder nicht so erfahrene Teilnehmer sich bevormundet vorkommen und sich in ihrer freien Entwicklung gehemmt fühlen. Missverständnisse sind dann vorprogrammiert. Für die erfahrenen Teilnehmer geht es nicht zügig genug voran, sie fühlen sich unterfordert und fehl am Platze. Und gleichzeitig setzen sie damit die unerfahrenen Teilnehmer unter Druck und überfordern diese.

19.3 Cliquen in der Gruppe

Eine feste Clique in der Gruppe ist eine große Herausforderung für alle, die an einem Teambildungsprozess beteiligt sind.

Wenn sich in einer neu zusammengestellten Gruppe einzelne Teilnehmer bereits besser kennen, besteht die Gefahr der Cliquenbildung. Es entstehen Kleingruppen in der Großgruppe und unterschiedliche soziale Bedürfnisse, dadurch womöglich oppositionelle Fraktionen – für den Zusammenhalt des gesamten Teams kann dies verheerend sein. Gerade bei einer derartigen Konstellation kommt es mitunter vor, dass sich die ganze Gruppe gegen den Trainer solidarisiert, denn manche Gruppen finden keine andere Möglichkeit, auf einen Nenner zu kommen.

Befindet sich eine Clique unter den Teilnehmern, gibt es stets Hinweise auf eine Spaltung in der Gruppe, zum Beispiel:

Die Clique
➤ kommt zu spät (das vermindert ihre Souveränität innerhalb der Gruppe)
➤ verstärkt sich gegenseitig in ihren Forderungen (zum Beispiel bei offenen Türen zu arbeiten oder das Arbeitspensum zu kürzen)
➤ mischt sich nicht unter die anderen Teilnehmer (sie bleiben weitgehend unter sich, zum Beispiel in den Pausen oder bei Tisch)
➤ kommuniziert weiter auf der geschäftlichen Ebene oder in ihrer „Insider-Sprache"

Oftmals bringt eine Clique, die aus demselben Betrieb oder derselben Abteilung kommt, eine ganz eigene Welle mit. Sie kultiviert eine ganz andere Kommunikation als die, die unter den anderen Teilnehmern entsteht. Ist die Clique auf die Errungenschaften ihrer Firma, vergangener Schulungen oder Seminare fixiert, dann wird sie sich fordernd oder sogar anmaßend verhalten und nicht mehr offen sein für eine neue Interaktionsform. Ihr Blickwinkel ist dann eingeengt: Eine humorvolle Kommunikation ist weniger möglich – Humor wird als Provokation aufgefasst. Ehe man Dinge klären kann, ist schon die Feindseligkeit da, versteckt oder sogar offen zum Ausdruck gebracht. Schon von daher ist ein Brückenschlag zu den anderen Teilnehmern schwer möglich. Es bedarf großer Geduld, damit eine Integration gelingt.

Kommt es zu einer Cliquenbildung, weil sich einige Teilnehmer, die ähnliche Erfahrungen haben, miteinander verbünden, dann besteht die Gefahr, dass die Gruppe auseinanderdriftet. Das bedeutet entweder, dass die Gruppe innerlich gespalten bleibt, wodurch sich der Teambildungsprozess festfährt, oder dass die Clique das Training vorzeitig verlässt.

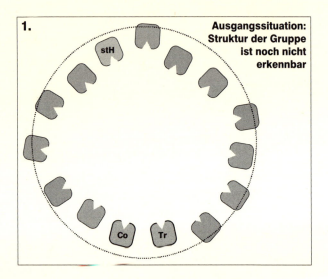

1.

Ausgangssituation: Struktur der Gruppe ist noch nicht erkennbar

stH

Co   Tr

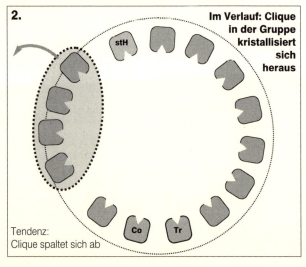

2.

Im Verlauf: Clique in der Gruppe kristallisiert sich heraus

stH

Co   Tr

Tendenz:
Clique spaltet sich ab

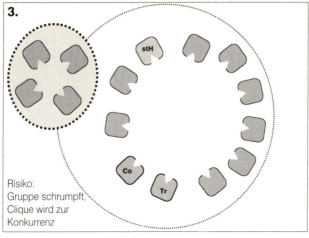

3.

Risiko:
Gruppe schrumpft,
Clique wird zur
Konkurrenz

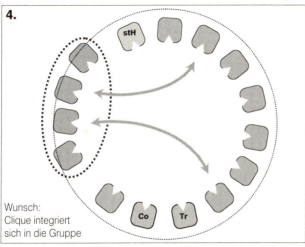

4.

Wunsch:
Clique integriert
sich in die Gruppe

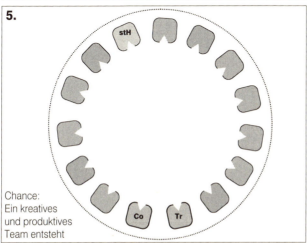

5.

Chance:
Ein kreatives
und produktives
Team entsteht

Während die meisten Teilnehmer das Dilemma erkennen und bedauern, ist die Clique sich einig: Sie liegen richtig. Aus dieser Haltung heraus kritisieren sie die Methode, die Gruppe oder am liebsten die Trainer. Beispiele für die letzten Argumente sind:

➤ *„Wir können den Nutzen dieses Trainings nicht erkennen und möchten uns jetzt verabschieden"*

➤ *„Uns fehlt hier der Aha-Effekt"*

Ohne es so zu sehen und ohne es zu beabsichtigen, untergräbt die Clique den Teambildungsprozess, der aber dann nach ihrer Abspaltung besser läuft. Allerdings bleibt eine Gruppe zurück, die einen Verlust erlitten hat, den sie erst einmal verkraften muss.

Je größer eine Clique ist, desto größer ist die Gefahr, dass sie die Teambildung beeinträchtigt. Gerade eine Clique von vier Personen ist sehr stabil und fühlt sich „schlagkräftig". Aber auch Dreier-Cliquen neigen dazu, sich abzuspalten. Zweier-Cliquen bleiben eher dabei, bestärken sich aber gegenseitig in ihrer Kritik.

20. Umgang mit Interessenten

Das *Training im team-dynamischen Kreis* wird immer auf die jeweilige Gruppe und auf die jeweilige Situation abgestimmt, ja sogar auf den einzelnen Teilnehmer. Und sind es noch dazu interessierte Gäste, die die Methode einmal miterleben möchten, dann sorgt man auf ganz besondere Weise für deren Wohlergehen.

20.1 Gäste sind willkommen

Wie geht man in einem Training mit einem Gast um, der die Methode gern einmal miterleben möchte, aber keinen Anschluss an den laufenden Gruppenprozess hat und deshalb unvermittelt einsteigen muss? Aus der Notwendigkeit heraus, außenstehenden Personen einen Einblick in die Methode zu gewähren, wurde im Projekt *Team Training* an der Fachhochschule Fulda das „Kavalierstück" entwickelt. Dieses beinhaltet grundlegende Übungen, in denen der Gast zuerst die Form kennenlernt, beispielsweise Blitzlicht, Platzwechsel oder Seitengespräch. Die Übungen sind so ausgewählt, dass sie in erster Linie Spaß bringen; sie dürfen keine vertiefende Wirkung haben, und der Moderator darf nicht riskieren, dass jemand schon gleich beim ersten Mal an seine emotionalen Grenzen gelangt.

Es ist jedoch entscheidend, dass der Gast über das „Kavalierstück" die Wirkung der Mitte kennenlernt. Das geht Schritt für Schritt, damit das ungewohnte Interaktionserlebnis keinen „Kulturschock" auslöst.

Zunächst lässt man den Gast eine Zeitlang zuschauen. Er wird staunen, wie routiniert die Teammitglieder in der Mitte zu sich und ihrer Meinung stehen. Dann, zum richtigen Zeitpunkt, bittet man den Gast, selbst die Mitte auszuprobieren – erst passiv, das heißt einfach einmal die Mitte zu fühlen. Denn es ist wichtig, zu erleben, wie es sich anfühlt, wenn einen alle anschauen, wenn man „total" im Mittelpunkt steht, obwohl man gar nichts zu sagen hat.

Später wird der Gast ganz von selbst die Mitte nutzen, um im Spiel etwas darzustellen oder um zu seiner Meinung „zu stehen".

Der neue, einzigartige Eindruck, den das Erlebnis in der Mitte hinterlässt, wird unvergesslich sein – ein Gefühl, das dem Gast anbietet, zu einem Kreis zu gehören, in dem man willkommen ist, sich beschützt und geborgen fühlen kann. Das Gefühl, nicht willkommen zu sein oder außen vor zu bleiben, darf beim „Kavalierstück" nicht auftreten, denn das wäre Negativ-Werbung. Alles dreht sich darum, dass der Gast angenehm angeregt wird, sich einbezogen fühlt und es ihm gut geht.

Der Gast bekommt immer einen guten Platz. Die Übungen bleiben vorerst auf der animativen Ebene und gehen nur soweit, dass sie der Gast, ohne überfordert zu werden, jederzeit mitmachen kann.

Bei einem „Kavalierstück" steht nicht die Information, sondern die Integration des Gastes im Vordergrund. Der Moderator und die bereits erfahrenen Teilnehmer stellen ihre soziale Kompetenz unter Beweis, indem sie dem Gast eine Situation verschaffen, an die er sich gerne erinnert, so dass er weiterhin am Training teilnehmen will.

Und was macht man mit einer ganzen Gruppe von interessierten Personen, denen man die Methode vorstellen und die man für das *team-dynamische Training* begeistern will?

Der Teamtrainer besucht sie oder lädt sie ein, um mit der Unterstützung eines guten Co-Trainers und einiger fortgeschrittenen Teilnehmer ein „Kavalierstück" zu inszenieren. Das Spiel ist das gleiche, nur die Gewichte sind verschieden: Weniger Leute wissen Bescheid, und mehr Leute sind neugierig. Insgesamt für den Teamtrainer eine schwierigere Aufgabe. Aber dafür fühlen sich die Neugierigen unter ihresgleichen sicherer, und es kommt leichter Stimmung auf.

20.2 Beobachter gibt es nicht

Beim *Team Training* gibt es nur eine hundertprozentige Teilnahme. Nur ein bisschen teilnehmen, um alles zu beobachten – das geht nicht. Wer einmal mit im Interaktionskreis sitzt, der ist mit dabei, auch wenn er sich die erste Zeit zurückhält und sich darauf beschränkt, vorläufig das Geschehen nur vom Platz aus zu verfolgen. Dabei steht er jedoch immer in der „Gefahr", in das Geschehen involviert zu werden. Seine Emotionen fließen mit ein, ob er will oder nicht. Denn man kann **nicht nicht** kommunizieren.

Die Interaktion von außen zu betrachten, so wie es beim Assessment-Center praktiziert wird, ist beim *Training im team-dynamischen Kreis* nicht möglich. Es gibt keine Beobachterrolle mit emotionalem Abstand zum Geschehen. Die spielerische und spontane Komponente würde darunter leiden. Die Teilnehmer würden sich nicht mehr frei und ungezwungen fühlen, da sie zu einem Beobachter kein Vertrauen aufbauen können.

Wer auf die Teamdynamik neugierig ist, der muss die Teilnahme im Kreis und sicher auch den Schritt in die Mitte riskieren. Die Teammitglieder sind nämlich neugierig, zu erfahren, mit wem sie es zu tun haben. Es wird nicht lange dauern, bis sie den Beobachter aus der Reserve locken.

Das Team toleriert nur *einen* Beobachter: den Trainer – dieser muss aufmerksam beobachten, um den Überblick zu behalten und einfühlsam zu moderieren.

Ein Beobachter, der nur da sitzt, ohne etwas von sich zu zeigen, wird bald auffallen. Es geht aber nicht darum, den Zaungast in dieser Rolle vor dem Team bloßzustellen. Ein guter Trainer wird versuchen, den Gast zu integrieren, um ihn aus dem Versteck, aus seiner Reserve herauszulocken und ihm seine Vorbehalte zu nehmen.

Beim *team-dynamischen Training* gibt es keine unwillkommenen Beobachter, es gibt nur willkommene Interessenten. Das Team wird immer versuchen, diese miteinzubeziehen, denn allein das Interesse einer Person an der Methode ist dazu Grund genug. Ein guter Teamtrainer versteht es, in der Skepsis eines Teilnehmers sein Interesse zu erkennen und ihn Erfahrungen machen zu lassen, die ihn nicht überfordern, um schließlich seine Begeisterung zu wecken.

Der Teamtrainer

Animieren, moderieren und motivieren

Teamtrainer: Ein Job, der Spaß macht. Und mancher Teilnehmer sagt sich: „Das probiere ich auch mal. Die Technik, sich mit den Teilnehmern in den Kreis zu setzen, kenne ich jetzt. Ich muss nur noch ein paar gute Spiele wissen, dann kann es losgehen. Am besten, ich gründe ein eigenes Trainingsinstitut." Ganz so einfach geht es sicher nicht. Es ist noch kein Meister vom Himmel gefallen, auch kein Meister der Teamdynamik. Es gehört wesentlich mehr dazu, als nur Techniken zu beherrschen, Spiele und Übungen anzuleiten.

Ein Teamtrainer hat selbst schon viele verschiedene Workshops als Teilnehmer mitgemacht, um dort Erfahrungen zu sammeln, seine eigenen Hürden zu nehmen und über seinen Schatten zu springen. Er hat viel Zeit investiert, um bei Trainings als stiller Helfer dabei zu sein oder als Co-Trainer zu assistieren.

Als Trainer musste er so manchen Misserfolg einstecken, um zu erkennen, dass er mit weniger hohen Ansprüchen lockerer bleibt. Er musste viele Mühen auf sich nehmen, um den Weg der mühelosen Moderation zu finden. Und er musste manchen Widerstand spüren, um zu erkennen, dass Moderation mehr mit Wahrnehmung als mit Durchsetzung zu tun hat. Nur deshalb scheint sein Training so leicht zu gehen.

Als Teilnehmer kann man schnell der Täuschung unterliegen, es selbst auch schon so gut zu können wie der Trainer. Zum einen sieht man „Fehler", die der Trainer macht, denn man würde es ja selbst ganz anders machen – mehr im Sinne der eigenen Bedürfnisse. Zum anderen sieht das, was der Trainer macht, aus der Sicht des Teilnehmers so selbstverständlich aus, denn man fühlt sich ja wohl, und alles klappt so gut.

21. Vielfältige Qualifikationen

Ein Teamtrainer muss sein Fach beherrschen – er darf aber kein „Fachidiot" sein. Seine Qualifikationen sind vielfältig und fachübergreifend. Er ist ein Generalist des Lebens und Spezialist der Teambildung zugleich. Seine Fähigkeiten liegen vor allem darin, dass er sich seiner Emotionen bewusst ist und dass er sich in die Gefühle anderer einfühlen kann.

21.1 Ausreichend Lebenserfahrung

Der Trainer muss schon einige Klippen des Lebens umschifft, Härten erlebt, Vorder- und Rückseiten menschlichen Handelns erkannt haben. Er muss den Problemen ins Auge schauen können, so wie sie von den Teilnehmern mitgebracht werden.

Wird er mit heiklen Fällen oder sensiblen Situationen konfrontiert, darf er diese nicht mit einem Tabu belegen. Er wird sonst an den wirklichen Anliegen seiner Teilnehmer vorbei trainieren. Nur wenn der Trainer die brisanten, strittigen, ärgerlichen oder peinlichen, aber realen Situationen zulässt, ohne zu urteilen, bringt er seine Teilnehmer durch die emotionalen Fixierungen hindurch und über ihre Selbstbegrenzungen hinweg.

Die von den Teilnehmern ins Spiel gebrachten Situationen dürfen den Trainer weder irritieren noch seine Handlungsfähigkeit einschränken oder seinen Überblick trüben. Der Trainer weiß, dass es weitergeht, und vertraut darauf, dass sich eine Lösung zeigen wird. Und er kann sich in den gespannten oder schwebenden Zustand des Teilnehmers einfühlen, denn er selbst hat in seinem Leben eine entsprechende Hürde schon genommen.

Der Trainer ist sich bewusst, dass die meisten Schwierigkeiten im sozialen Leben auf Rollenkonflikten beruhen. Die betroffenen Menschen finden in den komplizierten sozialen Systemen ihre Rolle nicht so leicht. Sie entwickeln kein Wohlbefinden, weil sie unzufrieden sind, sich fehl am Platz fühlen oder sich zuviel aufgebürdet haben.

Der Trainer kennt das Leben in seinen Facetten. Es ist ihm klar, dass alles ein Auf und Ab ist, dass alles in Kurven und Schwingungen verläuft. Auf Regen folgt Sonnenschein, auf die Nacht folgt immer der Tag, auf ein Problem wartet immer eine Lösung. Mit den Emotionen ist das genauso: Auf Trauer folgt Freude, auf Euphorie die Depression – und umgekehrt. Den emotionalen Zustand eines Teilnehmers ermisst der gute Trainer auf Anhieb, und aus seiner Erfahrung heraus ahnt er, worauf dieser Teilnehmer zusteuert und was für dessen Situation der richtige Impuls ist.

21.2 Existenzielle Intelligenz

Ein Teamtrainer muss vor allem über *emotionale und soziale Intelligenz* verfügen. Er muss zum Beispiel ausdrucksfähig und sprachbegabt sein, um andere Menschen zu verstehen, um Dinge auf den Punkt zu bringen. Er muss auch die nonverbale Sprache bewusst einsetzen, um mit den Teilnehmern spielerisch in Interaktion zu treten.

Ein Teamtrainer sollte aber nicht nur ein Spezialist in Sachen intelligenter Kommunikation sein. Er sollte eine umfassende Form von Intelligenz besitzen, um die komplizierten Fragen des Zusammenarbeitens und Zusammenlebens sowie die existenziellen Fragen der Teilnehmer zu verstehen. Er sollte ganzheitlich und systemisch denken. Fragen zu Sinn und Krisen in sozialen Systemen sollte er nicht nur beantworten, sondern gleich in Trainingsaktionen umsetzen können, so dass sich bei den Teilnehmern etwas weiterbewegt.

Der amerikanische Psychologe *Howard Gardner* (1998) spricht von der *existenziellen Intelligenz*. Ein Teamtrainer ist ein Generalist, das heißt, er muss über eine generelle, existenzielle Intelligenz verfügen.

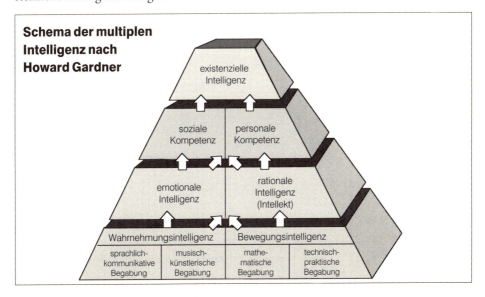

Schema der multiplen Intelligenz nach Howard Gardner

- existenzielle Intelligenz
- soziale Kompetenz
- personale Kompetenz
- emotionale Intelligenz
- rationale Intelligenz (Intellekt)
- Wahrnehmungsintelligenz
- Bewegungsintelligenz
- sprachlich-kommunikative Begabung
- musisch-künstlerische Begabung
- mathematische Begabung
- technisch-praktische Begabung

Schaut man sich Gardners Schema zur multiplen Intelligenz genauer an, so wird man sich fragen, warum es einmal **Begabung**, einmal **Intelligenz** und einmal **Kompetenz** heißt. Wo liegt der Unterschied? Und was verbindet diese Begriffe?

Alles, was in dieser Pyramide genannt ist, bezeichnet menschliches Potenzial, das letztlich zur **Effizienz** führen soll. Effizienz ist Wirksamkeit, Leistungsfähigkeit im sozialen, technischen oder ökonomischen Sinne. Dabei ist sie immer im Verhältnis zu den aufgewandten Mitteln zu sehen.

Die Effizienz eines Menschen, auch die eines Trainers, entsteht stufenweise:
➤ Jemand, der eine **Begabung** hat, braucht auch das soziale und pädagogische Umfeld, um sie zur **Intelligenz** zu entfalten
➤ Jemand, der eine **Intelligenz** besitzt, braucht noch die Gelegenheit, sie als **Kompetenz** unter Beweis zu stellen und bescheinigt zu bekommen
➤ Jemand, der eine **Kompetenz** besitzt, braucht noch die Gelegenheit, sie produktiv einzusetzen und zur **Effizienz** zu bringen, um sie entlohnt beziehungsweise honoriert zu bekommen

Der Teamtrainer sollte jemand sein, der begabt, intelligent und kompetent ist und zudem effizient arbeitet.

■ 21.3 Ein Teamdynamiker

Der Teamtrainer ist ein **Empathiker** und ein **Techniker** zugleich, der es versteht, in jeder Trainingssituation mit dem team-dynamischen Handwerkszeug umzugehen.

Teamdynamik ist auch Arithmetik und Geometrie: „Sechs und sechs Personen, das ergibt zwölf. Das ist eine gerade Zahl – wenn ich also zwölf Personen in zwei Gruppen teile, bleibt niemand übrig." Und er versteht zu kombinieren: „Wenn sich zwei Teilnehmer gegenüberstehen, werden sie einander stärker wahrnehmen, als wenn sie mit anderen im Kreis sitzen."

Der Trainer trägt sein Handwerkszeug ständig bei sich. Damit ist nicht ein schicker Moderatorenkoffer mit Stiften und Kärtchen gemeint, sondern das Methodenbündel, die teamdynamischen Methoden und die unzähligen Übungen, die ein Trainer im Repertoire hat. Er versteht es, zum richtigen Zeitpunkt den richtigen Anstoß zu geben und die passende Variante einer Übung aus dem Hut zu zaubern.

Der Teamtrainer beherrscht aber nicht nur eine Technik, er verfügt darüber hinaus über ein feines Wahrnehmungs- und Einfühlungsvermögen (Empathie). Er weiß, was in einer Gruppe gerade los ist. Er erkennt es an den Äußerungen der Teilnehmer, an ihrem Verhalten, ihrer Mimik und Gestik, an dem Klang ihrer Stimmen. Und er erkennt die kleinen, versteckten Hinweise: Da hat doch eben jemand gehustet? Er kann die Probleme „riechen", die in der Luft liegen.

Er fühlt, welche Emotionen anstehen, wer auf dem aufsteigenden oder absteigenden Ast ist. Jederzeit hat er die Struktur in der Gruppe und die darin verborgenen Probleme im Blick. Er führt und moderiert spontan zum Teil aus der Erfahrung, zum Teil aus der Intuition heraus.

> Zwei Fähigkeiten zeichnen den erfahrenen Teamtrainer aus:
> ➤ seine ausgefeilte und ausgeprägte **Technik**
> ➤ seine gute Wahrnehmung und **Empathie**

Erfahrungen braucht der Teamtrainer vor allem im emotionalen Bereich. Für die Gefühle der Teilnehmer braucht er Fingerspitzengefühl und Herz, damit sein Vorgehen nicht nur Technik bleibt, sondern in förderlichen Prozessen aufgeht.

21.4 Ein einfühlsamer Freund

Technik kann helfen, aber der unschlagbare Faktor für die Entwicklung der Persönlichkeit ist die totale Akzeptanz, der Respekt, den der Trainer dem Teilnehmer entgegenbringt. Der Trainer sollte am besten die Menschen, die an seinem Training teilnehmen, von Anfang an als Freunde sehen. Und er sollte einer von ihnen sein, ohne den Anspruch zu haben, höher zu stehen oder wichtiger zu sein als sie. Die Kompetenz des Trainers wird sich im Laufe des Trainings von allein herausstellen.

Der gute Trainer wird von Anfang an authentisch und mit Liebe dabei sein. Es gibt nichts Förderlicheres, als liebevoll mit den Teilnehmern umzugehen. Das kann gern einmal deutlich und direkt sein. Auch unangenehme Gefühle muss ein Trainer mitteilen, solange er dies spielerisch und mit einem gewissen Humor tut. Der Trainer teilt sein Verständnis – soviel, wie er hat. Seine Meinung ist nichts Besonderes. Die Teilnehmer sind ihm nicht unterlegen. Trainer und Trainierte sitzen im selben Boot, nur ist der Trainer in Sachen Teamdynamik ein wenig voraus, geübter und besser informiert.

> ### Ein Teamtrainer sollte von Anfang an klarstellen:
>
> „Das, was ich euch im Training vermittle, sind Techniken, die ich gelernt habe. Und ein bisschen ist es auch meine eigene Erfahrung. Ich werde euch die Techniken vermitteln und meine Erfahrung mit euch teilen, aber ihr seid hier nicht meine Schüler oder Studenten. Ihr seid Freunde auf der Suche. Ich habe ein bisschen was verstanden, wirklich nicht viel, aber das wenige kann ich mit euch teilen. Viele von euch werden wahrscheinlich ihr eigenes Verständnis aus den unterschiedlichsten Bereichen, den verschiedensten Berufen mitbringen. Auch ihr könnt eure Erfahrungen mitteilen und dadurch die Gruppe bereichern."

22. Unterschiedliche Funktionen

Meistens ist der Trainer im team-dynamischen Kreis auch Moderator. Dies muss aber nicht zwangsläufig der Fall sein. Zum Beispiel ist es auch möglich, dass er einen in Ausbildung befindlichen Nachwuchstrainer supervidiert. Ein Teamtrainer kann im Interaktionskreis unterschiedliche Funktionen haben.

22.1 Trainer

Wenn der Teamtrainer *moderiert*, wird er die Teilnehmer gleichzeitig immer auch *animieren* und *motivieren*. Zu Beginn des Trainings werden die animativen Elemente überwiegen, so dass sich die Teilnehmer erst einmal angenehm angeregt fühlen und es ihnen gut geht. Im Vordergrund steht das Wohlbefinden jedes Einzelnen, das *Ich*-Gefühl: „Mir geht es gut."

Ist das Training aus der Anfangsphase heraus, wird die Motivation überwiegen. Die Gruppe hat sich gefunden und schwört sich auf ein gemeinsames Ziel ein. Aus dem Ich-Gefühl wird das *Wir*-Gefühl: „Wir sind ein gutes Team."

Der Trainer leitet die Interaktion – und dazu muss er sie erst einmal in Gang bringen, indem er die Teilnehmer miteinander in Kontakt bringt. Die Interaktion selbst ist dann äußerst komplex. Das bedeutet für den Trainer: Nur nicht den Überblick verlieren. Allzu forsche Teilnehmer versucht er zu mäßigen, zurückhaltende aus der Reserve zu locken. Alle sollen zur Geltung kommen und mit einbezogen werden. Nichts und niemand darf unter den Tisch fallen.

Der Trainer muss ständig entscheiden, was er als Aktion und was er als Reaktion gelten lassen will. Die jeweils treibende Kraft muss in die Mitte. Derjenige, der nur reagiert, bleibt im Kreis sitzen.

Das Moderieren selbst gleicht eher einer Reaktion als einer Aktion. Im Prinzip ist es ein Aufnehmen und Abgeben von Impulsen. Der Trainer reagiert auf alles, was sich zeigt oder äußert, er geht phänomenologisch vor. Er dient als ein Impuls-Kanal. Kanalisierung, nicht Aktion, ist die Aufgabe des Trainers.

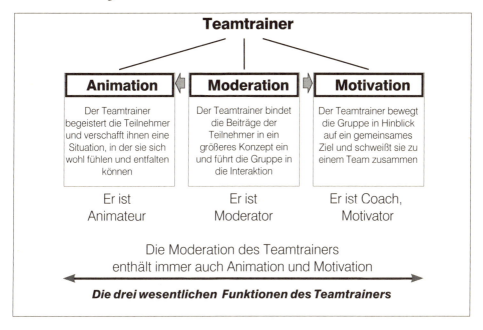

Teamtrainer

Animation	**Moderation**	**Motivation**
Der Teamtrainer begeistert die Teilnehmer und verschafft ihnen eine Situation, in der sie sich wohl fühlen und entfalten können	Der Teamtrainer bindet die Beiträge der Teilnehmer in ein größeres Konzept ein und führt die Gruppe in die Interaktion	Der Teamtrainer bewegt die Gruppe in Hinblick auf ein gemeinsames Ziel und schweißt sie zu einem Team zusammen
Er ist Animateur	Er ist Moderator	Er ist Coach, Motivator

Die Moderation des Teamtrainers enthält immer auch Animation und Motivation

Die drei wesentlichen Funktionen des Teamtrainers

Der Trainer muss stets so bewusst dabei sein, dass er sich hundertprozentig als Mitglied der Gruppe fühlen kann. Ebenso muss er sich aber auch als Nicht-Mitglied fühlen können, das die Gruppe von außen betrachten kann. Der Trainer ist also zugleich „in" und „out". Je nach Bedarf muss er sich einfügen oder ausklinken können – und das auf eine Weise, wie es die Gruppe jederzeit akzeptiert.

Der Trainer sitzt auf dem besten Platz

Der Trainer sitzt, genau wie die Teilnehmer, im Stuhlkreis. Von seinem Platz aus moderiert er die Aktion, niemals von der Mitte aus, denn dort, vor seinen und aller Augen, soll die Aktion stattfinden. Er sitzt auf einem bevorzugten Platz. Während die Teilnehmer die Plätze immer wieder einmal wechseln, hat der Trainer seinen optimalen Stammplatz – optimal im räumlichen und optimal im sozialen Sinne:

räumlich: Kann er alles gut sehen, schaut er mit dem Licht?
         Hat er die Tür im Blick und nichts Störendes im Rücken?

sozial: Wen hat er links und rechts neben sich sitzen?
            Wer sitzt ihm gegenüber, wer sitzt im Augenwinkel?

Der Trainer braucht die volle Souveränität

Ein Trainer muss sich in jeder Situation stets ungehemmt und unabhängig fühlen, um authentisch wirken zu können. Er darf von niemandem in der Teilnehmergruppe abhängig sein.

Fall 1: Ein Trainer hat unter den Teilnehmern einen Professor sitzen, der Zweitprüfer für seine Diplomarbeit ist.

Fall 2: Ein Trainer hat im Interaktionskreis jemanden sitzen, der darüber bestimmt, ob die Methode es wert ist, weiter bekannt gemacht und publiziert zu werden.

Fall 3: Ein Trainer hat im Team, das er trainiert, den Geschäftsführer sitzen, in dessen Auftrag er den Workshop durchführt und der über weitere Aufträge entscheidet.

Fall 4: Ein Trainer hat unter den Teilnehmern seine Lebensgefährtin sitzen, die aber nicht seine Co-Trainerin ist, sondern nur freundlicherweise mitmacht, damit die Zahl der Teilnehmer nicht zu dünn ausfällt.

In all diesen Fällen haben es die Trainer schwer: In dem Rahmen, in dem sie arbeiten, haben sie nicht mehr die volle existenzielle Überlegenheit. Darum geht Ihnen ein Teil ihrer Leichtigkeit und Lockerheit verloren. Die Beziehungen aus der Realität ziehen ihn herunter: Die erforderliche Souveränität verliert an Boden.

Moderation und Betroffenheit schließen sich aus

Wer in die Mitte geht, will sich emotional äußern und präsentieren. Der richtige und nützliche Auftritt in der Mitte geht möglichst bis an die Grenze der Betroffenheit. Kommt man als Betroffener aus der Mitte zurück, muss sich das Erlebte erst einmal setzen. Man muss erst zur Ruhe kommen und Luft holen, bevor man wieder dazu fähig ist, sich Überblick über die Gruppensituation zu verschaffen.

Moderation und Betroffenheit schließen sich deshalb aus. Wer mit seinen Gedanken oder mit seinem Gefühl stark in einer Sache steckt, sollte nicht moderieren. Denn seine Kräfte sind gebunden, er hat nicht den Überblick und nicht die Gelassenheit, um die Interessen der Gruppe wahrzunehmen und sich um das Wohlbefinden aller Einzelnen zu kümmern.

Der betroffene Teilnehmer bedarf der Moderation, und der Trainer führt den Teilnehmer bis zur Betroffenheit. Ein betroffener Trainer – was durchaus einmal vorkommen kann – gibt die Moderation erst einmal an seinen Co-Trainer ab.

22.2 Co-Trainer

Der Co-Trainer ist so etwas wie ein persönlicher Assistent des Trainers. Er sorgt in jeder Hinsicht für dessen Komfort und hält sich dabei vornehm im Hintergrund. Ein Co-Trainer ist kein Neben-Trainer, der durch ein ständiges „Nebengeräusch" auffällt. Er versteht sich als emotionale und organisatorische Stütze des Trainers.

Die Fähigkeiten eines guten Co-Trainers sollen für den Trainer eine Ergänzung sein. Geht der Trainer zum Beispiel etwas „härter" vor, um bei einem Teilnehmer etwas zu bewirken, dann wirkt der Co-Trainer ausgleichend, weich und glättend. Als ausgeglichenes Trainer-Team hat sich die Kombination von Mann und Frau als sinnvoll erwiesen und bewährt. Dies gilt insbesondere, wenn sich das trainierende Team aus Männern und Frauen zusammensetzt.

Um dem Trainer mit Rat und Tat möglichst schnell zur Seite zu stehen, sitzt der Co-Trainer, wie in der Geschwisterreihe, links neben dem Trainer. So können die Gedanken kurz ausgetauscht werden, ohne dass es störend wirkt.

Ist der Trainer mit Aufgaben beschäftigt, die zum Beispiel den organisatorischen Rahmen sichern, so dass die Gruppe zeitweilig ohne Moderation wäre, dann tritt der Co-Trainer aus dem Schatten des Trainers heraus und springt für ihn ein. Er ist dann voll für die Moderation verantwortlich. Er muss deshalb jederzeit darauf vorbereitet sein, unverhofft zur Nummer eins zu werden.

Der Co-Trainer muss von Anfang an am Gruppenprozess teilnehmen und diesen bis zum Ende mit verfolgen. Sein Verständnis über die Zusammenhänge in sozialen Systemen reicht an das des Trainers heran, in den elementaren Kernfragen ist es identisch. Der Co-Trainer sollte von seinen Fähigkeiten her im Stande sein, die Gruppe notfalls auch ohne den Trainer selbständig leiten zu können.

Ob der Co-Trainer die Übungen mitmacht, muss für jede Situation sensibel entschieden werden. Im Vordergrund steht immer der laufende Gruppenprozess:

➤ Besteht die Gefahr, dass ein Teilnehmer den Anschluss an die Gruppe verliert, zum Beispiel weil er keinen Übungspartner hat, so stellt sich der Co-Trainer zur Verfügung.

➤ Verlässt ein Teilnehmer plötzlich ohne Erklärung den Raum, so ist es der Co-Trainer, der ihm folgt und ihn gegebenenfalls betreut. Der Co-Trainer muss klären, ob der Teilnehmer nur die Blase voll oder ob er womöglich „die Nase voll" hat.

➤ Muss der Co-Trainer mit helfen, den Überblick über die Situation zu behalten, oder sind seine Impulse für den Prozess sehr wichtig, dann nimmt er nicht an der Übung teil – auch nicht, wenn vorübergehend ein Teilnehmer keinen Partner haben sollte.

➤ Der Co-Trainer muss sich vor allem dann aus den Übungen der Teilnehmer ausklinken, wenn er im Teambildungsprozess keine Rolle spielen soll.

22.3 Supervisor

In gruppendynamischen Veranstaltungen, bei denen berufliche Entwicklungsprozesse verfolgt werden, nennt man den Leiter und Trainer der Gruppe Supervisor.

Der Supervisor übernimmt entweder selbst die Moderation oder er gibt sie an einen Co- oder nachwachsenden Trainer ab. Unabhängig davon, ob der Supervisor selbst moderiert oder nicht, er behält stets die Funktion der Supervision. Dabei darf er persönlich nie so betroffen oder involviert sein, dass er den Überblick über den Gruppenprozess verliert. Entscheidend ist, dass er in der Gruppe die Verantwortung für das Ganze behält. Das berührt jedoch nicht das Prinzip der Selbstverantwortung eines jeden Teilnehmers.

Die Rolle des Supervisors betrifft das Beziehungsgefüge. Der Supervisor ist in der Gruppe *langfristig* die Nummer eins, ansonsten müsste er die Supervision abgeben. Die Rolle des Moderators betrifft nur das Funktionsgefüge, er muss diese Rolle nur *kurzfristig* durchhalten.

Bei team-dynamischen Workshops behält der Supervisor meist durchgehend die Rolle des Moderators, mit Ausnahme von Veranstaltungen, bei denen die Teilnehmer das Moderieren lernen wollen, wie zum Beispiel auf einem Workshop, auf dem Teamtrainer, Moderatoren oder Animateure ausgebildet werden.

Ein Supervisor muss bei einem Training von Anfang bis Ende am gruppendynamischen Geschehen teilnehmen. Er kann die Gruppe nur ausnahmsweise kurz verlassen, wenn sie sich gerade in einer unproblematischen, überschaubaren Phase befindet oder wenn er einen Vertreter, zum Beispiel einen anderen Teamtrainer, mit der Supervision betraut hat.

Der Supervisor kann die Moderation jederzeit wieder an sich nehmen. Dabei kann es passieren, dass einige Teilnehmer, die sich auf den aktuellen Moderator fixiert haben, den Grund für den Wechsel nicht einsehen und damit nicht einverstanden sind. Der Supervisor muss den Übergang ganz vorsichtig vollziehen, damit es nicht danach aussieht, dass er die Situation immer wieder „an sich reißt".

Der Supervisor sollte genau fühlen, wann er wieder übernehmen muss, um die Situation im Sinne des größeren Ganzen zwischenzeitlich in einen glücklicheren Zustand zu führen. Es könnte sonst sein, dass unangenehme Gefühle übrigbleiben, etwa weil die Emotionen von betroffenen Teilnehmern nicht vollständig abgebaut, umgewandelt oder gestaltet worden sind. Für den Einzelnen wie auch für das gesamte Team sollte in brisanten emotionalen Prozessen so wenig wie möglich unvollendet bleiben. Darauf achtet der Supervisor.

Der Supervisor hat über den laufenden Prozess den besten Überblick, einen besseren als zum Beispiel ein übender Nachwuchsmoderator. Der Supervisor trägt für das Gesamtgeschehen die höchste Verantwortung. Unter Umständen muss er deshalb auch verantworten, den gerade eingesetzten Moderator zu unterbrechen und damit zu frustrieren.

Der Gruppe muss aber von vornherein klar sein, dass der Supervisor jederzeit das Recht und die Pflicht hat, aus seiner Verantwortung heraus die Moderation wieder zu übernehmen. Am besten, Moderator und Gruppe sind darauf vorbereitet, dass der Supervisor, wenn es opportun ist, das Ruder wieder in die Hand nehmen wird. Auf diese Weise wird sowohl der Moderator als auch die Gruppe besser damit umgehen können.

22.4 Stiller Helfer

Einen erfahrenen Teilnehmer, der das *team-dynamische Training* des öfteren schon miterlebt hat und die Methoden durchschaut, der also an der Schwelle zum Trainer steht, bezeichnet man als stillen Helfer.

Er steht dem Trainer zur Seite, ohne dass dies der restlichen Gruppe weiter auffällt. Die Unterstützung liegt vor allem darin, die Interaktion mit anzukurbeln, indem er zum Beispiel einer der ersten ist, die in die Mitte gehen. Ein stiller Helfer macht alle Übungen vorbildlich mit und gibt den anderen Teilnehmern gern einmal Hilfestellung – wenn es angebracht sein sollte.

Er hat volles Vertrauen in die Entfaltung der team-dynamischen Methoden und spielt auch gern einmal das „Versuchskaninchen". Es macht ihm auch nichts aus, dem Trainer als „Sprachrohr" oder „Verbindungsmann" zu dienen.

Der stille Helfer wirkt vor allem auch in den Trainingspausen, wie zum Beispiel an einem Workshop-Abend, wenn die Teilnehmer noch bei einem Gespräch zusammensitzen. Mit seinem schon größeren Durchblick steht er den anderen Teilnehmern zur Verfügung, hilft ihnen bei der Reflexion ihrer Trainingserlebnisse weiter und versucht ihre Fragen zu klären.

23. Ausbildung zum Teamtrainer

23.1 Eine Reihe von Workshops

Wie qualifiziert man sich zum Teamtrainer oder zur Teamtrainerin? Indem man zahlreiche Workshops besucht, auf denen man praktische Erfahrungen sammelt. Zunächst lernt man das Training als Teilnehmer kennen und macht sich mit der Methode vertraut. Allmählich versteht man die Formen, die systemischen Prinzipien, durchschaut die gruppendynamischen Prozesse und gewinnt an Sicherheit und sozialer Kompetenz. Dies wirkt sich sowohl auf das persönliche Wachstum wie auch auf das berufliche Fortkommen aus. Vor allem deswegen wird man dabei bleiben.

Nach und nach avanciert man zum stillen Helfer und unterstützt das Training wirkungsvoll, indem man einfach nur beherzt und engagiert teilnimmt. Irgendwann ist man dann so weit, dass man Veranstaltungen als Co-Trainer mitgestaltet und Trainingseinheiten leitet, bei denen man allerdings zunächst noch von einem erfahrenen Teamtrainer supervidiert wird.

Es genügt nicht allein, die Übungen und Methoden erlebt und angewandt zu haben. Als Trainer muss man sie auch hinterfragt und reflektiert, bis in die Details durchdrungen haben. Und man muss über den Tellerrand hinausschauen und wissen, was sich in der Trainings- und Weiterbildungsszene, zum Beispiel auch bei den Systemaufstellungen, tut. Man ist stets auf der Suche nach wertvollen Anregungen für sein eigenes Methodenbündel.

Als Trainer geht man immer wieder bei anderen, möglichst hochkarätigen Trainern und Aufstellungsleitern in die Lehre, um sein Spektrum zu erweitern und sich selbst auch in einem anderen Umfeld zu erfahren. Dabei darf man sich nicht auf ein einziges Vorbild, eine Person oder eine Methode fixieren. Nur wenn man offen und unabhängig bleibt, werden sich die eigenen Trainerkompetenzen weiterentwickeln.

23.2 Mögliche Zertifizierung

Die Ausbildung zum Teamtrainer gehört nicht zu dem, was man so nebenbei mitnehmen kann. Armin Poggendorf, der Begründer des *Trainings im team-dynamischen Kreis*, bietet eine praxis- bzw. berufsbegleitende Ausbildung an, die im Kern aus acht Workshops sowie vier Gesprächen (drei Supervisionen und einem Prüfungsgespräch) besteht, jedoch immer individuell an den Bedarf des Aspiranten angepasst ist.

Ausbildungsphase	Work-shop	Bausteine/Ausbildungsinhalte
Schnuppern und Kennenlernen	1.	Form und Methode erfahren
	2.	Emotionen spielerisch gestalten
Erste Supervision (Einzelgespräch ca. 3 Std.)		
Selbsterfahrung und Selbstdarstellung	3.	Bewusstsein über den Rang in der Gruppe
	4.	Bewusstsein über Begabungen und Defizite
Zweite Supervision (Einzelgespräch ca. 3 Std.)		
Souveränität gewinnen	5.	Rollenspiele moderieren
	6.	Einzelne Aufstellungen anleiten
Dritte Supervision (Einzelgespräch ca. 3 Std.)		
Verantwortung übernehmen	7.	Praktische Vorprüfung: Leitung einer Trainingseinheit
	8.	Praktische Abschlussprüfung: Leitung eines Workshop-Tages
Prüfungsgespräch (ca. 1 Std.)		
Abschluss		„Zertifizierter Teamtrainer"

Das Schema stellt die Schritte der Ausbildung nur modellhaft dar, die Themenbereiche hängen alle miteinander zusammen und gehen ineinander über. Vom Teilnehmer selbst angestrebte, individuelle Ausbildungsinhalte können in verschiedenen Workshops zum Tragen kommen.

Viele Teilnehmer haben bei anderen Institutionen schon das eine oder andere Seminar absolviert und bringen Aufstellungserfahrungen, Moderations-Know-how oder Leitungskompetenzen mit. Sie steigen direkt auf ihrem Niveau in die entsprechende Ausbildungsphase ein und holen fehlende Erfahrungen nach.

Das Ergebnis der Ausbildung ist die Fähigkeit, ein *Training im team-dynamischen Kreis* auf allen Ebenen zu organisieren und zu moderieren. Für den ausgebildeten „Teamtrainer" besteht die Möglichkeit, sich diese Kompetenz durch ein Zertifikat bescheinigen zu lassen.

Die Rahmenbedingungen
Gut planen und sorgfältig organisieren

Um soziale und emotionale Kompetenzen im *team-dynamischen Kreis* zu trainieren, müssen bestimmte sachliche, personelle, räumliche und zeitliche Voraussetzungen gewährleistet sein. Es kostet sehr viel Einsatz und Energie, die Rahmenbedingungen für ein Training zu schaffen– meist erfordert dies mehr Aufwand als das eigentliche Training selbst. Sind einmal alle Vorbereitungen getroffen und alle Teilnehmer an Bord, dann läuft das Training fast wie von selbst.

24. Wer ist der Auftraggeber?

24.1 Firmen oder Verbände

Ganz entscheidend ist, dass sich die auftraggebende Firma oder der Verband über die *Zielsetzungen* des Trainings klar ist und diese mit dem Trainer abstimmt. Was soll erreicht werden? Das wird der Auftraggeber wissen. Und was kann erreicht werden? Das wird der Trainer sicherlich einschätzen können.

Der Auftraggeber darf nicht zu viel erwarten. Teamtrainer sind keine Wunderheiler. Bei einem *Training im team-dynamischen Kreis* ist der Ausgang offen. Es ist immer so, dass der Workshop aus der Situation der Teilnehmer heraus eine besondere *Eigendynamik* entwickelt. Für den Trainer ist das so in Ordnung. Nur ist es auch wichtig, dass der Auftraggeber den offenen Verlauf mit einkalkuliert.

Um das richtige Feeling für seine Moderation zu entwickeln, braucht der Trainer einen Eindruck von der Betriebs- und Kommunikationskultur, ebenso vom Produkt, das der Betrieb herstellt. Er sollte *den Betrieb vorher besichtigen* und schon ein paar Teilnehmer im Gespräch kennen lernen. So kann er Engpässe und Schwachstellen des Betriebes heraushören und herausfinden.

Recht bald gilt es zu klären, ob der Auftraggeber beziehungsweise Vorgesetze selbst am anberaumten Training teilnehmen will. *Wenn der Chef teilnimmt*, werden die Mitarbeiter mit Sicherheit befangener sein und nicht voll auspacken. *Wenn der Chef nicht teilnimmt*, ist es besonders wichtig, ihn, sobald das Training gelaufen ist, über die Ergebnisse zu informieren. Weitergehende Maßnahmen sind zu besprechen, damit der Impuls nicht verpufft, zum Beispiel ob und wann ein nächster Workshop stattfindet.

Findet das Training statt, weil es der Wunsch des Chefs ist oder weil es auch die Mitarbeiter selbst wünschen? Ist es eine von oben angeordnete Maßnahme oder ein unverbindliches Angebot zur Fortbildung? Wie echt ist die vorgegebene *Freiwilligkeit der Teilnahme*? Was investieren die Teilnehmer in das Training: Geben sie einen freien Tag, zum Beispiel den

Samstag, oder läuft das Training in der bezahlten Arbeitszeit? Müssen sie etwas zuzahlen? Müssen sie ihre Spesen oder Teile davon selbst bezahlen? Das alles sollte dem Trainer bekannt sein.

Die *Zusammensetzung der Teilnehmer* ist mit großer Sorgfalt zu klären: Wie alt sind sie? Aus welchen hierarchischen Ebenen kommen sie? Es ist von immenser Bedeutung, ob die Teilnehmer täglich miteinander arbeiten oder sich im betrieblichen Alltag kaum begegnen. Wer möchte schon vor Kollegen seinen Verdruss aussprechen oder ein schmerzhaftes Feedback zu hören bekommen? Viele haben Angst, sich zu blamieren oder vorgeführt zu werden.

Zeit ist Geld. Die *Dauer des Trainings* spielt für Firmen eine große Rolle. Unter der Woche müssen die Mitarbeiter ihre Arbeit tun, und am Wochenende wollen und sollen sie sich erholen. *Wann* also soll das Training stattfinden, ohne dass gleich der ganze Betrieb lahm liegt? Für Firmen ist oft das Wochenende (Freitag/ Samstag) günstig. Größere Firmen können den Ausfall einzelner Arbeitskräfte eher verkraften und darum Mitarbeiter auch unter der Woche schulen lassen.

Zu klären ist insbesondere der *Tagungsort*. In den Räumen der Firma werden die Mitarbeiter sicherlich zu wenig Abstand haben, um ihre Arbeitsbeziehungen zu reflektieren. Sie befinden sich zu sehr in Rufweite. Größere Betriebe leisten sich ein Seminarhaus, oder sie unterhalten ein Erholungsheim, in dem sich auch gut tagen lässt. Viele Firmen aber tagen extern in adäquaten Hotels. Die ausgesandten Teilnehmer genießen es oft sehr, dass der Betrieb einmal für sie sorgt. So hat das Training auch etwas von einem Betriebsausflug.

Zur Vorbereitung und inneren Einstimmung braucht der Trainer eine Teilnehmerliste mit Namen, Alter, Betriebszugehörigkeit, Funktion. Auch die Teilnehmer sollten sich innerlich einstimmen können. Darum bekommen sie vom Trainer vorab Hinweise zum Workshop: Um welche Inhalte wird es gehen, in welcher Form wird das Training ablaufen, wie sind die Trainingszeiten, was ist mitzubringen, zum Beispiel an Kleidung?

Der Trainer muss seinen Wert kennen und *den entsprechenden Preis* für seinen Einsatz fordern. Honorar und Spesen sind vor dem Training, am besten schriftlich, zu vereinbaren. Für freie Trainer wäre es wünschenswert, auf Vorkasse zu arbeiten. Denn unabhängig vom Erfolg des Trainings stellt der Trainer seine Arbeitskraft, sein ganzes Know-how und sein volles Engagement zur Verfügung. Es kommt leider vor, dass Auftraggeber kurzfristig vor Beginn des Trainings absagen. Gegen solche Fälle kann sich der Trainer vertraglich absichern.

24.2 Bildungsinstitutionen

Das *Training im team-dynamischen Kreis* kann mit großem Nutzen im Rahmen einer Ausbildung oder Weiterbildung angeboten werden. Ob in sozialen oder pädagogischen, technischen oder kaufmännischen Berufen, ob in der Wirtschaft oder Wissenschaft, überall und in jeder Branche zählen kommunikative und kooperative Kompetenzen zu den unabdingbaren „Soft Skills". Die Vermittlung von Schlüsselqualifikationen steht deshalb in der Berufsschule, Fachschule, Fachhochschule, Universität und in anderen staatlichen oder privaten Bildungsinstitutionen auf dem Lehrplan.

Wird der team-dynamische Kreis im Rahmen einer Ausbildung eingesetzt, so muss der organisierende Trainer eine ganze Reihe einzelner Punkte klären und abchecken.

Was ist das Ziel der Ausbildung, und was ist innerhalb dieser Ausbildung die *Zielsetzung des Trainings* im team-dynamischen Kreis?

Wer sind die Teilnehmer? Wie alt sind sie, was lernen beziehungsweise studieren sie, welchen Abschluss streben sie an, in welcher Phase der Ausbildung befinden sie sich? Was ist gegebenenfalls ihr bisheriger Beruf?

Inwiefern sind die Teilnehmer *freiwillig* da? Besuchen sie eine Pflicht-, Wahlpflicht oder beliebte Zusatzveranstaltung? Ist das Training eher eine spielerische Interaktion oder ein zu absolvierendes Pensum, für das sie einen Leistungsnachweis bekommen? Wenn es für die Teilnahme am Kurs noch dazu *eine Note* gibt, dann ist das eine schwere Hypothek für die freie Entfaltung der Teilnehmer. Die Unterschiedlichkeit und Ergänzung der Einzelnen kann nicht mehr im Mittelpunkt stehen. Konkurrenz wird sich breitmachen und die Teilnehmer ehrgeizig und damit auch engherzig stimmen. Welches Niveau kann den Teilnehmern unter diesen Bedingungen noch zugemutet werden? Dürfen die Emotionen einbezogen werden? Oder muss das Training im Rahmen dessen bleiben, was allein der Intellekt aufnehmen kann?

Wie groß ist die zu trainierende Gruppe? Sind alle da, die dazugehören? Oder ist es nur ein Teil des Kurses beziehungsweise der Ausbildungsgruppe?

Wie lange soll das Training dauern? Soll es ein einmaliger Impuls sein oder soll es eine Reihe von Veranstaltungen (mehrere Unterrichtsstunden oder Seminareinheiten) umfassen? Sollen sich die Veranstaltungen in den Rhythmus der Bildungsinstitution einfügen – gibt es zum Beispiel von vornherein vorgeschriebene Wochentage, Anfangszeiten oder eine Pausenregelung? Klingelt es im Schulstundenrhythmus?

Wo soll das Training stattfinden? In einer besonderen Tagungsstätte oder in den Räumlichkeiten der Bildungsinstitution? Steht nur der gewohnte Klassenraum oder ein Vorlesungssaal zur Verfügung, oder kann das Training in einem speziellen Gruppenraum stattfinden?

Wer zahlt das *Honorar* und die *Spesen* des Trainers? Ein Förderverein oder der Träger des Bildungsinstituts, zum Beispiel die Schulbehörde? Oder belegen die Studenten das Training als Zusatzveranstaltung und zahlen selbst dafür? Manchmal handelt es sich nur um eine Zuzahlung. Sehr häufig zahlen sie für den Besuch der Veranstaltung nichts, müssen sich aber an den Kosten für Unterkunft und Verpflegung beteiligen. Dadurch tragen sie natürlich auch etwas bei, was der Motivation und dem Klima im Training sehr gut tut.

24.3 Offene Gruppen

Die Interessenten informieren

Ein erfolgreicher Veranstalter verfügt natürlich über eine ausreichend große, gepflegte Adressenkartei mit Interessenten. Diesen schickt er per Mailing einmal im Jahr einen Überblick über alle von ihm geplanten offenen Workshops. Etwa acht Wochen vor den jeweiligen Terminen mailt er die jeweilige spezielle Zielgruppe noch einmal an. Seine Informationen formuliert er als *Einladungen*.

Diese enthalten am besten die folgenden Angaben: Veranstalter, Trainer, Co-Trainer, Zielgruppe, Titel der Veranstaltung, Termin, Seminarzeiten (Seminarbeginn und -ende, auch wie lange es abends gehen soll); Veranstaltungsort (Hotel/Seminarhaus) mit Adresse, Telefon und Fax; Seminargebühr, Kosten für Unterkunft und Verpflegung; darüber hinaus: wie man sich anmelden und an wen man sich bei Rückfragen wenden kann.

Am besten schickt man den Interessenten mit der Einladung, zum Beispiel auf einem *Anmeldeblatt*, ein paar „Hinweise zum Workshop":
➤ An welche Zielgruppe wendet sich die Veranstaltung?
➤ Welche Qualifikationen werden trainiert, was sind die Lernziele?
➤ Wie bereitet man sich vor? Was ist zum Beispiel an Kleidung, Utensilien etc. mitzubringen?
➤ Hinweis darauf, dass nur eine 100%-ige Teilnahme möglich ist

Beispiele:

Welchen Nutzen bringt die Teilnahme am Workshop?

Zum Workshop ist jeder willkommen, der in seine persönliche Weiterentwicklung investieren will. Das Training basiert auf team-dynamischen Methoden und setzt auf der spielerischen Ebene an. Die Lernziele sind nicht festgelegt, das Lernfeld ist ein Experimentier- und Erfahrungsfeld. Jeder Teilnehmer verfolgt andere Schwerpunkte und bekommt daher ein individuelles Ergebnis. Ob man berufliche oder persönliche Lernprozesse in Gang setzen will – erworben werden soziale Schlüsselqualifikationen, zum Beispiel:

Seinen Platz im Team finden • die eigene Rolle reflektieren • verbindlich werden und Vertrauen gewinnen • frei und sicher vor Menschen auftreten • sich und seine Sache wirkungsvoll präsentieren • erfahren, wie sich Persönlichkeiten im Team ergänzen •

204 • Die Rahmenbedingungen

sich mehr Sympathie schaffen und Antipathien auflösen • sich in der Rangordnung bewegen • offizielle und inoffizielle Machtstrukturen wahrnehmen • einen Ausweg aus der endlosen Konkurrenz finden • etwas über Dominanz, Durchsetzung und Einfühlung lernen • unterschiedliche Emotionen nutzen und handhaben • mit Verunsicherungen und Herausforderungen umgehen • sich Führungsqualitäten erarbeiten

Wie bereitet man sich auf den Workshop vor?

Es muss nichts Besonderes getan werden, außer sich auf den Weg zu machen. Die Teilnehmer werden dort „abgeholt", wo sie sich gerade befinden. Das Training ist ganzheitlich, vielschichtig und ausgesprochen kurzweilig. Die Unterscheidung „Akteur oder Zuschauer" fällt weg, jeder Teilnehmer ist beides zugleich. Die Aktionen und Rollenspiele sind spaßig und sportlich. Deswegen können Schlips und Kragen, Schmuck und Schminke zu Hause bleiben. Gut geeignet ist eine bequeme, leichte Kleidung: z.B. Jogging-Hose, mehrere T-Shirts, die man auch verschwitzen kann. Da wir auf Teppichboden trainieren, bitte warme Socken oder Hüttenschuhe mitbringen.

Man muss sich die volle Zeit nehmen, denn eine unvollständige Anwesenheit ist nicht sinnvoll. Wer zu spät kommt, früher gehen muss oder zwischendurch fehlt, wird den Anschluss verpassen. Handys dürfen nicht mit in den Übungsraum genommen werden. Die Gruppe ist ein Team, das Ergebnis kommt durch die *100%-ige Teilnahme* eines jeden Einzelnen zustande.

Für die Teilnehmer, die sich anmelden wollen, liegt ein Anmelde-Coupon bei, der möglichst gleich für ein Fensterkuvert zugeschnitten oder für die Vermittlung per Fax geeignet ist. So kann die Anmeldung ganz einfach abgeschickt werden, ohne dass groß telefoniert oder nachgefragt werden muss.

Den Bedarf überprüfen
••••••••••••••••••••••••••

„Wer sich zu einem *TeamTraining* anmeldet, der will seine Teamfähigkeit trainieren." Leider täuscht diese Logik: Es gibt Interessenten, deren Bedarf durch ein *Training im team-dynamischen Kreis* **nicht** gedeckt werden kann, weil sie sich etwas ganz anderes vom Training erhoffen, beispielsweise Tricks, um ein Team zu manipulieren. Hier muss der Veranstalter aufpassen; er muss verhindern, dass die falschen Teilnehmer zum Workshop kommen.

Die meisten Teilnehmer, die Interesse zeigen, sind im nachhinein froh, teilgenommen zu haben, obwohl sie zu Anfang skeptisch waren. Skepsis ist angebracht und auch begründet. Sie hängt mit der Ernsthaftigkeit zusammen, mit der jemand seine Fortbildung und Weiterentwicklung ins Auge fasst und dabei weder Geld noch Zeit verschwenden will.

Wenn sich ein Interessent fragt, ob er an einer *Team Training*-Veranstaltung (offener Workshop, betriebsinterne Fortbildung, offene Abendgruppe etc.) teilnehmen soll, sind ihm folgende Überlegungen ans Herz zu legen:

➤ Wer sich zur Zeit der Teilnahme ***nicht gesund*** oder ***psychisch nicht stabil*** fühlt, sollte vorerst auf eine Teilnahme verzichten. Denn obwohl der Workshop auf Harmonie und Wohlbefinden angelegt ist, kann es sein, dass es in einer bestimmten Teamentwicklungsphase gar nicht so harmonisch zugeht, dass es zu Reibereien kommt und Teilnehmer sich schonungslos die Meinung sagen. So etwas muss man aushalten können und wollen.

➤ Es gibt Teilnehmer, die in einer Gruppe schwer das Tragende erkennen können. Ihnen ist nicht klar, dass sie von der Gruppe auch ***etwas nehmen*** können und sich auch fallen lassen dürfen. Sie befürchten, dass ihnen in einem Training nur ***etwas abverlangt*** wird, und haben die Vorstellung, dass man im Leben immer um seinen Platz ringen muss. Wer standardmäßig so reagiert, sollte lieber nicht teilnehmen.

➤ Mancher Teilnehmer bringt sich auch selbst unter ***Leistungsdruck*** – er will am Training teilnehmen, um sich selbst etwas zu beweisen. Aber Vorsicht – er kann dann nicht mehr erfüllen, was er von sich selbst verlangt, und könnte einer Selbstabwertung zum Opfer fallen.

➤ Wer das ***Spielerische*** verloren hat und nur das ***Kämpferische*** stärken will, sollte nicht an einer *Team Training*-Veranstaltung teilnehmen. Man wird dort nicht zum Gewinner ausgebildet. Es geht vielmehr um einen guten Platz im Team. Es kommt darauf an, sich selbst und die anderen so zu nehmen, wie sie sind – plus ein paar Schritte, die man zur eigenen Vervollkommnung machen will.

Die Anmeldungen bestätigen

Wenn als Resonanz auf das Mailing nun die Anmeldungen eingehen, darf nicht übersehen werden, den Teilnehmern eine Anmeldebestätigung zu schicken. Ohne Bestätigung können sie nicht sicher sein, ob ihre Anmeldung angekommen ist und berücksichtigt wurde.

Teilnehmer, die einem Workshop entgegensehen, sind für die Zusendung eines Prospektes des Hotels oder Seminarhauses dankbar und fühlen sich gut behandelt, wenn sie bei ihrer Anfahrt eine gute Wegbeschreibung zur Hand haben. Der Weg zu einer Veranstaltung ist deren eigentlicher emotionaler Anfang. Er sollte einfach zu finden sein. Bahnreisende freuen sich sehr über eine Abholung vom Bahnhof, das schafft von Anfang an Kontakt und hilft, Vertrauen aufzubauen.

Nur zahlende Teilnehmer

Ein *Team Training* zu moderieren ist keine Sozialarbeit, auch wenn die Arbeit darin besteht, bei den Teilnehmern soziale Kompetenz aufzubauen. Die Veranstaltung eines *team-dynamischen Trainings* ist eine Dienstleistung, die genauso ihren Marktwert hat und adäquat vergütet werden muss wie jedes andere Produkt auch.

Die Teilnahmegebühr als Gegenleistung für den Platz im Training darf nicht zu gering sein. Die Teilnehmer müssen den Wert der Weiterbildung für sich erkennen und sich den Workshop samt Hotel und Reise auch leisten können – und die Gebühr selbst aufbringen. Es nützt nichts, ihnen die Gebühr zu stunden oder zu erlassen, damit würde man nur den Erfolg aufs Spiel setzen. Teilnehmer dürfen nicht in die Rolle von Bedürftigen kommen, in der sie sich abhängig fühlen und ihren Auftritt nicht mehr frei gestalten können. Wenn sie nicht genug gegeben haben, wagen sie es nicht, sich genug herauszunehmen. Die offensten und dankbarsten Teilnehmer sind der Erfahrung nach diejenigen, die den Workshop für sich selbst ausgewählt und auch selbst bezahlt haben.

Auf Teilnehmer, die nicht oder nicht angemessen bezahlen können, sollten die Veranstalter verzichten. In bestimmten Fällen kann es aber durchaus angemessen sein, dass ein Teilnehmer weniger bezahlt, zum Beispiel wenn er Student oder Auszubildender ist.

Mit Teilnehmern, deren Teilnahmegebühr der Arbeitgeber zahlt, gibt es häufig Schwierigkeiten. Diese Teilnehmer stehen nicht für sich selbst, sondern fühlen sich, bewusst oder unbewusst, als Repräsentanten eines anderen Systems. Sie versuchen „die Stellung zu halten" und nehmen nur schwer etwas an. Dies gilt allerdings weniger für betriebsinterne Trainings, bei denen keiner der Teilnehmer, sondern die Firma insgesamt zahlt. Dieses Firmengeld wird von allen gemeinsam verdient, und von daher nehmen alle unter den gleichen Bedingungen teil.

25. Hundertprozentige Teilnahme

Ohne Terminkalender geht heutzutage nichts mehr. Zeit ist der absolute Engpass unserer Gesellschaft. „Time is money – Zeit ist Geld" heißt es. Wie oft muss man absagen: „Leider habe ich keine Zeit", „Bin schon ausgebucht" oder: „Sorry, total im Stress."

25.1 Es darf nichts dazwischenkommen

Das *Training im team-dynamischen Kreis* funktioniert am besten mit circa zwölf Teilnehmern – das zeigt die Erfahrung, es ist ausexperimentiert. Der Nachteil dieses „Naturgesetzes" ist aber: Es gehört zu den Bedingungen, dass sich ziemlich genau diese Anzahl an bereitwilligen und zuverlässigen Teilnehmern zusammenfindet. Gerade bei offenen Workshop-Gruppen ist das manchmal ein schwieriger Punkt, und der Organisator muss viel Mühe und Sorgfalt aufbringen, damit die Teilnehmer zuverlässig kommen und der Workshop zuverlässig in der vorgesehenen Form stattfinden kann.

„Was ist denn daran so schwer?" fragt man sich. „Der Veranstalter braucht doch nur genügend zu werben und auf der Liste bei zwölf Schluss zu machen." Aber ganz so einfach ist es eben nicht; denn fünf Dinge müssen bei zwölf Personen gleichzeitig (!) zutreffen:

1. Sie müssen die *Information* haben, dass ein Training, zum Beispiel ein Workshop, stattfindet.
2. Sie müssen einen *Bedarf* haben.
3. Sie müssen *Zeit* haben.
4. Sie müssen das *Geld* haben (es summiert sich: Seminargebühr plus Kosten für Unterkunft und Verpflegung plus Reisekosten).
5. Es darf ihnen *nichts dazwischenkommen.*

Wie leicht kommt es anders, als man denkt. Leider gilt dies auch für Interessenten, die sich fest zu einem Workshop angemeldet haben. Ein paar wahre Begebenheiten:

➤ *„Der elterliche Betrieb erlaubte ganz plötzlich keinen Urlaub"*
➤ *„Oma ist ins Krankenhaus gekommen"*
➤ *„Meine Reisepläne mussten geändert werden"*
➤ *„Eine Erkältungskrankheit ließ sich nicht mehr abwenden"*
➤ *„Geschäftliche Pflichten kamen unverhofft hinzu"*
➤ *„Das Auto hatte auf der Fahrt zum Workshop eine Panne"*
➤ *„Der Termin wurde übersehen"*
➤ *„Ich hatte vorher eine so schlechte Nacht, dass ich nicht kommen konnte"*

Jede Absage hat gute und nachvollziehbare Gründe. Schade ist nur, dass der reservierte Platz meist nicht mehr so schnell besetzt werden kann.

Nun gibt es aber einen kleinen Trick, der weitgehend verhindert, dass etwas dazwischenkommt: Der Teilnehmer zahlt die Teilnahmegebühr gleich bei Anmeldung per Verrechnungsscheck oder per Überweisung. So wird aus einem Interessenten ein verlässlicher Teilnehmer, der sich seinen Platz im Training sichert. Um sich nicht an Zinsen zu bereichern, löst der Veranstalter Verrechnungsschecks erst kurz vor Seminarbeginn ein.

25.2 Durchgehende Anwesenheit

„Kann ich etwas später dazustoßen, ich gehe dafür wieder früher". Dies geht nicht beim *Team Training* – dort kann man nur ganz, das heißt von Anfang bis Ende, dabei sein.

Teilnehmer müssen Zeit haben für den Workshop – und möglichst noch einen freien Tag zusätzlich für die Reise und zur Reflexion. Interessenten, die sich nicht die volle Zeit nehmen können, sollten vorerst nicht teilnehmen. Schon öfter ist jemand, der sich nicht auf die volle Dauer eingelassen hat, enttäuscht abgereist. Hinzu kommt, dass dieser enttäuschte Teilnehmer die anderen in ihrer Motivation anknackst. Solche „zeitknappen" Teilnehmer wirken sich auf den gesamten Workshop belastend aus; die Teambildung ist nur so gut, wie es das schwächste Glied der Kette zulässt.

Auf folgende Teilnehmer sollten die Veranstalter verzichten:
➤ Teilnehmer, die nicht von Anfang (Seminarbeginn) an dabei sind
➤ Teilnehmer, die von vornherein beabsichtigen, etwas früher (vor Seminarende) zu gehen
➤ Teilnehmer, die nicht für die Dauer des gesamten Teambildungsprozesses anwesend sind, zum Beispiel wenn sie bei einem Workshop nicht gemeinsam mit dem Team am Tagungsort übernachten

Durchgehende Anwesenheit ist beim *Team Training* ein Muss – anders geht es nicht. Team-dynamische Prozesse müssen von Anfang bis Ende miterlebt werden. Allein in zehn Minuten kann in einem Training so viel passieren, dass ein Teilnehmer, der in dieser Zeit fehlt, den Anschluss an den Gruppenprozess verliert. Ein *Team Training* beginnt deshalb erst, wenn alle Teilnehmer anwesend sind. Die Pause legt man gemeinsam fest, und niemand geht, bevor die Trainingseinheit zu Ende ist.

Letzteres ist besonders wichtig. Es kann nämlich sein, dass Prozesse bei Teilnehmern, die das Training vorzeitig verlassen, unvollendet bleiben – eine kleine Katastrophe, wenn sich die Gruppe gerade in der Konfliktphase befindet. Gerade dann heißt es: Zusammenbleiben und zusammen „hindurchgehen".

Ein *Training im team-dynamischen Kreis* ist keine Veranstaltung, bei der man kommen und gehen kann, wie man gerade will. Vorlesungen gleichen oft einem Taubenschlag. Und wenn die Tür dann noch quietscht, kann sich sowieso niemand mehr konzentrieren. Das kann nicht Sinn einer Team-Veranstaltung sein.

Über kurz oder lang muss jedes Team seine Regeln finden, nach denen es funktionieren will – auch seinen Tagungsrhythmus. Anfangs- und Endzeiten müssen festgelegt und eingehalten werden. Wenn jeder kommt und geht, wie er will, braucht man sich nicht im Team zu treffen. Ein Gruppe ist auch dann noch eine Gruppe, wenn einer fehlt. Ein Team aber ist eine Kette, die nicht mehr hält, wenn ein Glied schlapp macht. Egal um welche *Team Training*-Veranstaltung es sich handelt, die Interessenten müssen sich entscheiden, ob sie dabei sein wollen oder nicht. Hopp oder Top, gar nicht oder kontinuierlich dabei, dazwischen gibt es nichts.

Bei turnusmäßigen Veranstaltungen kommt es schon mal vor, dass ein Teilnehmer fehlt. Ist dies jedoch häufiger der Fall, wird er den Anschluss an die Gruppe verpassen.

Der Volksmund sagt: Man kann nicht gleichzeitig auf mehreren Hochzeiten tanzen. Man hat die Qual der Wahl und muss sich für die Hochzeit entscheiden, die einem wichtiger ist.

25.3 Pünktlichkeit im Team

Möchte man bei einem *Team Training* mitmachen und durchgehend dabei sein, dann heißt es pünktlich vor Ort sein. Das Training beginnt pünktlich, um auch pünktlich zu enden.

Im *team-dynamischen Training* fällt ein Zuspätkommen sehr auf, und zwar zwangsläufig durch einen leeren Stuhl. Es ist ein Unding, wenn 15 Personen auf einen Einzelnen warten müssen. Sind es nur zwei Minuten pro wartende Person, dann muss man die zwei Minuten mit 15 multiplizieren. Das sind schon 30 Minuten – was in dieser Zeit alles getan werden kann!

Team Training schafft ein Bewusstsein für Pünktlichkeit, vor allem bei den notorischen Zuspätkommern. Sie dominieren mit ihrem Verhalten eine ganze Gruppe, denn sie verfügen über die Zeit jedes Einzelnen. So manche chronische Unpünktlichkeit wurde durch *Team Training* schon kuriert.

Mit demjenigen, der zuletzt kommt, ist das ohnehin so eine Sache. Hat die Veranstaltung bereits begonnen, wird er der Erste sein, der eine Frage stellt oder einen Einwand vorbringt. Um sich zu integrieren, stoppt er den laufenden Prozess. Er *muss* den Zug anhalten, um aufzuspringen.

Pünktlichkeit gilt auch für die Trainingspausen. Das Team beschließt zusammen die Dauer. Und lieber werden fünf Minuten länger Pause gemacht, damit alle wieder rechtzeitig zurück sind.

Jedes *Team Training* endet pünktlich. Verlängert wird ein Training nur, wenn es unbedingt notwendig ist und wenn alle Teilnehmer damit einverstanden sind und dabeibleiben können. Weiß der Teamtrainer, wieviel Zeit für das Training zur Verfügung steht, gelingt ihm immer der Bogen.

26. Dauer der Trainingseinheiten

Ein Teambildungsprozess braucht eine gewisse Zeit. Dabei macht es einen Unterschied, ob sich die Teilnehmer zu einem Wochenend-Workshop oder ein Jahr lang regelmäßig einmal pro Woche für zwei Stunden treffen. Das wöchentliche Training erfordert, am Erfolg gemessen, sicherlich einen höheren Zeitaufwand. Dennoch kann es sinnvoll sein, denn mancher kann es eher ermöglichen. Es passt gut in die Arbeits- oder Studienwochen, während ganze Wochenenden durch die Familie, Familienfeiern, Feste und Reisen immer wieder belegt sind. Ganz zu schweigen von längeren Erholungsphasen, die nur am Wochenende zusammenhängend möglich sind.

Für den Inhalt des Trainings ist es von großer Bedeutung, ob das Training eine einmalige Angelegenheit oder eine regelmäßige Einrichtung ist. Die Aufgabe des Teamtrainers ist es, das zum Training passende Methodenbündel zu schnüren, mit dem er zuversichtlich in die jeweilige Veranstaltung geht.

26.1 Ein Training im Bereich von Stunden

Es kommt vor, dass eine Firma, ein Verband oder eine Kooperation einen Teamtrainer nur für einige Stunden anfordert. Zum Beispiel um die Methode vorzustellen, eine Gruppe zu animieren, eine Belegschaft zu motivieren oder Bewegung und Lebendigkeit in eine Tagung zu bringen. Der Trainer versucht, den jeweiligen Wünschen seines Auftraggebers gerecht zu werden.

Machen die Teilnehmer zum ersten Mal mit dem *Training im team-dynamischen Kreis* Bekanntschaft, dann präsentiert der Trainer die Methode mit einem „Kavalierstück". Die Teilnehmer erhalten dabei einen Eindruck von der Form der Interaktion und lernen die Mitte des team-dynamischen Kreises kennen.

Das „Kavalierstück" bleibt stets auf der animativen Ebene und geht nie bis an die Grenze der Betroffenheit, so dass sich jeder im Anschluss daran angenehm angeregt und wohl fühlt. Ein erstes Training über wenige Stunden wird nicht über die Kennenlernphase hinauskommen, Teambildung ist in der kurzen Zeit nicht möglich. Tiefergehende Prozesse können nicht mehr geglättet werden.

26.2 Halbtages- und Tagesseminare

Mit fortschreitender Dauer des Trainings gerät ein Team von der Kennenlern- in die Konfliktphase. Geht die Veranstaltung nur über einen oder einen halben Tag, dann muss man aufpassen, dass man nicht im Konflikt stecken bleibt.

Der Konflikt darf nur soweit vertieft werden, dass die anstehenden Probleme in der verbleibenden Zeit noch bewältigt werden können. Der Teamtrainer braucht ein Fingerspitzengefühl dafür, was er an Problemen transparent macht und von welchen Prozessen er lieber die Finger lässt.

Auf jeden Fall muss der Trainer immer die Kurve kriegen. Das heißt, das Seminar muss so abgerundet werden, dass jeder Teilnehmer ein gutes Gefühl mit nach Hause nimmt. Am Ende der Veranstaltung stehen glättende Übungen, die das Erlebte einordnen und die emotionale Tiefe wieder herausnehmen. Sketche sind da immer richtig, denn mit ihnen werden die Erlebnisse noch einmal reflektiert und verarbeitet. An unverarbeiteten emotional belastenden Prozessen darf nichts übrig bleiben, vor allem dann nicht, wenn es für die Teilnehmer das vorerst einzige Training war.

Innerhalb eines Tages kann zwar eine gute, teamfördernde Stimmung aufkommen, aber es bleibt einer Gruppe zu wenig Zeit, um sich nachhaltig als Team zu finden. Die Prozesse der Teambildung können nur oberflächlich anklingen.

26.3 Mehrtägige Workshops

Der für einen Teambildungs- und sozialen Lernprozess optimale Trainingsumfang geht über mindestens zwei Tage. In dieser Zeit lassen sich alle Phasen der Teamuhr durchlaufen.

Der erste Tag beginnt mit der Kennenlernphase. Nach und nach kommt man sich näher, und so kommen dann auch die Konflikte an die Oberfläche. Entscheidend ist jetzt, dass sich die Erlebnisse bei den Teilnehmern nachts setzen können. Oft haben sie noch am Abend Gesprächsbedarf und sitzen lange zusammen, um zu „palavern". Dazu ist es am besten, sie schlafen alle unter einem Dach.

Hatte man am Vortag noch das Gefühl der Ausweglosigkeit, sieht es am darauffolgenden Morgen schon ganz anders aus. Über Nacht haben sich Konflikte gelöst, alles beginnt sich neu zu organisieren. Spätestens mittags hat sich das Team gefunden, die gemeinsame Kreativität und Produktivität kann sich in Sketchen zum ersten Mal so richtig entfalten.

Das richtige Quantum *Team Training*, das eine nachhaltige Wirkung hinterlässt, besteht aus mindestens zwei zweitägigen Workshops, die in einem Abstand von vier bis acht Wochen besucht werden. Diese Zeitspanne ist ausreichend und angemessen, damit sich die Eindrücke setzen können. Die Teilnehmer brauchen diese Zeit, um im Alltag neues soziales und kooperatives Verhalten zu wagen, auszuprobieren und einzuüben.

26.4 Turnusmäßige Veranstaltungen

Team Training in regelmäßigen Abständen macht durchaus Sinn, hat aber den Nachteil, dass zu Beginn jedes Treffens, unabhängig von dessen Dauer, immer wieder eine Anwärmphase notwendig ist. Trifft sich das trainierende Team zudem nur für wenige Stunden, dann bleibt nicht viel Zeit für die eigentlich wichtigen Prozesse.

Die Gruppe steigt nicht auf dem Niveau in den Prozess ein, auf dem die letzte Veranstaltung geendet hat. Schon innerhalb einer Woche versanden die kurzen Eindrücke, der Abstand zwischen den Übungen und Trainingssituationen wird zu groß. Man muss die Suppe löffeln, solange sie heiß ist. Kühlt sie ab, dann muss man sic wieder aufwärmen – das kostet Zeit und Energie.

Je nachdem, wie lange die turnusmäßigen Veranstaltungen dauern, muss der Trainer sich fragen, wie stark er vertiefen kann. Auch hier gilt: Zu viele unverarbeitete Emotionen dürfen bis zum nächsten Mal nicht übrig bleiben, ansonsten sieht man vielleicht einen betroffenen Teilnehmer nie mehr wieder.

Teambildung in Intervallen geht meist unglaublich schwer und zäh vonstatten. Die Erfahrungswerte zeigen: Was man mit einem Wochenend-Workshop erreicht, dauert bei einem Training, das einmal wöchentlich für einige Stunden stattfindet, etwa ein halbes Jahr.

27. Raum- und Sachgestaltung

Ein wesentlicher Faktor für das Gelingen eines Workshops ist die Gestaltung des Raumes, in dem trainiert werden soll. Ein *Training im team-dynamischen Kreis* kann – die Erfahrungen zeigen dies immer wieder – nicht im Freien, sondern nur in Räumen bei geschlossenen Türen stattfinden.

27.1 Das soziale Labor

Der Trainer braucht einen geeigneten Arbeitsraum, sozusagen ein „Labor". Höchste Sicherheit und Zuverlässigkeit garantieren die Laboratorien von Forschung und Wissenschaft. Wissenschaftliche Experimente gelingen nur, wenn die Rahmenbedingungen stimmen. Auch die Arbeit im team-dynamischen Kreis ist Wissenschaft, ist Team-Forschung: Untersucht werden Emotionen und soziale Konstellationen.

Der Begriff „Labor" ist aber sicherlich der unpassende Ausdruck für den Ort, an dem team-dynamische Experimente veranstaltet werden. Denn der Begriff „Labor" wirkt kalt, unbequem und unwohnlich – nur wieder schnell raus hier. Das Gegenteil ist es, was einen guten Trainingsraum ausmacht: Er ist angenehm temperiert und wohnlich – so dass ein Team sich geborgen fühlt und gern länger darin aufhält.

Die Wände grenzen den Raum ab und damit auch die Personengruppe. Wer durch die Tür tritt, ist dabei. Wer den Raum verlässt, ist nicht mehr dabei. Logisch: Trainieren kann nur, wer dabei ist. Und wer dabei ist, wird automatisch in den gruppendynamischen Prozess hineingezogen, der bald zu einem team-dynamischen werden soll. Kurz mal zum Rauchen auf den Balkon oder zum Kaffee-Trinken ins Restaurant, das geht im team-dynamischen Kreis während der gemeinsamen Arbeitsphasen leider nicht. In den Pausen kann dann jeder wieder seinen Bedürfnissen nachgehen.

Wände bieten Schutz vor Wind und Wetter und vor fremden Blicken. Die Tür stellt für Außenstehende eine Grenze dar. Die am *Team Training* Beteiligten sind für die Dauer des

Trainings eine „geschlossene Gesellschaft". Wände halten, auch wenn es den Teilnehmern nicht unmittelbar bewusst ist, eine Gruppe zusammen.

Die Wände bieten auch eine bessere Akustik, als sie im Freien möglich ist. Für leise und sensible Töne der Kommunikation braucht man eine Akustik wie im Konzertsaal. Aber: Gruppen können auch Krach machen – der soll draußen, zum Beispiel im Hotel, natürlich nicht zu hören sein.

27.2 Form und Größe des Raumes

Der Trainingsraum sollte eine quadratische bis rechteckige Form haben, die Wände sollten eben sein, nichts sollte hervorstehen. Der Raum sollte nicht niedriger sein als 2,50 Meter.

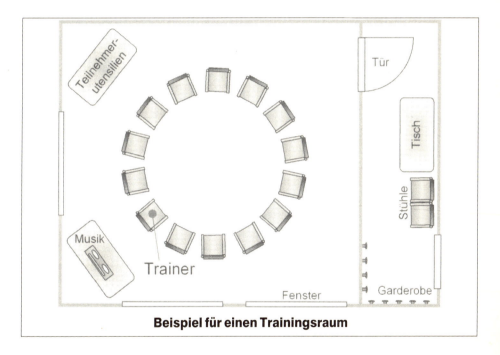

Beispiel für einen Trainingsraum

Der Raum muss eine Größe von mindestens 6 x 6 Meter haben, so dass ein Kreis mit 17 Stühlen (für bis zu 15 Teilnehmer und zwei Trainer) gut darin Platz hat. Hinter den Stühlen muss noch mindestens ein halber Meter Luft bis zur Wand sein. Ideal ist ein Vorraum, in dem Stühle und Tische in Reserve stehen. Dort kann die Garderobe abgelegt werden, so dass im Trainingsraum nichts herumliegt. Der Vorraum hat noch eine weitere Funktion: Er dient als Schleuse. Ungebetene Gäste stürzen nicht „mit der Tür ins Haus". Und Geräusche werden gedämpft – von außen nach innen, genauso wie von innen nach außen, falls es beim Training einmal lauter wird.

Noch etwas ist zu beachten: Ein Raum ist nur geeignet, wenn er keine störenden Pfeiler oder Säulen hat – vor allem nicht innerhalb des Interaktionskreises.

27.3 Ausstattung und Einrichtung

Die Grundform für die Interaktion beim *TeamTraining* ist der Stuhlkreis: Ohne Stühle kein *TeamTraining*. Ein ausreichend großer Raum und für jeden Teilnehmer ein Stuhl, das würde genügen, damit ein Training – wenn auch unter spartanischen Bedingungen – stattfinden könnte.

Stuhl ist aber nicht gleich Stuhl. Auf dem einen hält man es höchstens zehn Minuten aus, bevor man sich krümmt und der Rücken schmerzt, und auf dem anderen taucht man bereits nach wenigen Minuten bequem ab. Die richtige Mischung macht den guten „Trainingsstuhl". Er sollte gepolstert und mit Armlehnen versehen sein, muss sich aber leicht und gut verrücken lassen. Am geeignetsten sind gepolsterte Holzstühle.

Ein schöner, gepflegter Teppichboden schafft eine angenehme, wohnliche Atmosphäre. Wie zuhause im Wohnzimmer legt man das feste Schuhwerk ab und trainiert in Socken oder Hüttenschuhen. Falls man sich im hitzigen Rollenspiel mal auf die Füße tritt, tut es nicht gleich ganz so weh.

Auf Workshops braucht der Trainer einen Tisch, auf dem er seine Musikanlage aufbauen kann. Zudem braucht er Platz, um seine Utensilien abzulegen: zum Beispiel Uhr, Kassetten, CD's, Nonsense-Themen, Taschentücher – und die Zimbeln, um damit das Ende der Übungen anzukündigen.

Ein zweiter Tisch für die Teilnehmer ist wünschenswert, wo sie ein paar Sachen ablegen können: Uhren, Brillen, Schmuck, Trinkbecher. Auf Workshops steht unter diesem Tisch auch immer ein Kasten Mineralwasser, damit sich die Teilnehmer in den Pausen erfrischen und für die nächsten Runden auftanken können.

Und da wären noch so ein paar Kleinigkeiten: zum Beispiel ein Abfalleimer, Matratzen oder Decken, um sich darauf zu entspannen. Pinnwand und Moderatorenkoffer können bei einigen Veranstaltungen notwendig sein.

Der Raum sollte groß genug sein, um alles Zubehör zu bergen, ohne dass es eng wird. Am besten, es ist an den Seiten Platz dafür, so dass man auch einmal einen Pulli oder eine Jacke zur Seite legen kann.

Einrichtung und Ausstattung des Trainigsraumes sollten nicht nur funktionell sein, sie müssen auch eine ansprechende Optik haben. Optik und Material sind mitentscheidend, ob sich ein Teilnehmer beim Training wohl fühlt.

Das Material der Möbel, ihre Form, die Farbe der Wände, das Bild an der Wand, die Ordnung und Sauberkeit im Raum, das alles wird als Gesamtheit wahrgenommen und wirkt auf das Empfinden des Teilnehmers. Die äußere Ordnung im Raum ist Voraussetzung dafür, dass sich die Teilnehmer innerlich ordnen können – *team-dynamisches Training* funktioniert ganzheitlich.

Im *team-dynamischen Kreis* achten die Trainer auf Kleinigkeiten. Nicht nur auf Feinheiten in der Kommunikation, sondern auch in der Ordnung. Nichts sollte wild umher oder im Weg liegen – auch keine lästigen Krümel oder Schnipsel, über die das Auge stolpern kann. Der Raum ist sauber, alles ist gut verstaut und schnell greifbar.

Bevor die Trainer mit dem Training beginnen, bringen sie den Raum in Ordnung und gestalten ihn so, dass die Teilnehmer sich darin wohl fühlen können. Alles, was das Auge in irgendeiner Art und Weise ablenkt, wird den Teilnehmer innerlich ablenken.

Was den Raum, seine Ausstattung und Einrichtung betrifft, kehrt sich ein *TeamTraining*-Prinzip um:

> **Erst die Organisation,**
> **dann die Emotion**

27.4 Raumklima und Atmosphäre

Ein gut aufgeräumter und geordneter Raum ist die Basis, damit sich eine angenehme Atmosphäre ausbreiten kann und kein Chaos entsteht.

Eine leichte und lockere Atmosphäre soll beim Training entstehen. Aber was ist Atmosphäre überhaupt? Nach *TeamTraining*-Veranstaltungen schwärmen die Teilnehmer von der tollen Atmosphäre, die sie erlebt haben. Fragt man genauer nach, was sie darunter verstehen, dann hört man ganz unterschiedliche Dinge:

➤ *„Das Seminarhaus finde ich toll. Ich fühle mich richtig wohl hier"*
➤ *„Ein wirklich schöner Raum, ideal für ein TeamTraining"*
➤ *„Ein Riesenerlebnis, der Workshop, nette Teilnehmer"*
➤ *„Soviel neue Kontakte, ich fühle mich inspiriert und motiviert"*

Die Atmosphäre wird von jedem einzelnen Teilnehmer individuell erlebt und bewertet. Es kann durchaus sein, dass jeder Teilnehmer die Atmosphäre während des Trainings anders wahrgenommen hat.

Die Atmosphäre hat auf das Empfinden und Erleben eines jeden Teilnehmers Einfluss. Atmosphäre ist mit einer Welle oder Schwingung vergleichbar. Sie ist materiell nicht greifbar, wenngleich sie von materiellen Faktoren abhängig ist. Die Empfindungen und Erlebnisse existieren auf der psychologischen Ebene.

Schwingungen werden vor allem in der Physik beschrieben. Sie können harmonisch sein, sich überlagern und aufschaukeln und sind eine Form von Energie. Alle Lebensvorgänge sind letztendlich als Schwingung beschreibbar: Tag und Nacht, Farben, Licht und Musik, ebenso die Emotionen.

Das Phänomen der Atmosphäre lässt sich am besten mit Musik vergleichen. Hören wir Töne, so nehmen wir eine Welle wahr, die über den Luftdruck auf unser Trommelfell wirkt. Wir hören immer nur einen Ton, nehmen nur eine Schwingungskurve wahr. Selbst wenn ein ganzes Orchester spielt, hören wir nur eine Musik, die bei den Zuhörern mit unterschiedlichem Wohlgefallen aufgenommen wird. So gibt es auch nur eine Atmosphäre, nur eine Stimmung, die aber von jedem Menschen individuell erlebt wird.

> ### Atmosphäre wird subjektiv empfunden

Welche Faktoren spielen für die Atmosphäre des Trainings eine Rolle?

Physiologische Faktoren

Das Raumklima hat einen erheblichen Einfluss auf die Stimmung. Es wird von den Sinnen aufgenommen und schlägt sich im Befinden der Teilnehmer nieder. Die Teilnehmer sollten weder mit Sonnenbrille noch mit Grubenlampe dasitzen müssen. Sie sollten sich nicht anschreien müssen, weil nebenan Bauarbeiter am Werke sind. Die Teilnehmer dürfen selbst nicht das Gefühl haben, andere zu stören. Sie sollten weder nach Luft japsen, noch sollte ihnen der Wind um die Ohren pfeifen.

Das Raumklima wird durch vier menschliche Sinne wahrgenommen: das Sehen, Hören, Riechen und Fühlen.

Licht

Der Trainingsraum sollte angenehm hell sein. Natürliches Licht ist natürlich(!) am besten, es strengt die Augen am wenigsten an. Die Größe der Fenster muss so bemessen sein, dass einfallendes Licht bei starkem Sonnenschein nicht grell oder blendend wirkt. Der Raum sollte abzudunkeln, künstliche Beleuchtung mit einem Dimmer dosierbar sein. Günstig ist Deckenbeleuchtung und zusätzliche indirekte Beleuchtung. Die Lichtfarbe ist nicht grell, sondern leicht matt.

Für romantisches Kerzenlicht sorgt beim *Team Training* der Trainer: Zu seinen Accessoires gehören Kerzen und Teelichter, die er zum Tagesausklang einsetzt.

Luft

Der Raum ist gut zu lüften, die Luft neutral, es riecht weder muffig noch nach frischer Wandfarbe oder „Landluft". Nebengerüche, zum Beispiel aus der Küche, darf es nicht geben. Rauchen ist in diesem Raum verboten.

Während des Trainings möchte man nicht im Luftzug sitzen, immer aber gute Luft atmen. Lüftungspausen sind während des Trainings des öfteren nötig, gerade dann, wenn vor Spannung „die Luft gebrannt hat" oder reichlich Bewegung angesagt war. Beschlagen die Scheiben, heißt es: Fenster öffnen.

Geräusche

Das Seminarhaus sollte nicht an einer Autobahn liegen. Es muss ein stiller Raum sein – keine tickende Uhr, keine brummende Leuchtstoffröhre. Die Akustik ist gedämpft, die Wände und Decken schlucken den Schall und hallen nicht wider.

Im Gebäude sollte der Raum etwas abseits liegen, damit sich nicht ständig jemand vor der Tür befindet. So wird das Training nicht durch Geräusche gestört, und im Training auftretende Geräusche stören nicht andere – zum Beispiel, wenn die Gruppe bei einem Sketch vor Begeisterung brüllt und applaudiert oder wenn der Trainer die Musik einmal laut aufdreht, um das Team in Schwung zu bringen.

Temperatur

Die Raumtemperatur sollte bei 20 Grad Celsius liegen. Die Teilnehmer im Kreis sollten weder frieren, noch sollte ihnen beim Sitzen der Schweiß auf der Stirn stehen.

Anregungen – psychologische Faktoren

Die eigentlichen Impulse erhalten die Teilnehmer durch das Training selbst. Die Interaktion im *team-dynamischen Kreis* ist für sich anregend genug. Die Darbietungen in der Mitte des Kreises sind positiv wirksame Erlebnisse, die man so schnell nicht vergisst. Das Training ist spontan und spielerisch – weitere Anregungen brauchen die Teilnehmer nicht. Für das Training unnötige Dinge sollten aus dem Raum entfernt werden, oder zumindest durch Tücher oder Stellwände dem Sichtfeld der Teilnehmer entzogen werden.

Störungen und Ablenkungen sollten ausgeschlossen werden. Trainiert man zum Beispiel im Seminarraum eines Hotels, darf kein Telefon klingeln. Lautsprecherdurchsagen oder Pausengongs in Schulgebäuden sind unangenehme Unterbrechungen.

Wichtig ist Musik. Eine gute Stereoanlage mit Kassettendecks und CD-Player sollte vorhanden sein. Und ein schier unerschöpfliches Repertoire an Tonträgern, um mit Melodien und Rhythmen vom beschwingten Walzer bis zur Marschmusik, von Techno- bis zur Meditationsmusik die unterschiedlichsten Stimmungen zu schaffen.

Die Wände sollten schlicht, zum Beispiel weiß tapeziert sein. An den Wänden brauchen keine Bilder zu hängen. Wenn doch, dann vielleicht ein neutral-unauffällig schönes zur Orientierung der Teilnehmer im Raum. Ein Strauß frischer Blumen, der den Tisch des Trainers schmückt und auch einmal zur Feier der Stunde oder im Rollenspiel eingesetzt werden kann, rundet die dekorative Ausstattung ab.

Die Einsatzbereiche
Wo immer Menschen kreativ und produktiv sind

Gebrauchen kann man *Team Training*, das *Training im team-dynamischen Kreis* sicherlich überall, wo Menschen kreativ und produktiv beisammen sind. Die Verbreitung hängt vor allem vom Engagement derjenigen Leute ab, die die methodischen Elemente entwickelt haben, und derjenigen, die mit diesen Elementen arbeiten, zum Beispiel ausgebildete Teamtrainer und Wellness-Trainer.

Die Begründer und Anwender des *Trainings im team-dynamischen Kreis* vertrauen darauf, dass ihr Methodenbündel wirksam und markttauglich ist, da es naturgesetzliche, geometrische Sozialformen kultiviert, die keiner Mode und keiner sozialwissenschaftlichen Strömung unterworfen sind.

Durch den emotionalen, das heißt wirksamen Austausch zwischen den Menschen harmonieren und funktionieren die Organisationen besser. Die Zusammenarbeit wird weniger durch falsch platzierte Mitarbeiter und zurückgehaltene Gefühle belastet. Die ergebnislosen, ritualisierten, kriegerischen Wortgeschwader, die nicht enden wollenden Diskussionen werden ersetzt durch fließende Interaktion.

Eine breite Nutzanwendung der *Teamdynamik* ist keine Fantasterei. Es gibt bereits konkrete Anläufe und handfeste Erfolge auf dem Weg zur Marktreife. Die ersten Einsatzfelder waren die Pädagogik an Schule und Hochschule, das betriebliche Mitarbeitertraining sowie die Wellness-Animation in Hotels. Aber es haben sich schon viele weitere dankbare Einsatzbereiche herauskristallisiert. In allen Bereichen, die in diesem Kapitel beschrieben oder aufgeführt werden, lässt sich nach team-dynamischen Gesichtspunkten schulen, trainieren beziehungsweise moderieren.

28. Persönliche Weiterentwicklung

Viele Führungskräfte und Personalverantwortliche sind ständig damit beschäftigt, Menschen zu verändern und anzupassen. Sie nennen das aber nicht direkt so; sie bezeichnen es gönnerhaft als *Persönlichkeitsentwicklung*. In Wahrheit läuft es meist auf den Versuch einer Veränderung der Persönlichkeit hinaus.

➤ Zuerst stellt sich die ***moralische Frage***, ob man überhaupt dazu berechtigt ist, Menschen zu verändern, auf ihre Persönlichkeit einzuwirken. Vielleicht hält man aber diese Frage nicht für besonders wichtig, weil Geschäft und Moral ja doch in gewisser Weise zwei paar Schuhe sind.

➤ Dann ist man an der ***praktischen Frage*** interessiert: Ist es überhaupt möglich, und ist es innerhalb einer vernünftigen Zeitspanne möglich, die Persönlichkeit zu entwickeln? Selbst wenn es prinzipiell möglich wäre, dauert es aller Erfahrung nach viel zu lange, bis die erhofften Wirkungen eintreten.

„Die Aufgabe von Personalmanagement ist es, Menschen so zu nehmen, wie sie sind, ihre Stärken herauszufinden und ihnen durch entsprechende Gestaltung ihrer Aufgaben die Möglichkeit zu geben, dort tätig zu werden, wo sie mit ihren Stärken eine Leistung erbringen und Ergebnisse erzielen können. Alles andere lässt sich weder moralisch noch ökonomisch rechtfertigen." (Malik 2000, 123)

Es geht also in einem Training darum, Stärken herauszufinden, auszubauen und zur Wirkung zu bringen, nicht darum, den Menschen zu verbiegen. Wenn einzelne Menschen sich aus freien Stücken entschließen, ein Trainingsangebot zu nutzen, dürfen wir ihnen ein gut abgestimmtes *Training im team-dynamischen Kreis* anbieten – aus dem sie auch ohne Gesichtsverlust wieder ausscheiden können. In Firmen sollte es ein Angebot sein, das die Mitarbeiter auch jederzeit links liegen lassen können.

28.1 Soziale und emotionale Kompetenzen

Soziale Fähigkeiten und Fertigkeiten, Soft Skills, sind im Berufsleben unerlässlich. Unter „Soft Skills" verstehen die Personalverantwortlichen die außerfachlichen Kompetenzen eines Mitarbeiters oder Bewerbers. Sie achten dabei auf die folgenden Kriterien:

Leistungsbereitschaft – Engagement – Lernfähigkeit – Kontaktfähigkeit – Kommunikationsfähigkeit – Teamfähigkeit – Problemlösungsfähigkeit – Belastbarkeit – Verantwortungsbewusstsein – Persönlichkeitsbild – Zielstrebigkeit – analytisches Denken – praxisorientiertes Denken – unternehmerisches Denken – Mobilität – Effektivität – Flexibilität – Selbständigkeit (vgl. Hoffmann/Klug/Köhler 1999, 163).

Personalverantwortliche in den Unternehmen messen diesen Kompetenzen eine zentrale Bedeutung bei. Die zunehmend projektorientierte Arbeitsweise, die flachen Hierarchien und die Bemühungen, konkurrenzfähig sowie innovativ zu bleiben beziehungsweise zu werden, führen unter anderem dazu, dass intensive Teamarbeit notwendig wird.

Die Mitglieder eines Teams müssen in der Lage sein, innerhalb und mit ihrer Gruppe bestimmte Problemstellungen zu bearbeiten. Kontakt-, Kommunikations- und Kooperationsfähigkeit sind für eine erfolgreiche Teamarbeit unabdingbare Voraussetzungen.

Schon bei der Prüfung der Bewerbungsunterlagen wird der Lebenslauf daraufhin abgeklopft, ob der Bewerber besondere soziale Kompetenzen erworben hat, beispielsweise durch ehrenamtliches oder sonstiges langfristiges Engagement. Im Vorstellungsgespräch, im Auswahlverfahren, im Assessment-Center mit den Gruppendiskussionen, Präsentationen etc. stehen vor allem Soft Skills und die Kommunikation auf dem Prüfstand.

Seminare für den Verband Deutscher Diätassistenten (VDD)

Diätassistenten, es sind in der Regel Diätassistent*innen*, haben eine schwere kommunikative Aufgabe zu bewältigen. Sie vermitteln zwischen Küchenpersonal, Schwestern und Ärzten, sie sind direkte Ansprechpartner und Berater des Patienten. Die daraus resultierenden Probleme können in der Mitte des team-dynamischen Kreises einmal ausgesprochen werden. Das Gefühl, beim Sprechen noch Menschen im Rücken zu haben, empfindet man dabei schnell als angenehm – man hat Kolleginnen hinter sich, die einem den Rücken stärken.

„Emotionale Intelligenz und soziale Kompetenz im team-dynamischen Kreis" ist der Titel des Seminars. Schon in den ersten Stunden des Trainings stellt sich Wohlbehagen und Zusammengehörigkeit in der Gruppe, das Teamgefühl, ein. Die angesprochenen Probleme werden im Rollenspiel dargestellt und veranschaulicht. Jede Teilnehmerin wird mit einbezogen, um Lösungsvorschläge zu erarbeiten. Das gibt den Diätassistentinnen Mut, stärkt ihr Selbstvertrauen und motiviert sie für den beruflichen wie auch für den privaten Alltag.

In der Hochschullehre
· ·

Die Lehre an Hochschulen kann mittels der Methodik des *team-dynamischen Kreises* wirkungsvoll unterstützt werden. Wie man die *Teamdynamik* einsetzen kann, wurde insbesondere an der **Fachhochschule Fulda** am Fachbereich Haushalt und Ernährung ausprobiert. Dieser Fachbereich weist sich in seinen Zielsetzungen als praxisorientiert, problemorientiert, ganzheitlich und interdisziplinär aus.

Lehrveranstaltungen, in denen man im *team-dynamischen Kreis* arbeitet, tragen dem Konzept des Fachbereiches voll Rechnung: Die Studierenden erwerben sich zu den obligatorischen Fach- und Methodenkompetenzen noch zusätzlich soziale Schlüsselqualifikationen.

Das Training im team-dynamischen Kreis fördert
➤ *Studierfähigkeit:* Basis für einen selbstbestimmten Lernprozess
➤ *Teamfähigkeit:* Basis für die in Teams praktizierte Projektarbeit
➤ *Berufsfähigkeit:* Basis, um in Wirtschaft und Gesellschaft Funktionen und soziale Verantwortung zu übernehmen

---

Wochenend-Workshops für Studierende

Für Studierende, die soziale Kompetenzen erwerben wollen, sind Workshop-Erfahrungen von großem Wert. Workshops sind eine Quelle der Erkenntnis, da sich die zu vermittelnden Zusammenhänge durch die echten Gruppensituationen, den intensiveren persönlichen Kontakt und die von äußeren Einflüssen ungestörte Lernsituation wesentlich besser vertiefen und auf den Punkt bringen lassen.

Kompakte Veranstaltungen über ein Wochenende bieten den Vorteil, durchgehend an einem Lernprozess dranzubleiben, während sonst das Ende der Vorlesung den Lernprozess jäh unterbricht. Workshops außerhalb des Hochschul-Terrains ermöglichen persönliche Lernprozesse, bei denen die Studenten sich aus ihrer konsumierenden Rolle befreien.

Insbesondere machen die Studenten in diesen Workshops ihre ersten Erfahrungen in der Mitte des Interaktionskreises. Einem Studenten, der sich in die Mitte des Kreises wagt, es aushält, dort zu stehen und sich von dort aus zu produzieren, wird es später nicht schwerfallen, sich vor Kommilitonen und Professor, zum Beispiel mit einem Referat, zu präsentieren.

Wochenend-Workshop „Personalentwicklung"

Wachstum des Betriebes und Entwicklung seines Personals hängen eng zusammen. Betriebliche Personalentwicklung kann aber nur derjenige begreifen, der am eigenen

Leibe erfahren hat und sich bewusst gemacht hat, was es heißt, sich persönlich zu entwickeln. Das Thema Personalentwicklung in Vorlesungen und über Referate intellektuell zu erfassen, wird allein nicht reichen.

Die Studenten müssen bereit sein, sich persönlich als ganze Menschen, ohne Vorbehalt, mit Herz, Hand und Verstand in eine Studentengruppe einzubringen. Das ist schwer, denn Cool-Sein ist angesagt. Aber das *Training im team-dynamischen Kreis* eignet sich, um Schritte und Stationen der Entwicklung – bei sich selbst wie bei anderen – nachzuvollziehen. Die Erfahrung eines Wochenend-Workshops lassen die Teilnehmer nicht nur spüren, was Personalentwicklung bedeutet, die Erprobung im Interaktionskreis ist nebenbei die beste Voraussetzung dafür, dass sie sich später einmal selbst zur Führungskraft oder zum Personalleiter qualifizieren.

28.2 Kommunikation und Präsentation

Die Kommunikationstechnik hat in den letzten Jahren große Fortschritte gemacht. Ob aber die Kommunikation als solche auch besser geworden ist, ist zumindest fraglich. Hat sie sich nicht sogar verschlechtert? Ist es nicht immer wieder die missglückte Kommunikation, die uns einen Strich durch die Rechnung macht, die den geschäftlichen Ablauf zurückwirft? In den meisten Unternehmen, inzwischen sogar in den kleinen, stehen Kommunikationsschwierigkeiten ganz oben auf der Problemliste.

An der Technik dafür kann es nicht liegen, denn diese ist heute flächendeckend, auch in den kleinen Firmen und Organisationen, installiert: mehrere ISDN-Anschlüsse, Telefon, Fax, Anrufbeantworter, Gesprächsaufzeichnung, Gesprächsumleitung, Mobil-Telefon, SMS, Freisprechanlage im Auto, Mailbox, Call-Center, Internet, Intranet, eMail – und was es sonst noch alles gibt.

„Die Kommunikationstechnik kann nicht die Kommunikation ersetzen. Die Technik ist nur ein Instrument und als solches erst wirksam, wenn es richtig eingesetzt wird" (vgl. Malik 2000, 337).

Man kann *nicht nicht* kommunizieren, und man präsentiert sich laufend selbst – also muss sich jeder mit der Kommunikationsfähigkeit beschäftigen. Diese umfasst hauptsächlich die vier Bereiche:

➤ *Gesprächsführung*: Informationen vermitteln, Verhandlungen führen, Mitarbeitergespräche und Kritikgespräche führen, sich in Sitzungen zu Wort melden
➤ *Moderation*: eine kommunikative Atmosphäre schaffen, Diskussionen leiten, die Pinnwandtechnik beherrschen, Rollenspiele anleiten; Gespür für die Dynamik in Gruppen, Teams und im Publikum; Umgang mit Störungen

➤ **Konfliktbewältigung**: Sachkonflikte von Beziehungskonflikten unterscheiden; Rangfolgen beachten, Anerkennung aussprechen; lösungsorientiert vorgehen, Konflikte als Chance sehen

➤ **Präsentation**: Vortrag, Visualisierung, Umgang mit technischen Hilfsmitteln; persönliche Wirkung, den repräsentativen Rahmen schaffen, die Zeit im Auge behalten

Die kommunikative Kompetenz hat im betrieblichen Bereich fünf systemische Ebenen, auf denen sie sich bewähren kann (vgl. LeMar 1997):

1. innerer Dialog
2. Dialog mit einem Partner
3. Kommunikation im Team
4. Kommunikation zwischen Abteilungen
5. Kommunikation des Betriebes mit dem Markt

Auch wenn wir den „inneren Dialog" einmal beiseite lassen – der Trainingsbedarf ist groß und vielfältig.

Die Kommunikations- und Präsentationsseminare im team-dynamischen Kreis unterscheiden sich wesentlich von anderen Seminaren dieser Art. Und zwar vor allem dadurch, dass die Teilnehmer nicht schweigend im Auditorium sitzen, während nur der Referent seine Kommunikations- und Präsentationsfähigkeit trainiert. Im team-dynamischen Kreis gilt das Prinzip der aktiven Teilnahme. Die Teilnehmer sind aufgefordert, selbst zu üben, den Schritt in die Mitte oder vor das Publikum zu wagen und sich immer wieder zu präsentieren – Übung macht den Meister.

Präsentationstraining für ein Chemie-Unternehmen

Viele der Teilnehmer gehen anfangs davon aus, dass sie eine tolle Präsentation hinlegen, sobald sie nur ein Präsentationsprogramm (zum Beispiel „Microsoft Powerpoint") beherrschen, tolle Folien aus der Tasche ziehen, Tricks aus einem Rhetorikkurs anwenden und ein umfangreiches Wissen über ihr Thema auswendig parat haben. Meistens ist das Gegenteil der Fall.

Schon bei den ersten Übungen stellt sich eindeutig heraus: Viele haben keinen Kontakt zum Publikum, weil sie sich hinter der Technik verstecken. Die wenigsten bemerken, dass das, was sie vermitteln wollen, beim Empfänger überhaupt nicht zündet. Zudem fehlt oft das Gefühl für die Zeit. Die Vorträge sind entweder zu kurz, meistens aber zu lang. Die wesentliche Aussage geht in einem Wust von gestelzten Füllwörtern verloren.

Durch sorgfältig aufeinander aufbauende team-dynamische Übungen und Rollenspiele werden die Teilnehmer sensibel dafür, dass sie als Referenten vor einem Publikum stehen, vor individuellen, lebendigen Mitmenschen, bei denen alle Attribute der Lebendigkeit vorkommen und auf die sie eingehen müssen: Erwartung, Skepsis,

Voreingenommenheit, Neugier, Ermüdung, Ablenkung, Verständnismangel, Kritik, Pausenbedarf, Profilierungsbedarf, Konkurrenzgefühle usw.

Vor allem dadurch, dass die Teilnehmer im Verlauf des Trainings des öfteren in die Mitte des Kreises kommen, treten sie auch emotional in Kontakt mit der Gruppe. Sobald sie aber einmal den Kontakt durch Herzklopfen oder weiche Knie körperlich erfasst haben, werden sie auch merken, wenn das Gruppenfeeling verloren geht. Die *Präsentation* wird auf eine reale Basis gestellt: die eigene emotionale *Präsenz*. In Verbindung mit den richtigen technischen Werkzeugen der Visualisierung und Rhetorik entsteht dann auch eine individuelle, ansprechende Präsentation.

28.3 Verkaufstraining

Verkaufen wird von vier Faktoren bestimmt:

➤ von der Persönlichkeit des Kunden
➤ von der Persönlichkeit des Verkäufers
➤ von der Beziehung zwischen dem Käufer und dem Verkäufer
➤ vom Produkt

Vom Produkt, das man verkauft, sollte man alles wissen. Aber seinen Kunden und sich selbst sollte man ebenso gut kennen. Wenn man seine eigene Persönlichkeitsstruktur und sein Verkaufsverhalten erkennt und versteht, wird man seine Stärken optimal einsetzen und mit seinen Schwächen so umgehen, dass der Verkauf nicht darunter leidet.

Ein Training im team-dynamischen Kreis ist eine Veranstaltung, in der man sich durchgehend selbst verkauft, das ist das Stressige. Aber man kann spielen und sich ausprobieren, ohne die Gefahr, dass dabei Umsatz verlorengeht; das ist das Gute.

Verkaufstraining für den Verband Deutscher Unternehmerinnen

Bei diesem Training werden die Teilnehmerinnen nach einem kurzen einführenden Überblick über das Thema Verkauf stufenweise dazu animiert, die Stärken ihres Unternehmens vor den anderen Teilnehmerinnen zu präsentieren: erst im Gespräch zu zweit, dann in einer Gruppe zu viert, zu acht usw. und schließlich vor allen Teilnehmerinnen. Für viele ein einzigartiges, unvergessliches, kribbliges und zugleich spaßiges Erlebnis.

28.4 Bewerbungstraining

Wer sich bewirbt, muss sich häufig gegen Hunderte von anderen Bewerbern beziehungsweise Konkurrenten auf dem Markt durchsetzen. Das Bewerbungsverfahren hat – drastisch ausgedrückt – den Charakter einer Verkaufsverhandlung für ein Produkt, das durch

Marketingstrategien platziert werden muss. Neben fachlichen Qualifikationen, die heutzutage immer schneller veralten, gewinnen vor allem die „Soft Skills" an Bedeutung, insbesondere: Teamdenken, Kooperationsfähigkeit, Motivationsfähigkeit und Flexibilität. Dementsprechend sind auch die Prüfkriterien, die bei Bewerbungen angewandt werden, weit von der Ausbildung an der Hochschule entfernt. Gefragt sind persönliche Kompetenzen und eine gründlich erarbeitete Marktorientierung.

Das einzigartige „Produkt", das der Bewerber auf den Markt bringen will, ist seine persönliche und fachliche Kompetenz sowie seine Einsatzbereitschaft. In der Phase der Bewerbung hat er also eine spannende und anspruchsvolle Aufgabe zu erledigen: Er ist sein eigener „Produktmanager".

Dementsprechend ist es erforderlich, dass der Bewerber eine realistische Selbsteinschätzung vornimmt, seine persönlichen Stärken und Schwächen auslotet und vor allem herausfindet, welche Ziele er wirklich hat und in welchem beruflichen Umfeld er tätig werden möchte (vgl. Hoffmann, Klug & Köhler 1999, 131 f.).

Bewerbungstraining für das Landesarbeitsamt Hessen

Arbeitsuchende finden oft deswegen keinen Arbeitsplatz, weil sie sich nicht in die bestehende Struktur eines Betriebes eingliedern lassen. Durch Teamaufstellungen finden sie über ihren Platz im Team oft auch wieder den Weg zu einem Platz im Arbeitsleben.

Im Team erhalten sie ein individuelles Stärken-Schächen-Profil: Alter, Größe, Geschlecht, Kompetenz, Erfahrung, Bildungsstand spielen dabei eine entscheidende Rolle. Im team-dynamischen Kreis gewinnen sie wieder an Sicherheit und Selbstvertrauen.

Aufgrund ihrer schlechten Erlebnisse in der Zeit der Arbeitslosigkeit haben viele Arbeitsuchende eingefahrene negative Denkstrukturen. Mit Hilfe der *Teamdynamik* und durch die Zugehörigkeit zu einem Team gelingt es ein Stück weit, sie wieder zu motivieren und zu integrieren, ihnen ein Ziel zu setzen oder ein Geländer zu geben. Besonders gut lässt sich im team-dynamischen Kreis der so genannte „Bewerbungs-Mix" trainieren: Telefonieren, sich präsentieren und vorstellen sowie die Vorbereitung auf ein Assessment-Center.

Die Zahlen belegen: Die Ergebnisse dieses team-dynamischen Trainings führen in Verbindung mit gut aufgemachten, repräsentativen Bewerbungsunterlagen zu einer überdurchschnittlich hohen Vermittlungsquote.

„Fit for Job" an der Volkshochschule

Der Kurs beginnt im offenen Halbkreis mit Pinnwandtechnik, um die persönlichen Wünsche und Ziele der Teilnehmer einzufangen. Zu den von ihnen genannten Schwerpunkten konzipieren die Teilnehmer dann eigene Einheiten, die sie vor der Gruppe präsentieren oder mit der Gruppe durchführen. Anschließend holen sie sich in der Mitte des Kreises ihr Feedback. Das Thema der Präsentation wird anschließend mit team-dynamischen Übungen noch vertieft und reflektiert. Geübt wird in spielerischer Form zum Beispiel das Auftreten, die freie Rede, Konfliktbewältigung und der Umgang mit Kritik. Der Kurs mündet am Ende in ein als Rollenspiel gestaltetes Bewerbungs- oder Prüfungsgespräch.

28.5 Kreativitätstraining

Von jeder Führungskraft wird heute Kreativität verlangt. Kreativ sein heißt, die Fähigkeit zu haben, über alte Denkgewohnheiten und Sichtweisen hinaus zu neuen Lösungen von Problemen zu finden. Kreativität gilt bei vielen Jobs als wichtiges Einstellungskriterium. Im Privatleben ist Kreativität eine hochgeschätzte Fähigkeit und zugleich eine Aktivität, die für manche das Leben erst lebenswert macht. Selbstständiges Denken und schöpferisches Entfalten sollen bei einem Kreativitätstraining systematisch gefördert werden.

Die Kreativität vieler Menschen leidet darunter, dass sie in eingefahrenen betrieblichen Strukturen feststecken und nicht mehr frei schöpfen können. „Das geht nicht" – „Das gibt es nicht" – „Da könnte ja jeder kommen" – „Das haben wir schon immer so gemacht" sind typische Sätze, die jede Kreativität im Keim ersticken.

Der team-dynamische Kreis ist hier ein Gegengewicht, er ist ein offenes Forum. Er ist nur eine Form – in der sich aber die Kreativität der Teilnehmer besonders gut entfalten kann. Den Inhalt bringen die Teilnehmer selbst hinein. Jede Idee, und sei sie noch so verrückt, kann aufgegriffen und gestaltet werden. Außer der Kreisform ist rein gar nichts vorgegeben.

Methodische Elemente wie Nonsense-Reden, nonverbale Reden, Sketche und Rollenspiele fordern und fördern die Kreativität der Teilnehmer in höchstem Maße.

29. Teamentwicklung und Kooperationsentwicklung

Die Teamentwicklung ist nur eine spezielle Variante der Kooperationsentwicklung.

➤ Im *Team* kooperieren Individuen, die alle ein- und derselben organisatorischen Einheit angehören, beispielsweise einer Abteilung, einer Firma oder einem Verein.

➤ In einer **Kooperation** tun sich verschiedene rechtlich oder wirtschaftlich selbständige Organisationen zusammen, um gemeinsam bessere Resultate zu erzielen. Sie werden allerdings von Individuen, von ihren Chefs, Vorständen oder Geschäftsführern vertreten, so dass es auch in einer Kooperation in hohem Maße auf die sozialen und kooperativen Kompetenzen der Einzelnen ankommt. Ein an die Zielgruppe angepasstes *Team-Training* („Kooperations-Training") kann für Teams wie für Kooperationen genau das Richtige sein.

29.1 Teambildung fördern

Wie wird aus einer Gruppe ein Team? Bei einer *„Gruppe"* schaut man auf die *Ähnlichkeit* der Elemente. Beispiel: Eine Gruppe chemischer Elemente mit ähnlichen chemischen Eigenschaften, eine Sitzgruppe (mehrere ähnliche Sitzmöbel), eine Gruppe von Bäumen, eine Gruppe Jugendlicher, eine Gruppe diskutierender Studenten, eine Touristengruppe, eine Berufsgruppe etc.

Bei einem *„Team"* hingegen schaut man auf die **Unterschiedlichkeit** der Mitglieder: Im Team sollen sich Kreativität und Produktivität der Einzelnen ergänzen, und es sollen sich gute Beziehungen aufbauen, die sich aus einem guten Umsatz von Geben und Nehmen entwickeln. Der gute Austausch wird deswegen laufen, weil jeder, wie auf einem Markt, etwas Unterschiedliches anbietet und auch nach etwas Unterschiedlichem nachfragt. Der Anlass der Teambildung liegt also auf der Sachebene.

Aber die Teambildung als solche findet nicht auf der Sachebene statt, sondern auf der Beziehungsebene – die Schwierigkeiten liegen immer auf der menschlich-emotionalen Ebene, auf der auch das Training im team-dynamischen Kreis ansetzt.

Teamentwicklung in einer Baufirma

Um den zukünftigen Herausforderungen des Marktes gewachsen zu sein, hat die Geschäftsleitung einer mittelständischen Baufirma mit etwa 100 Mitarbeitern ein neues Firmenkonzept erarbeitet:

Die Arbeitsprozesse im Unternehmen sollen sich durch die Kooperationsbereitschaft der Mitarbeiter auszeichnen. Eine neue Ordnung soll den Erfolg und die Arbeitsplätze sichern. In Zukunft will man an einem Strang ziehen, stabile und verlässliche Beziehungen eingehen. Man will flexibler, lebendiger und produktiver werden, um auf Veränderungen des Marktes sofort reagieren zu können.

Zur Umsetzung dieser Ziele lässt die Geschäftsleitung ihre Führungskräfte mit teamdynamischen Methoden schulen. Dabei soll quer durch alle Abteilungen (Hoch- und Tiefbau, Verwaltung) ein neues Teambewusstsein entwickelt und der Grundstein für eine neue Firmenkultur gelegt werden.

Die Mitarbeiter des Unternehmens – von der Firmenspitze über die Bauleiter, Meister und Poliere bis zu den Vorarbeitern – erhalten in vier Wochenend-Workshops Impulse, den Begriff *Team* anders zu fassen, als sie es bisher getan haben.

Das Problem ist nicht, dass die Kollegen nicht im Team arbeiten können. Im Gegenteil, auf den Baustellen arbeitet man seit jeher im Team. Das Problem besteht eher darin, dass die Teams immer wieder gestört und dadurch auseinandergerissen wurden, dass man Einzelne plötzlich austauscht oder auf andere Baustellen schickt: „Ihr gebt uns heute den Jochen und den Jürgen, dafür bekommt ihr nächste Woche den Thomas zwei Tage ..." Was soll das Team da machen? Höhere Belange! Gegen die Bauleitung kommen die Kollegen nicht an.

Im Laufe des Trainings bildet sich ein neues Bewusstsein: Das Team ist nicht die eigene Bautruppe, sondern die gesamte Firma, die eine Einheit bildet. Die Konsequenz wird von den Fimenmitgliedern auf eine kurze Formel gebracht: *teamfähig = tauschfähig*.

29.2 Teams coachen

Teamarbeit wird heute praktisch von jedem verlangt, wo immer er auch arbeitet, welche Vorbildung er auch immer hat. Jeder gibt bei seiner Einstellung vor, teamfähig zu sein und gerne im Team zu arbeiten, sonst würde man ihn ja gar nicht einstellen. Aber wie sieht es wirklich in den Teams aus? Wie steht es mit der Effizienz und der Reibungslosigkeit? Viele Teams sind gar keine – es sind nur Gruppen von Arbeitnehmern. Was sind die Versäumnisse:

➤ Die Teams werden übereilt zusammengestellt
➤ Es wird zu wenig durchdacht, wer mitwirken soll und wer nicht
➤ Rollen und Funktionen werden nicht richtig geklärt
➤ Aufgaben und Arbeitsweisen werden nicht sorgfältig formuliert
➤ Ziele werden nicht definiert oder zu wenig präzisiert
➤ Die Zielsetzungen werden vorgegeben, anstatt sie mit den Mitarbeitern zu vereinbaren

Je mehr dies alles zutrifft, desto mehr Sitzungen werden nötig sein, um mit den Unklarheiten und Pannen fertig zu werden. Die wirkliche Arbeit kommt dann meist zu kurz. Und ist es wirklich nötig, immer gleich alle zusammenzurufen? „Teamarbeit ist zwar durch gute Zusammenarbeit gekennzeichnet. Aber das bedeutet nicht, dass immer alle Teammitglieder gleichzeitig in Sitzungen sein müssen. Gute Teamarbeit ist durch Minimierung des Sitzungsbedarfs charakterisiert" (Malik 2000, 281).

Wenn sich ein Team zu einem Coaching trifft, ist das zentrale Anliegen die Klärung von Fragen, die für eine gute Zusammenarbeit wichtig sind:
➤ Wie können wir unsere Aufgaben effizienter bearbeiten?
➤ Welche persönlichen Konflikte und Beziehungsstörungen behindern uns dabei?
➤ Wie sehen die Einzelnen ihre Rollen im Team?
➤ Wie gestalten wir unsere Entscheidungsprozesse?
➤ Was ist die Funktion des Teams innerhalb der gesamten Organisation?
➤ Welche Erwartungen stellt die Organisation an das Team?

Ziel des Team-Coachings ist es, sowohl aktuelle Störungen zu bearbeiten als auch zu schauen, was gut funktioniert und wie es noch besser zu machen ist. Coaching in Unternehmen bietet die Möglichkeit, die Räume für einen „herrschaftsfreien Dialog" auszuweiten, so dass alle Beteiligten angstfrei ihre Probleme offenlegen können. Dies ist in der Praxis zunächst nur eine Zielvorstellung. Deshalb wird beim Team-Coaching der jeweilige Vorgesetzte nicht immer mit einbezogen (vgl. LeMar 1997, 277).

TeamTraining für Sportler

Was liegt näher, als ein *TeamTraining* mit Mannschaftssportlern oder Sportmannschaften zu machen? Nirgendwo taucht der Begriff „Team" häufiger auf als in der Sportberichterstattung.

Aber die wenigsten Mannschaften sind wirklich Teams. In der Mehrzahl der Fälle handelt es sich eher um Zweckgemeinschaften als um Gemeinschaften mit geklärten und intakten Beziehungen. Die Kraft und das Potenzial, das in einem funktionierenden Team steckt, wird oft nicht erkannt, geschweige denn genutzt – denken wir nur einmal an den bezahlten Fußball.

In einem team-dynamischen Training für Sportler kommen Methoden und Übungen zum Einsatz, die speziell auf Sportler abgestimmt sind und sie auf neue, bereichernde Weise in geistige und soziale Bewegung bringen. Die Techniken werden so vermittelt, dass sie in Training und Wettkampf eingesetzt werden können, und so, dass Motivation und Wellness der Sportler nachhaltig gefördert und erhalten werden. Die Rollen der einzelnen Mannschaftsmitglieder werden transparent gemacht. Die Mannschaft strukturiert sich nicht nur nach sportlicher Leistung, sondern auch nach sozialen Gesichtspunkten. Das wirkt sich auf den Zusammenhalt und auf die Wettkampfergebnisse positiv aus. Erfahrungen belegen eindeutig die gute Wirkung von psycho-sozialen Trainings im Sportbereich.

29.3 Teams trainieren

Das *ideale Team* hat eine einmalige, unverwechselbare Identität und kooperiert gerne mit anderen Teams des größeren Systems, zu dem alle gehören – sei es innerbetrieblich oder zwischenbetrieblich. In einem idealen Team

➤ wird jedes Mitglied mit seinen Stärken gesehen, mit seinen Schwächen akzeptiert und deutlich wertgeschätzt

➤ wird jedes Mitglied in schwierigen fachlichen und persönlichen Situationen unterstützt

➤ kann jedes Mitglied angstfrei ins Unreine sprechen und auch einmal spinnen

➤ hält jedes Mitglied sich gerne auf, weil es Kraft und Zuversicht aus dem Team schöpft;

➤ bringt jedes Mitglied seine besten Leistungen, hat Spaß und entwickelt sich beruflich und persönlich weiter. (Vgl. Carsten Schäper, Teamtrainer)

Um sicherzustellen, dass das Team in diesem Sinne wirklich stabil und harmonisch aufgestellt (zusammengestellt) ist und jedes Mitglied seinen Platz fühlt und füllt, ist es dann und wann angebracht, die Mitglieder zu einem *Team Training* einzuladen.

Hier werden sie nach teamspezifischen und aktuellen Kriterien aufgestellt. Der Trainingseffekt beruht darauf, dass diese Teamaufstellungen mit den betreffenden (betroffenen) Teammitgliedern stattfinden. Man arbeitet also *nicht mit Stellvertretern* wie bei anderen Systemaufstellungen, zum Beispiel Familien- oder Organisationsaufstellungen. Trotzdem gibt es eine unverkennbare Verwandtschaft zu den Systemaufstellungen mit Stellvertretern:

➤ *Der Kreis* kann als idealisierte Form einer „Schlüssaufstellung" gesehen werden

➤ *Die Kreisfläche* ist ein „Kohärenzfeld" mit teambildender Kraft, ein „wissendes Feld", das weiß, wo jeder richtig steht

➤ *Die Kreismitte* ist ein „aufgeladener Platz", der Ort zum Handeln und Gestalten, der zugleich am meisten geschützte und gefährdete Platz

➤ *Die Plätze im Kreis* sind ebenbürtig, können aber einen Rang haben, der im Uhrzeigersinn von Platz zu Platz abnimmt

➤ *Der gute Platz* wird zur guten Reihenfolge, die sich aus Merkmalen oder aus Einschätzungen durch das Team eindeutig ergibt

➤ *Lösungssätze* werden ersetzt durch Zusprüche, die kaskadenartig in der Reihe vollzogen werden: spontan gesprochene, nicht vorgegebene Worte, die Anerkennung und Wertschätzung ausdrücken

➤ *Interventionen* bekommen einen spielerischen Charakter: Unangemessenheit von Zusprüchen oder angemaßte Plätze korrigieren sich durch die Reaktion des Teams oder durch räumliche und körperliche Abbildung des Irrtums

➤ An die *Stelle des Leiters* treten Trainer und Co-Trainer, sie sind Gäste im System, zugleich die Ersten und die Letzten im Team, sie animieren, moderieren und motivieren das Team

29.4 Beziehungsintelligenz trainieren

Das Berufsleben ist nach *Stefan F. Gross* (1997) ein Beziehungsleben: Man arbeitet nie im „luftleeren Raum", man steht immer in Beziehung mit anderen Personen, die mit darüber entscheiden, unter welchen Rahmenbedingungen man arbeitet, welche Freude man an seinem Beruf hat, ob und wie schnell man seine Ziele erreicht. Beziehungsintelligenz ist darum ein entscheidender Faktor.

Beziehungsintelligenz äußert sich in der Klugheit, der Wachheit und der Umsicht, die man in der Kommunikation und Kooperation an den Tag legt. Beziehungsintelligenz bedeutet nicht nur, den anderen treu mit fachlichen Leistungen und Informationen zu versorgen, sondern die persönliche Kommunikation und Kooperation für den anderen zu einem Erfolgserlebnis und außergewöhnlichen Erlebnis zu machen. Beziehungsintelligenz bedeutet vor allem die Fähigkeit,

➤ die Persönlichkeit und die Eigenheiten des Partners zu erfassen

➤ in besonderer Weise auf ihn und seine Interessen einzugehen

➤ sein Selbstbewusstsein und Selbstwertgefühl zu stärken

➤ seinen Mut, seine Energie und seine Entschlossenheit zu stärken

➤ ihm ein Höchstmaß an Nutzen und persönlicher Zufriedenheit zu liefern

Beziehungsintelligenz ermöglicht es dem Einzelnen, die bestmöglichen Beziehungen zu seinen beruflichen Partnern zu schaffen und dabei deren Wertschätzung, Wohlwollen und Unterstützung zu gewinnen.

Die Beziehungsintelligenz der Mitarbeiter zu fördern ist eine der bedeutendsten, aber auch anspruchsvollsten Aufgaben in einem Unternehmen oder einer Organisation. Es ist eine Daueraufgabe, die systematisch und konsequent angegangen werden muss. Nur wenn es dem Unternehmen gelingt, intern eine Kultur der Beziehungsintelligenz zu schaffen und dieses Verhalten auf den Umgang mit Kunden, Gästen und Partnern zu übertragen, kann es das fachliche Potenzial seiner Mitarbeiter ausschöpfen und im Markt wirtschaftlich erfolgreich bestehen (vgl. Gross 1997).

Handelsschule Fulda

Das Projekt *TeamTraining* (Fachhochschule Fulda) führt für die Handelsschule mit je einer Klasse Büro-, Bank- und Großhandelskaufleuten jeweils ein Tagesseminar durch.

Die anfängliche Skepsis der Teilnehmer weicht nach den ersten auflockernden Übungen im team-dynamischen Kreis. Für die Berufsschüler ist es ungewohnt, so intensiv in Aktion und in den Mittelpunkt des Geschehens zu treten. Die Übungen lösen sie erst einmal aus ihrer zurückhaltenden Rolle. Als dies gelungen ist, kann man sie kaum mehr bremsen. In den abschließenden Sketchen schlagen sie schon fast über die Stränge. Man hat den Eindruck, als hätten sie das erste Mal Gelegenheit, sich auszutoben.

Jeweils am Ende des Tages kommt es dazu, dass in den Gruppen persönliche Beziehungen angesprochen werden. Ein besonders schönes Ergebnis ist, dass eine der Klassen es schafft, eine bislang als Außenseiterin geltende Schülerin zu integrieren.

29.5 Kooperationen und Netzwerke aufbauen

Kooperieren ist mehr als kommunizieren, das ist hinreichend klar geworden. In den Betrieben und Organisationen wird nicht Kommunikation, sondern Kooperation von den Menschen verlangt. Sie sollen gemeinsam wirksam werden, durch Synergie-Effekte effektiver werden. Bloße Kommunikation ist vielleicht interessant, ist sozialer Kitt, ersetzt die Fellpflege, aber bringt als solche noch nichts zustande. Erst bei gelungener Kooperation erweist die Kommunikation ihre Qualität.

Zur *Kooperationsentwicklung* zählen alle Maßnahmen, die man einsetzt, damit produktive Systeme (Unternehmen, Betriebe, Filialen, Abteilungen, Teams) besser mit anderen Systemen kooperieren können.

Training im team-dynamischen Kreis ist eine Methode für die Teamentwicklung, aber damit auch für die Kooperationsentwicklung. Die sozio-dynamischen Gesetzmäßigkeiten sind in der Kooperation ähnlich wie im Teamwork: Es zeigen sich Sympathien und Antipathien, Konkurrenzen und Koalitionen, es gibt Initiatoren und Trittbrettfahrer.

Die spannenden Fragen der Kooperation sind: „Wer ist federführend, wer dominiert wen, wer nimmt wen über den Schnabel?"

Gleichberechtigung ist bei kooperierenden Organisationen eine Illusion. Bei *zwischenbe-trieblichen* Kooperationen und Netzwerken kommen erschwerende Umstände hinzu, da die Betriebe nicht von vornherein an einem finanziellen Strang ziehen und da der Erfolg meist auch noch in den Sternen steht. Jede kooperierende Firma, jedes Institut, jeder Verband wird sich besorgt fragen: „Bekommen wir auch mindestens das heraus, was wir hineingesteckt haben?" – „Wird unser Name, wird unsere Marke, wird unsere Unabhängigkeit erhalten bleiben?"

Kooperation verlangt die Überwindung all dieser Hindernisse. Einige egoistische Ziele müssen zugunsten gemeinsamer Zielsetzungen aufgegeben werden. Aber es kann sich lohnen, weil der gemeinsam gebackene Kuchen größer ausfällt als alles zusammen, was die Einzelnen gebacken bekommen. Selbst wenn die Teilnehmer im *team-dynamischen Kreis* aus unterschiedlichen Organisationen stammen, deren unterschiedliche Interessen sie repräsentieren, besteht die Chance, dass sie zu fairen Teamplayern werden und zu einer von allen getragenen Politik gelangen.

Der Prozess der Kooperationsentwicklung läuft zügiger, vielleicht auch ein wenig reibungsloser, wenn er von einem unabhängigen Berater oder Teamtrainer moderiert wird, der in keinem der kooperierenden Unternehmen „Aktien" hat.

Kooperation zwischen Filialen

Ein Beispiel aus der Praxis: In einen Kooperationsworkshop kommen aus drei Filialen eines Großhandels je vier Mitarbeiter. Alle setzen sich in den team-dynamischen Kreis. Befragt nach dem positiven Ergebnis, das sie sich wünschen, äußern sie einhellig, dass sie mehr miteinander zusammenarbeiten und sich besser kennenlernen möchten. Der Trainer: „Ein tolles Ziel. Fangen wir gleich damit an! – Wer kommt alles aus der Filiale Bad Neustadt? Ich bitte um Handzeichen." Diejenigen, die sich melden, sitzen alle nebeneinander – „zufällig".

Tatsache ist: Potenzielle Kooperationspartner wollen oder können nicht so ohne weiteres aufeinander zugehen. Sie zögern und bleiben vorsichtig in ihrem Verband. Sie wollen erst miteinander bekannt gemacht werden, am besten eingeteilt werden: Wer soll mit wem zuerst sprechen? Dazu brauchen sie, allem Anschein nach, immer erst eine „Anweisung". Der team-dynamische Kreis schafft räumliche Nähe, er durchmischt die Gruppe: Jeder soll erst einmal neben jedem sitzen. So können die neuen Kollegen einander besser kennenlernen und kollegiale Beziehungen aufbauen.

Dafür aber brauchen sie konkrete Aktionen, die sie gemeinsam planen und Schritt für Schritt umsetzen: Wer macht was – mit wem – bis wann – wo – wie – womit – wozu? Für jeden der Beteiligten muss klar sein, mit welchen Zielvorstellungen er dabei ist. Am besten klärt die Kooperation die Ziele mit Hilfe der Pinnwand-Arbeit. Jeder schreibt je ein Kärtchen zu den Fragen:

➤ **Was will ich für mich?**
➤ **Was will ich für die Kooperation?**
➤ **Was will die Kooperation für Markt und Gesellschaft?**

Jeder „steht" zu seinen Zielen, indem er vor den Kooperationspartnern stehend sein Kärtchen vorstellt und eigenhändig an die Pinnwand heftet.

Berater-Netzwerk

Bei der Gründung eines Berater-Netzwerkes führt der Moderator, ein Teamdynamiker, in einer der ersten Sitzungen die Kommunikation im team-dynamischen Kreis ein. Die Netzwerk-Mitglieder nehmen die Form sofort an. Schon nach ihrem dritten Treffen sind sie von der Wirksamkeit so begeistert, dass sie einstimmig beschließen, ab jetzt nur noch in dieser Form zu tagen. Die Zielabsprachen, das Festlegen von Spielregeln findet stets über die Mitte statt. Abstimmungen werden einstimmig getroffen, weil stets ein Konsens gefunden wird, der alle Meinungen und Bedenken berücksichtigt.

Sogar Mitglieder, die speziell mit den team-dynamischen Methoden keine Erfahrung haben, wagen es, den Kreis team-dynamisch zu moderieren. Ein gutes Vorankommen des Gründungsprozesses bestätigen vor allem diejenigen Berater, die schon andere Netzwerke mit begründet haben.

29.6 Virtuelle Unternehmen begleiten

Ein virtuelles Unternehmen versteht sich nach *Angelika Hamann* (1997, 165) als ein flexibles Netzwerk unabhängiger Unternehmen, die sich zusammenschließen, um ein bestimmtes Sachziel zu erreichen, ohne damit die eigene Identität (Namen, Rechtspersönlichkeit) aufgeben zu müssen. Betriebsgröße und Branche der Beteiligten können ebenso beliebig sein wie ihr Standort und ihre Funktion.

Die einzige Verbindung innerhalb dieser Unternehmen ist die Datenautobahn und nicht die Verbindung von Abteilungen durch Gänge, Flure und Fahrstühle. Die Mitglieder dieser Unternehmen sitzen in ihrem privaten Zuhause. Arbeit im Bereich des Privatlebens ist aber problematisch. Denn die Familie ersetzt nicht die Kollegen, der Kühlschrank nicht die Kantine. Wo bleibt der persönliche Austausch von Angesicht zu Angesicht? Verstreut arbeitende Mitarbeiter auf Tele-Arbeitsplätzen werden mit der Zeit unzufrieden. Ihnen macht die Vereinzelung zu schaffen, sie vermissen Menschen, mit denen sie sich zusammensetzen und auseinandersetzen können. Ihnen fehlt ein Stück zwischenmenschlicher Kultur – das Team, das Wir-Gefühl.

Der Tele-Arbeiter sitzt ohne Wir, und darum auch ohne Ich, vor seinem Bildschirm. Er ist „Benutzer" einer Oberfläche. Als „Mitmensch" existiert er nicht. Er kann weder prahlen noch sich bedauern lassen. Er kann an seinem Geburtstag niemandem einen ausgeben. Mit der Zeit hat er ein Defizit: Die ganze Gefühlsskala kommt zu kurz.

Das virtuelle Unternehmen wird sich nur dann durchsetzen, wenn es nicht nur als technisches, sondern auch als *sozio*-technisches System leben darf. Die Digitaltechnik allein ist weder kreativ noch produktiv. Der Mensch bleibt der primäre Produktionsfaktor, er muss im Mittelpunkt stehen. Auch in der vernetzten Arbeitswelt.

Jeder erlebt die Welt von sich aus. Man hat sich selbst – und braucht die anderen. Auch der Tele-Worker ist ein individuelles „Ich". Aber wie kann sich das Ich erkennen, wenn es kein Wir mehr gibt? Die Persönlichkeitsentwicklung wird rückwärts gehen. Es gibt Tele-Worker, die sich davor fürchten durchzudrehen, wenn sie nur noch eine Stunde länger auf den Monitor starren. Sozialwissenschaftler würden sagen: Eine Individuation ohne Sozialisation ist nicht möglich. Das gilt auch für die zu einem Unternehmen vernetzte Tele-Arbeit.

Man kann virtuell überall gleichzeitig sein, aber ist nirgendwo wirklich präsent. Im rein virtuellen Raum entsteht kein Gefühl für Verantwortung. Das heißt also: Von den drei Kompetenzbereichen
➤ Medienkompetenz
➤ Sach- und Fachkompetenz
➤ soziale und emotionale Kompetenz

kommt der emotionalen Kompetenz noch mehr Wichtigkeit und Wirksamkeit zu, als dies in konventionellen Unternehmen schon bisher der Fall ist. Nur Menschen, die über eine ausreichende soziale und emotionale Kompetenz verfügen, die selbstmotiviert, vertrauensvoll, risikobereit und trotzdem autonom sind, können sich in solche Netze integrieren.

Der *team-dynamische Kreis* beantwortet die Frage: „Wie lerne ich meine Kollegen am besten und schnellsten persönlich kennen?" Ein Wochenende *TeamTraining* ist da in jeder Beziehung optimal. *TeamTraining* holt den Tele-Worker aus seiner Einsamkeit vor dem Bildschirm und bringt ihn in einen leibhaftigen Kontakt mit den Kollegen. Jetzt kennt man sich persönlich, ist nicht mehr anonym – so kann Vertrauen wachsen.

Menschen arbeiten viel motivierter, wenn sie die Menschen gut kennen, mit denen sie an einem Strang ziehen sollen. Am besten kennt man einen Menschen, wenn man einmal persönlich geworden ist. – „Nun werden Sie mal nicht persönlich!" Dieses Gebot verkehrt sich ins Gegenteil: Zur Unternehmenskultur eines Netzwerkes aus Tele-Arbeitern sollte es gehören, allen Mitarbeitern zweimal im Jahr ein *TeamTraining* zu gönnen, wo man mal so richtig persönlich werden kann.

Für das virtuelle Netzwerk werden völlig neue Führungskräfte notwendig. Nicht der Boss, sondern der Coach, der Mentor, der Trainer, der den Prozess begleitet, ist gefragt. Vor allem sind Trainer gefragt, die helfen können, die Kommunikations-, Kooperations- und Koordinationsfähigkeiten der Führungskräfte und Mitarbeiter weiterzuentwickeln.

Prozessbegleiter und Trainer sind gefordert, Hilfestellung zwischen den einzelnen Netzwerkpartnern zu leisten, um langfristig stabile informelle Vertrauensbeziehungen aufzubauen. Diese lassen sich nur durch die Begegnung von Mensch zu Mensch erzielen – *face to face*. Auch im virtuellen Unternehmen führt kein Weg daran vorbei (vgl. Hamann 1997, 169 ff.).

30. Personal- und Organisationsentwicklung

Personalentwicklung und Organisationsentwicklung sind zwei Aufgabenbereiche, die kaum voneinander abzugrenzen sind. Entwickelt sich das Personal, dann kann und will es anders – besser, effektiver oder höherwertig – eingesetzt werden. Das Stellengefüge und damit die ganze Organisation wird sich umstrukturieren und ebenfalls entwickeln. Umgekehrt: Entwickelt sich die Organisationsstruktur eines Unternehmens oder einer Institution, dann muss sich das Personal darauf einstellen. Die Mitarbeiter müssen sich mit ihren Funktionen neu einpassen, sie müssen weitere Kompetenzen erwerben und neue Verantwortlichkeiten übernehmen. Das Personal muss sich mit entwickeln.

Entsprechend wird sich ein Trainer oder Organisationsberater in beide Bereiche (Personalwesen und Organisation) hineindenken und seine Dienstleistung so konzipieren, dass sie sowohl dem Individuum als auch der gesamten Organisation dient – im Sinne von Wachstum und Qualifikation auf beiden Systemebenen. Er sollte hier einen ganzheitlichen, systemischen Ansatz verfolgen.

Beleuchten wir zunächst einmal die *Personalentwicklung* als die berufliche und persönliche Entfaltung der Mitarbeiter im Rahmen betrieblicher Zielsetzungen. Personalentwicklung soll

➤ die Qualifikation, Motivation und Selbstverwirklichung des Mitarbeiters erhöhen und damit seine Persönlichkeit fördern (*individueller Aspekt*)

➤ die Leistungs- und Wettbewerbsfähigkeit des Betriebes erhalten und fördern (*betrieblicher Aspekt*)

➤ zur Herstellung von Wohlstand und Vollbeschäftigung beitragen (*gesellschaftlicher Aspekt*)

Der Begriff „Personalentwicklung" steht auch für den speziellen betrieblichen Funktionsbereich, gleich ob dieser nur als wahrzunehmende Aufgabe oder als große Stabsabteilung existiert. Bei allen Maßnahmen müssen die Interessen der Mitarbeiter beachtet werden, genauso wie die Interessen des Betriebes, der auf Produktion und Ertrag ausgerichtet ist. Der Personalentwickler muss für eine bestmögliche Übereinstimmung zwischen den Fähigkeiten des Personals und den Anforderungen des Unternehmens Sorge tragen.

Die notwendigen Maßnahmen orientieren sich:
➤ an den vorhandenen Fähigkeiten der Mitarbeiter
➤ an der individuellen Bereitschaft der Mitarbeiter
➤ an den betrieblichen Notwendigkeiten

Alle Maßnahmen zur Personalentwicklung müssen sorgfältig geplant, durchgeführt und kontrolliert werden. Zur Durchführung stehen dem Personalmanagement verschiedene Instrumente und Methoden zur Verfügung.

Instrumente sind zum Beispiel: Stellenbeschreibung, Arbeitsbewertung, Mitarbeiterbeurteilung, Anforderungsprofile, Eignungsprofile, Nachfolgepläne, Laufbahnpläne, Laufbahnmodelle usw., alles Hilfsmittel auf informationeller Ebene.

Von **Methoden** spricht man, wenn die qualifizierenden Maßnahmen direkt bei den betreffenden Personen ansetzen: berufliche Erstausbildung, Fortbildung, Weiterbildung, Trainee-Programme, Planspiele und Studien, Sonderaufgaben, Stellvertretung, Qualitätszirkel sowie spezielle Methoden, die Führungskräfte und Mitarbeiterteams zu trainieren. Insbesondere gehört zu den Methoden auch das Training im team-dynamischen Kreis.

Die **Organisationsentwicklung** ist ein längerfristig angelegter Entwicklungs- und Veränderungsprozess einer Organisation samt den darin tätigen Menschen. Unter „Organisation" können sowohl die organisierenden Regelungen verstanden werden als auch das organisierte System selbst.

Zu den Organisationen (organisierten Systemen) zählen Unternehmen ebenso wie öffentliche Betriebe, Behörden und Institutionen. Mit der Organisationsentwicklung wird das Ziel verfolgt, die Leistungsfähigkeit der Organisationen sowie die Qualität des Arbeitslebens für die Mitarbeiter zu verbessern.

30.1 Personalauswahlverfahren

Die Bewerber nehmen im *team-dynamischen Kreis* Platz. Dies ist eine ehrliche, offene und effiziente Methode. Mit im Kreis sitzen:
➤ *erstens* der unmittelbare Vorgesetzte
➤ *zweitens* Mitarbeiter, die mit dem Neuen zusammenarbeiten sollen
➤ *drittens* eventuell der alte, ausscheidende Mitarbeiter – es kommt darauf an, ob dieser ein loyaler Mitarbeiter war, der aus dem Job herausgewachsen ist, oder ob er gekündigt wurde, weil er nicht länger tragbar war

➤ *viertens* ein Moderator – das kann ein externer Trainer sein, aber noch besser eine in *Teamdynamik* ausgebildete Führungskraft aus der Personalabteilung; in kleineren Unternehmen könnte es auch der Chef selbst sein

---

Auswahl eines Auszubildenden für einen Hotelbetrieb

Das Besondere: Die Bewerber um den Ausbildungsplatz finden sich im team-dynamischen Kreis mit ausgewählten Mitarbeitern wieder. Der Moderator stellt erst den Betrieb kurz vor und dann das Auswahlverfahren, das die Teilnehmer jetzt erleben:

Zunächst wird die Gruppe geteilt: Die Bewerber sitzen unter sich und besprechen, warum sie gerade hier in diesem Hotel ihre Ausbildung erhalten wollen. Anschließend unterhalten sie sich in Seitengesprächen mit den Mitarbeitern des Betriebes über ihre Motive und können Fragen stellen. Daraufhin bekommt jeder die Gelegenheit, sich einmal in der Mitte zu zeigen.

Die Mitarbeiter beraten nun untereinander, wer wohl am besten auf die Stelle passt. Sie legen eine Priorität fest: Wer kommt als erster, als zweiter usw. in Frage, eingestellt zu werden? Auch die Bewerber machen unter sich ein Ranking. Beide Gruppen teilen ihr Ergebnis dem Moderator mit – und in diesem Fall decken sich die Ergebnisse. Die eingestellte Bewerberin hat sich im Laufe ihrer Ausbildung prächtig entwickelt. Sie passt wunderbar ins Team.

30.2 Qualitätszirkel

Unter einem Qualitätszirkel versteht man eine Serie von freiwilligen, regelmäßig durchgeführten Gesprächsrunden („Gesprächszirkeln") in kleinen Gruppen, die von einem Moderator begleitet werden.

Hier diskutieren und analysieren die Teilnehmer Probleme und Schwachstellen des eigenen Arbeitsbereiches. Sie denken über Lösungsmöglichkeiten nach und präsentieren Verbesserungsvorschläge. Ziel ist immer eine Steigerung der Qualität sowohl des Produktes als auch des Produktionsprozesses und damit auch des einzelnen Arbeitsplatzes.

Qualitätszirkel in einer Zimmerei

Die Zirkel finden turnusmäßig alle vierzehn Tage im team-dynamischen Kreis statt. Es gibt sowohl einen „Schnittstellenzirkel", der abteilungsübergreifend zusammengesetzt ist, als auch abteilungsinterne Zirkel.

Die Mitarbeiter beteuern, dass sie keine Sitzungen bräuchten, weil sie ohnehin ihre Probleme und Anliegen schon tausendmal vorgebracht hätten, ohne dass sich etwas für sie geändert hätte. Aber als sie diese Anliegen zum ersten Mal in der Mitte des Kreises vor versammelter Mannschaft vorbringen, kommen viele zurückgehaltene, lang aufgestaute Emotionen zum Vorschein.

Nun ist es an der Zeit, längst fällige Entscheidungen zu treffen und diese umzusetzen. Die folgenden Zirkel dienen dazu, die einzelnen Schritte zu planen und zu kontrollieren.

30.3 Mitarbeitertraining

Die von den Mitarbeitern in der beruflichen Erstausbildung erworbenen grundlegenden Qualifikationen (Kenntnisse und Fähigkeiten) reichen nicht aus, um für alle Zeiten die ständig steigenden Anforderungen im beruflichen Leben zu erfüllen. Jeder Betrieb muss die Qualifikation seiner Mitarbeiter verbessern. Die Aus- und Weiterbildung jedes Einzelnen wird immer wichtiger. Das Wissen verdoppelt sich derzeit alle zwei Jahre, und alle Zeichen deuten darauf hin, dass sich die Geschwindigkeit im nächsten Jahrzehnt noch steigern wird. Die Mitarbeiter müssen deshalb permanent lernen und wachsen.

Grundform in den Seminaren und Trainingsveranstaltungen ist immer der team-dynamische Kreis. Keinesfalls sollte den Mitarbeitern ein Training zugemutet werden, das dem Lernbetrieb und dem Frontalunterricht der Schulen oder Hochschulen gleicht. Davon lassen sich gestandene Arbeitnehmer in der Regel nicht mehr motivieren.

Mitarbeiter brauchen ein Training im eigentlichen Sinn. Dabei geht es nicht in erster Linie um Wissensvermittlung, sondern um den Erwerb von Handlungskompetenz: Sie trainieren für das Arbeitsleben. Deshalb muss das Training die Mitarbeiter fordern und sie an Grenzen heranführen.

30.4 Führungskräftetraining

Die Wirtschaft ruft nach sozial kompetenten Führungskräften, die etwas von ihrem Fach verstehen und darüber hinaus fähig sind, produktiv im Team zu arbeiten und Teams zu führen. Insbesondere auch ausbildende und beratende Institutionen brauchen Mitarbeiter von Format, Führungskräften, deren Stärke in der Kommunikation liegt, die angstfrei in und vor einer Gruppe argumentieren können und sich gleichzeitig in andere Menschen einfühlen können, um gemeinschaftlich Probleme zu lösen.

In einer Untersuchung (vgl. Malik 2000, 16) wurden die 600 größten Unternehmen in Deutschland befragt, welche Führungsqualitäten sie verlangen. Das Ergebnis ist eindrucksvoll. Die *ideale Führungskraft* ist:
➤ unternehmerisch denkend
➤ teambildend

➤ kommunikativ
➤ visionär
➤ international ausgerichtet
➤ ökologisch orientiert
➤ sozial orientiert
➤ integer
➤ charismatisch
➤ multikulturell
➤ intuitiv entscheidend

Die Frage nach der idealen Führungskraft ist aber falsch, da es diesen Idealtypus nicht gibt. Es gibt nur gewöhnliche Menschen, die aber alle vollkommen unterschiedlich sind. Anstatt: „Was ist eine ideale Führungskraft?" sollte gefragt werden: „Was ist eine *wirksame Führungskraft*?" Diese Fragestellung unterscheidet sich radikal von der ersten. Ihr Ausgangspunkt ist nicht das Genie, sondern der gewöhnliche Mensch – denn andere als gewöhnliche Menschen gibt es nicht (vgl. Malik 2000, 18).

Wirksame Menschen sind so verschieden, wie Menschen nur verschieden sein können. Genau das, wonach immer gesucht wird, nämlich Gemeinsamkeiten, gibt es kaum. Was hingegen existiert, ist die Individualität der Menschen. Die einzige Gemeinsamkeit, die man bei wirksamen Menschen finden kann, besteht in ihrer handwerklichen Professionalität und einigen charakteristischen Elementen ihrer Arbeitsweise:

1. *Regeln,* Grundsätze, von denen sie sich bewusst oder unbewusst leiten lassen, durch die sie ihr Verhalten disziplinieren
2. *Aufgaben*, die sie mit besonderer Sorgfalt und Gründlichkeit erfüllen
3. *Werkzeuge*, die sie kompetent und manchmal virtuos einsetzen

Das Handwerk des Führens von Menschen und Unternehmen kann man lehren und lernen (vgl. Malik 2000, 19 ff.).

Workshop für Führungskräfte

Das Rationalisierungs- und Innovationszentrum der Deutschen Wirtschaft e.V. veranstaltet mehrere Wochenend-Workshops für Führungskräfte mit dem Titel „Teamfähigkeit und Kreativität". Jedesmal kommt eine sehr heterogene Gruppe zusammen. Die Skala reicht vom Ingenieur über den Berater, Künstler, Architekten, Abteilungsleiter, Verkaufsleiter, Verwaltungsangestellten bis hin zum Firmenchef und Klinik-Träger. Frauen sind nur wenige dabei. Zwei erwähnenswerte Erfahrungen kristallisieren sich heraus:

Erstens: Führungskräfte sind spezielle Leute, Alpha-Tiere, die von Natur aus eine gewisse Dominanz mitbringen. Das Messen der Kräfte, die Rangkämpfe kosten Zeit. Wer ist denn nun der Größte und kann den Ton angeben? Das Selbstbild vieler

Führungskräfte verträgt es aber nicht, sich schlicht einzufügen. Ein Alpha-Tier, das sich nicht an die Spitze des Teams stellen kann, fühlt sich heruntergestuft statt gefördert. Zum Konsens findet man nur gegen ein Außen: „Das Seminar hat kein Programm ...“ – Da müssen die Trainer aufpassen, dass sie noch die Kurve kriegen.

Zweitens: Jedesmal sind einige Teilnehmer dabei, die aus derselben Firma kommen und sich schon gut kennen. Genau diese sind es, die in Gefahr stehen, die Zielsetzung des Workshops nicht zu erfassen und vorzeitig abzureisen. Sie haben so viel damit zu tun, sich voreinander zu beweisen und ihre schon festgezurrte Sozialstruktur zu halten, dass sie für neue Kriterien nicht mehr offen sind und den Effekt vieler Übungen verpassen. Diese Erfahrung ist kein Einzelfall, sie liegt in drei Varianten vor: mit *vier*, mit *drei* und mit *zwei* Firmenkollegen. Hieraus ergibt sich die Konsequenz, bei einem „offenen Workshop“ für Führungskräfte nur noch *einen* Teilnehmer pro Firma aufzunehmen. Entweder die Teilnehmer kommen alle aus derselben Firma – oder sie kennen sich überhaupt nicht. Dass nur einige sich näher kennen, belastet das Training sehr.

Führungskräfte zu Trainern

Erfolgreiche Führungskräfte sind fast schon Trainer. Erfolgreiche Manager werden immer wieder nach dem Geheimnis ihres Erfolges befragt. Diejenigen unter ihnen, die sich bewusst sind, wie man's macht, beginnen es darzulegen. Und sie finden Spaß daran, ihr Know-how weiterzugeben; sie fangen an, andere Führungskräfte auszubilden. Zirka acht Wochenend-Workshops im team-dynamischen Kreis genügen, dann sind sie als Trainer für Führungskräfte sattelfest und können ihre eigenen Workshops und Seminare geben.

30.5 Ausbildung zum Coach, Trainer, Supervisor

Coach, Trainer, Supervisor – der Unterschied in der Aufgabe ist nicht von tragender Bedeutung. Sie alle leiten, moderieren, fühlen sich ein, geben passende Impulse, ohne sich zu involvieren. Unterschiedlich sind eher die Einsatzbereiche. Ganz grob gesprochen, ohne terminologischen Anspruch, kann man diese folgendermaßen zuordnen:

➤ **der Coach:**
für Sportler, aber auch für Manager mit geschäftlichen und unternehmerischen Zielen

➤ **der Trainer:**
für die berufliche und persönliche Weiterbildung, für soziale und emotionale Kompetenzen

➤ **der Supervisor:**
für die heilenden, pflegenden, pädagogischen und psychologischen Berufe mit sozialer Verantwortung

Alle drei brauchen Gefühl und Gespür für sozio-dynamische Prozesse. Sie brauchen den entsprechenden beruflichen Hintergrund sowie Feldkompetenz im Hinblick auf die Aufgaben und Institutionen ihrer Klienten und Teilnehmer. Alle drei brauchen eine humane Orientierung mit einem positiven Menschenbild. Darüber hinaus ist eine gewisse Abgeklärtheit und Gelassenheit gefordert: Coach, Trainer oder Supervisor kann nur jemand werden, der

➤ sich in Selbstreflexion besonnen hat

➤ Selbsterfahrung in ausgeprägter Form praktiziert hat

➤ sich die Methoden und Instrumente des Coachings, der Trainingsleitung oder der Supervision angeeignet hat

➤ die notwendige Nähe zu Teilnehmern aufbauen, aber auch Distanz halten kann

➤ sich einfühlt, aber auch gleichzeitig weiß: Das ist nicht mein Problem (vgl. Ernst Trillmich, Supervisor)

Eine wirksame Ausbildung für den Coach, den Trainer und den Supervisor ist die im *teamdynamischen Kreis*, natürlich geleitet von einem entsprechend qualifizierten, anerkannten und erfahrenen Ausbilder.

Coaching

Das *Zentrum für systemische Forschung und Beratung* in Heidelberg versteht unter Coaching die professionelle Form der persönlichen Beratung und Unterstützung von Führungskräften. Coaching arbeitet im Spannungsfeld von Person, Funktion und Unternehmen mit der Perspektive, die individuellen Kompetenzen und Bedürfnisse mit den Anforderungen der Arbeit und den Zielen des Unternehmens in Einklang zu bringen. Durch das Coaching reflektiert der Klient auch sein Berufsleben vor dem Hintergrund des persönlichen Lebens- und Karriereentwurfs.

Coaching ist keine Therapie und ersetzt sie auch nicht. Bei einer Therapie geht es mehr um die Aufarbeitung von schwierigen persönlichen Problemen, die in allen Lebenslagen auftreten können und meist ihre Ursache in der Vergangenheit haben. Im Mittelpunkt des Coachings steht die aktuelle berufliche Situation. Coaching ist immer auf das Erzielen von betrieblichen oder geschäftlichen Ergebnissen ausgerichtet. Wer im Job Schwierigkeiten auf Grund von Defiziten in seiner Persönlichkeit hat, ist in einer Therapie besser aufgehoben.

Der Betriebswirt, Psychologe und Kommunikationsberater *Bernd LeMar* unterscheidet drei Formen von Coaching:

➤ Einzel-Coaching

➤ Team-Coaching

➤ Gruppen-Coaching

Coaching hält immer mehr Einzug in dienstleistungsorientierte Unternehmen und wird zunehmend auch in Handwerks- und Industriebetrieben erfolgreich eingesetzt. Als Wegbereiter stand das Konzept der Supervision Pate, das schon seit langem in sozialen Einrichtungen und in der psychotherapeutischen Praxis unverzichtbarer Bestandteil des Arbeitsprozesses ist.

Das Coaching stammt aus dem Spitzensport, in dem Einzelne beziehungsweise Teams von einem Coach begleitet werden. Coaching im Unternehmen beinhaltet professionelle Prozessberatung und -begleitung mit Hilfe psychologischer Methoden und solider Kenntnis gruppendynamischer Prozesse. Die Zielsetzung ist, ganz allgemein formuliert: Manager bei Freud und Leid in ihrer Berufsausübung zu unterstützen. Im Vordergrund steht, je nach individueller Situation, die Steigerung der beruflichen Qualifikation, Effizienzsteigerung oder die Förderung methodischer und sozialer Managementkompetenzen (vgl. LeMar 1997, 276 ff.).

Gruppen-Coaching

Die Teilnehmer der Gruppe kommen hier aus unterschiedlichen Abteilungen und Organisationseinheiten, haben aber gleiche oder ähnliche Funktionen. Im Unterschied zum Team-Coaching haben sie miteinander keine unmittelbare Arbeitsbeziehung. Sie haben jedoch jeweils Arbeitsbeziehungen mit anderen Menschen, und diese Beziehungen sind Thema des Workshops.

Die Teilnehmer können zum Beispiel alle Verkaufsleiter an unterschiedlichen Standorten sein, und es werden deren persönliche Erfahrungen beim Kundenkontakt besprochen. In dieser Konstellation fällt es leichter, eine persönliche Problematik offen anzusprechen, weil alle Beteiligten wissen, dass sie außerhalb einer solchen Zusammenkunft keinen kollegialen Kontakt haben und nachher wieder auseinandergehen (vgl. LeMar 1997, 277 f.).

Einzel-Coaching

In Einzelsitzungen mit dem Coach werden Führungskräfte oder Mitarbeiter unterstützt, die beruflich viel mit Menschen arbeiten, zum Beispiel in der Kundenbetreuung oder Beratung. Ziel des Einzel-Coachings ist die Selbstreflexion, die Analyse der Arbeitsbeziehungen, Unterstützung persönlicher Lern- und Reifungsprozesse, Visions- und Wertbesinnung sowie Förderung von spezifischen Managementkompetenzen. Manchmal geht es auch um die Suche nach neuen Karrierewegen oder um den Ausbau einer aktuellen Position (vgl. LeMar 1997, 276).

Supervision
·················

Für Vorgesetzte in jedem Berufsfeld, besonders aber für Verantwortliche in heilenden, pflegenden, sozialen und pädagogischen Berufen gibt es mehrere Ebenen, die systemisch zusammenwirken:

➤ *die Institution* = der Betrieb, Arbeitgeber
➤ *die Funktion* = das Amt, die Stelle, die Rolle
➤ *die Person* = das eigene Ich, das einen Platz im System braucht

In diesem komplexen Feld sind die Beziehungen zwischen den einzelnen Ebenen mehr oder weniger ausgewogen. Mitunter kommt es zu Spannungen, diese sind Ausdruck von Entwicklungen (vgl. Ernst Trillmich, Supervisor).

Ein Bedarf an Supervision entsteht immer dann, wenn es Störungen gibt, wenn zum Beispiel Veränderungen anstehen, wenn sich Neues entwickelt oder wenn die Zielvorgaben verändert werden. Neben der Einzelsupervision gibt es auch die Supervision von Gruppen und Teams, die kreativ und produktiv miteinander arbeiten. Dabei betreut der Supervisor die Mitglieder in existenziellen Fragen:

➤ „Was passiert in eurem Team mit euch Einzelnen?"
➤ „Was macht ihr miteinander?"
➤ „Was ist euer Ziel?"
➤ „Wie geht ihr mit Problemen um?"
➤ „Wie sucht ihr gemeinsam nach Lösungen?"

Gleich, ob Coaching oder Supervision, ob für Teams, Gruppen oder für einzelne Personen, immer wirken sozio-dynamische Kräfte, die ein erfahrener Teamdynamiker lesen und ordnen kann.

Wellness-Trainer
·····················

Ein Schwerpunkt in der Wellness-Philosophie ist die Gruppenunterstützung. Wellness ist im Alleingang nicht möglich. Der Wellness-Suchende ist ein soziales Wesen und braucht einen angemessenen Platz in der Gemeinschaft, braucht persönliche Kontakte, um sich wohl zu fühlen.

Was ist ein Wellness-Trainer oder ein Wellness-Animateur? Auf die kürzeste Formel gebracht: Ein Teamtrainer, der zusätzlich etwas von gesunder Ernährung versteht und dies auch vermitteln kann. Bewegungs- und Entspannungsprogramme hat der Teamtrainer ohnehin schon auf der Palette.

Ganz entscheidend für den Wellness-Trainer ist das Gruppen-Feeling, das man sich im *team-dynamischen Kreis* notwendigerweise erwirbt. Wer in den Workshops gelernt hat, die

Bedürfnisse der Gruppe zu fühlen und sich mit seinen Stärken und Schwächen einzubringen, der versteht es auch, mit Wellness-Suchenden und Kurgästen richtig umzugehen – immer wissend, was in der Gruppe gerade los ist, um sofort darauf zu reagieren.

Ein in *Teamdynamik* ausgebildeter Wellness-Trainer weiß genau, wie er den Kontakt und die Kommunikation unter seinen Gästen beleben kann. Er wird es so anfangen, dass die Beziehung der Gäste untereinander stabil wird, so dass er sich am Ende selbst wieder herausnehmen kann. Ihm wird es da nicht wie den vielen Animateuren gehen, die durch ihren Job mit 30 Jahren ausgebrannt sind.

Ausgebildete Wellness-Trainer vermitteln den nach Wellness Suchenden eine gesunde Lebensweise: in einer intakten Umwelt und mit einer gesunden Ernährung. Sie achten auf ausreichende Bewegung und bewegen sich selbst gerne. Sie verstehen sich auf Entspannungsmethoden und gehen auch entspannt an ihre Arbeit. Sie fördern die Kommunikation, weil sie selbst gerne kommunizieren.

31. Kommunikation und Interaktion in Gruppen

Teamdynamiker sind zugleich Animateure und Moderatoren, die ihre Fähigkeiten und Erfahrungen aus den team-dynamischen Kreisen überallhin mitnehmen können, wo Menschen in Gruppen kommunizieren und interagieren. Es müssen nicht unbedingt Weiterbildungsveranstaltungen, Workshops oder Trainings sein, die ein Teamdynamiker moderiert.

Menschen treffen sich zu Sitzungen, Tagungen, Konferenzen oder auch mal zur Selbsterfahrung, treffen sich als Publikum, wollen sich kennenlernen, austauschen, wollen feiern, etwas gemeinsam erleben. So wandelt sich die Teamdynamik immer wieder einmal zur Gruppendynamik, aber ebenso zur Verbandsdynamik, Gremiendynamik oder zur Publikumsdynamik. Alles kein großer Unterschied für denjenigen Trainer, der sich das Feeling für die „soziale Dynamik" in sozialen Systemen erworben hat und mit Empathie in die betreffende Gesellschaft hineingeht.

31.1 Publikumsdynamik

Nicht alle Methoden der *Teamdynamik* lassen sich ohne weiteres auf eine Großgruppe oder ein Publikum übertragen. Zum Beispiel gibt es in einem in Reihen sitzenden größeren Publikum keinen sozialen Mittelpunkt. Wer etwa auf dem mittleren Platz der mittleren Reihe sitzt, sitzt nicht im Mittelpunkt der Aufmerksamkeit. Bei einem Publikum richtet sich die Aufmerksamkeit nach vorne. Der Referent sitzt vorne, er ist ein „Vorsitzender" (sitzt vor dem Publikum) oder „Vorstand" (steht vor dem Publikum). Die Aufmerksamkeit eines Publikums bei einem Vortrag ist in der Regel nicht so konzentriert wie beim *Training im team-dynamischen Kreis*.

Gewisse Elemente kann ein Moderator jedoch aus dem team-dynamischen Methodenbündel auf den Umgang mit einem Publikum übertragen, zum Beispiel:

➤ Er kann Meinungsäußerungen durch „Blitzlicht" sammeln. Er kann die Anwesenden abstimmen lassen.

➤ Er kann sie zu Seitengesprächen einteilen, zum Platzwechsel bewegen oder auch in Gruppen aufteilen oder kann sie nach Merkmalen gruppieren.

➤ Er kann sie im Chor sprechen oder singen lassen. Er kann sie eine „Rakete" oder eine „Welle" machen lassen oder sie zu allen möglichen Aktivitäten und körperlichen Übungen – sofern sie am Platz möglich sind – anleiten.

Ein Publikumsdynamiker kann einen Saal zum Lachen und zum Weinen, zum Kochen und zum Tanzen bringen, natürlich nur, wenn diese Emotionen latent schon vorhanden sind.

Gästebetreuung in der Ferienanlage „Rhön Residence"

Die in Teamdynamik ausgebildeten Animateure der *Rhön Residence* haben die zündende Idee: Sie veranstalten einen Begrüßungsabend und fragen alle hundert Gäste mittels „Blitzlicht" persönlich, was für Aktivitäten sie sich für ihren Urlaub wünschen. Jeder Vorschlag individuell soll im Programm berücksichtigt werden. Wenn der Programmpunkt nicht hotelintern durchgeführt werden kann, kümmern sich die Animateure um eine entsprechende Möglichkeit außer Haus.

Durch diese Vorgehensweise kommen sie mit den Gästen und diese auch untereinander in Kontakt. Der Begrüßungsabend mündet in viele einzelne Gespräche. Erste Interessengruppen formieren sich unter den Urlaubern, zum Beispiel, um zusammen Tennis zu spielen oder um eine Fahrgemeinschaft zu bilden.

Das Animationsprogramm ist seitdem ein voller Erfolg. Mindestens die Hälfte der anwesenden Gäste nimmt das Angebot wahr und identifiziert sich damit – schließlich finden sie die eigenen Anregungen darin wieder. Jede Urlaubswoche ist anders. Neue Gäste – neues Programm: Stadtführungen in Fulda, geführte Wanderungen in die Natur, Tischtennis, Aqua-Fitness, Entspannungsprogramme mit Autogenem Training, Yoga und vielem, was dem Wohlbefinden dient.

31.2 Verbandsdynamik

Verbandsarbeit ist etwas anderes als Teamarbeit. Gleichwohl können bestimmte systemische Prinzipien aus der Teamdynamik in der Verbands- und Vereinsarbeit wiedererkannt werden. Denn hier geht es auch um Zugehörigkeit (Mitgliedschaft), Ordnung (Verbandsstruktur) und den Ausgleich von Geben und Nehmen. Was gibt der Verband den Mitgliedern? Was tragen die Mitglieder zum Wohlergehen des Verbandes bei? Wie ergänzen sich die Fähigkeiten?

In den Meetings und Tagungen kann sich die Verbandsdynamik durch eine adäquate Sitzordnung noch besser entfalten. Jeder Teilnehmer bekommt einen würdigen, angemessenen Platz, der auch seine Funktion im Verband widerspiegelt. Und damit bekommt auch jeder schnell einen Überblick über die Zusammensetzung der Anwesenden: Das „Who is who?" wird anschaulich – das ist besonders hilfreich für diejenigen, die noch nicht oft dabei waren und vielleicht für eine Mitarbeit gewonnen werden sollen.

Die einzelnen „Statusgruppen" ordnen sich am besten im Uhrzeigersinn, wie es sich bei systemischen Organisationsaufstellungen und bei der Teamdynamik bewährt hat. Kriterien der Sitzordnung im Verband sind zum Beispiel: Erst kommen die ordentlichen, dann die fördernden Mitglieder, dann die Gäste. Zuletzt und zugleich zuerst – sozusagen als Verbindungsstück – die Moderatoren bzw. Tagungsleiter. Die Feinstruktur könnte folgendermaßen aussehen:

Verbandsmitglieder, ordentliche
➤ gewählte Funktionsträger: Regionaldirektor, Vizedirektor, Kassenprüfer
➤ ehrenamtliche Funktionsträger
➤ ehemalige Funktionsträger
➤ Mitglieder ohne spezielle Funktion

Fördermitglieder
➤ gewählte Funktionsträger: Sprecher, stellvertretende Sprecher
➤ ehrenamtliche Funktionsträger
➤ ehemalige Funktionsträger
➤ Fördermitglieder ohne spezielle Funktion

Gäste
➤ ehemalige Mitglieder
➤ Gäste, die eine Mitgliedschaft beantragen wollen (zukünftige Mitglieder)
➤ Delegierte anderer Verbände, Interessenten

Gäste aus Wissenschaft und Bildungswesen
➤ Professoren, Dozenten, Lehrer (sind Ausbilder der potenziellen Mitglieder)
➤ Studierende (sind potenzielle Mitglieder)

Sonstige Gäste
➤ Reporter, Berichterstatter
➤ Partnerinnen und Partner der Verbandsmitglieder
➤ Partnerinnen und Partner der Gäste

Verantwortliche
➤ Trainer, Referent, aktueller Moderator
➤ Ausrichter, Organisatoren

Vom Status her Ebenbürtige sitzen nach der Dauer der Zugehörigkeit. Studierende sitzen nach der Schulstufe oder dem Semester. Partnerinnen und Partner sitzen nach dem Rang ihrer Partner. Wenn sich herausstellt, dass sich jemand durch seinen Platz zu wenig gewürdigt oder zu sehr „hochgejubelt" vorkommt, wird die Rang- und Reihenfolge reflektiert und gegebenenfalls verändert.

31.3 Wellness-Workshops

Lutz Hertel, der Gründer und Vorsitzende des Deutschen Wellness Verbandes e.V., hat durchdrungen, was Wellness ist und warum wir es brauchen:

„Um Wellness zu erfahren, gehen moderne Menschen in ein Wellness-Studio und fragen dort nach Massagen, Moorpackungen, Ölguss oder Aromatherapie. Aber wonach suchen sie wirklich?

Es gibt in unserer heutigen Gesellschaft ein Defizit an Streicheleinheiten, sowohl körperlich als auch seelisch. Wellness-Tempel verkaufen Nähe. Die Menschen, die dort arbeiten, fassen ihre Mitmenschen so an, dass es ihnen guttut. Massage ist natürlich kein Ersatz für Liebe, aber es ist ein Weg dorthin. Massage beseitigt die soziale Isolation für dreißig Minuten. Noch wichtiger aber ist: Sie macht Lust auf mehr, gibt Körpergefühl zurück, schärft das Bewusstsein für das, was fehlt.

Wellness ist kein Egoismus oder Narzissmus, es ist eher ein Stück Sinnsuche. Der moderne Mensch hat kaum noch kulturelle oder religiöse Leitplanken. In Zeiten unbegrenzter Wahlmöglichkeiten sucht er nach der einfachen Lösung: Was tut mir gut, was bringt mich in die Balance, was hält mich und meine Familie gesund, was vereint uns alle, was zerstört nicht die Natur? Diese spirituelle Komponente von Wellness ist genau das Gegenteil von Hedonismus, vom Streben nach Sinneslust und Genuss.

Heute geht es um die Vereinbarkeit von gesundem Leben und Sichwohlfühlen, was früher ein Widerspruch war. Wer viel Sport trieb, schindete sich. Wer essend und rauchend faule Tage im Bett verbrachte, lebte vielleicht angenehm, aber verdammt ungesund. Wellness löst diesen Widerspruch auf, verspricht sinnlichen Genuss und Gesundheit. Die gesundheitsfördernde Wirkung von maßvoller Bewegung, von guter Ernährung und Entspannungstechniken, ob allein oder in der Gruppe, ist bewiesen. Bei Wellness geht es um Sein statt Haben: der perfekte Gegenpol zur krankmachenden Leistungsgesellschaft."

Wellness ist nicht nur ein Befinden, es ist vor allem ein Lebensstil-Konzept. Als solches kann es zwar gut in einem Buch beschrieben werden, nachhaltig vermittelt wird es aber besser in Workshops. Dort können Wellness-Suchende, quasi als Team von Gleichgesinnten, unter der Anleitung eines ausgebildeten Trainers erfahren und verstehen, was Wellness wirklich ist, und es als Know-how mit nach Hause nehmen.

Am Anfang jeder Wellness-Einheit im team-dynamischen Kreis stellt der Trainer die Frage nach dem momentanen Wohlbefinden der Teilnehmer. Ausgehend vom Ist-Zustand dient der Workshop dazu, Beeinträchtigungen zu eliminieren und das Wohlbefinden nach und nach zu steigern. Im wesentlichen geschieht dies in vier Bereichen:

1. Ernährung
Erfassung des momentanen Ernährungszustandes, Aufstellen eines individuellen und praktikablen Ernährungsplans und Training des Ernährungsverhaltens in Rollenspielen

2. Bewegung
einfache, spielerische Bewegungseinheiten unter team-dynamischen Gesichtspunkten, Wanderungen und Spaziergänge an der frischen Luft und in intakter Natur, gesundes Laufen und Aufbau eines Laufprogramms sowie Bewegung im Wasser

3. Entspannung
sanfte Methoden wie Autogenes Training, progressive Muskelentspannung, Yoga, Alta Major, Fantasiereisen, meditative Übungen für die innere Balance

4. Sozialisation
das Finden des angenehmen sozialen und räumlichen Platzes, zum Beispiel durch Teamaufstellungen, gemeinsame Spiele und Übungen als Motor für die zwischenmenschliche Kommunikation

Die Erfahrung zeigt, dass während eines Wellness-Workshops durchaus einmal unangenehme Gefühle aufkommen können, wie beispielsweise Trauer oder Ratlosigkeit. Solche Gefühle sind aber willkommen, sie sind eine wichtige Durchgangsstation auf dem Weg zu einer neuen, höheren Stufe von Wohlbefinden.

31.4 Kommunikative Events

Der *team-dynamische Kreis* fördert Beziehungen, und das von Anfang an. Jede Beziehung beginnt aber mit dem Kennenlernen, und da kann ein Moderator helfen: Er sorgt dafür, dass die Kommunikation in Gang kommt, dass sich die Kontaktängste abbauen, dass sich die Teilnehmer durchmischen, dass jeder Anschluss an die Gruppe findet, dass es lustig wird und jeder sich austauschen kann.

Kennenlern-Tage der Hotelfachschule Hannover

Seit 1991 führt die Hotelfachschule Hannover in Kooperation mit den Teamdynamikern aus Fulda alljährlich für ihre neue Unterstufe einen Kennenlern-Workshop durch. Die Anonymität innerhalb der Schülerschaft soll möglichst schnell abgebaut, gleichzeitig die konstruktive Zusammenarbeit gefördert werden. Grabenkämpfe zwischen Klasse a und Klasse b sollen von vornherein als vollkommen unnötig erkannt werden.

Die neuen Schüler durchlaufen ein spezielles mehrtägiges Animations- und Motivationsprogramm unter der Anleitung ausgewählter Oberstufen-Schüler, die in vorgeschalteten Trainings-Seminaren als „Moderatoren" ausbildet wurden. Durch Übungen in kleinen, systematisch wechselnden Gruppen bekommen die Schüler der Unterstufe Gelegenheit, einander schnell von der persönlichen Seite kennenzulernen und Hemmungen abzubauen.

Diese Veranstaltung bringt den Schülern sehr viel Spaß, und jedesmal gibt es entscheidende Impulse für ihre Selbstdarstellung und Sozialisation in den Klassengemeinschaften. Anschließend werden in ersten Ansätzen die Gruppenprozesse analysiert und das eigene Verhalten reflektiert. Im weiteren Unterrichtsverlauf werden diese Ansätze vertieft.

31.5 Feiern und Festlichkeiten

Vorweg: Der team-dynamische Kreis ist keine Form fürs Feiern. Er ist eine reine Trainingsform, ein sozio-dynamisches Probe- und Arbeitsfeld unter der Anleitung eines Trainers.

Das Feiern ist eine Aktivität der Gemeinschaft, in der die Kommunikation dem freien Spiel der Kräfte überlassen werden soll – ohne Trainer, ohne Supervision. Die Gastgeber präsentieren ihr Haus und tun etwas für ihr Ansehen: Sie geben ein Essen oder laden zu einer Party ein. Die Gäste wollen sich zeigen, vergleichen, gewinnen, noch hinzukommen oder sich unauffällig wegdrücken, aufsteigen oder abdanken. Alle rüsten sich auf, versuchen ihre Rolle zu spielen. Jeder will charmant und humorvoll sein, denn es ist ernst! Gute Laune ist mitzubringen! Geurteilt und gelästert wird erst hinterher.

Ein Fest ist nicht wirklich eine Vergnügungsreise. Es ist eher eine Haltestelle, ein Meilenstein, ein Aufmarsch, ein Aufbau fürs Fotoalbum. Für ein Fest gibt es ein meist ungeschriebenes Protokoll, das man kennen sollte, für das man Kleidung, Schmuck, eventuell auch Schminke richtig auswählen muss. Man muss sich beherrschen, richtig benehmen, ein Lächeln auf den Lippen tragen. Die Vielfalt der Gefühle kommt auf einem Fest sicherlich zu kurz.

Der Stuhlkreis findet beim Festefeiern keine Verwendung. Im Gegenteil, er wäre kontraproduktiv und würde eher Schaden anrichten. Trotzdem läuft natürlich bei jeder Feier und auf jedem Fest eine soziale Dynamik, etwa als Teamdynamik, Familien-, Firmen- oder Vereinsdynamik – oder eben eine dynamische Mischung, oftmals an der feinen Tafel. Alles kann sehr kompliziert und anstrengend werden. Und so kann es durchaus nützlich sein, dass sich der Gastgeber einen Moderator sucht, der das soziale Ereignis mit Know-how und förderlichen Impulsen versorgt, etwa als „Zeremonienmeister" oder „Conférencier".

Der Moderator ist am besten ein unabhängiger, vom feierlichen Anlass nicht selbst betroffener Helfer, der die Mentalität der Gästeschaft gut genug kennt und bedienen kann. Er kann verschiedene organisatorische, aber auch repräsentative Funktionen übernehmen.

Zum Beispiel: Er sorgt für den Saalaufbau, die Bestuhlung, die Dekoration, gibt Ratschläge für die Tischordnung, gestaltet und moderiert das Programm, begrüßt und platziert die Gäste. Er spricht einen Trinkspruch auf den Gastgeber, auf den Jubilar oder das Jubelpaar. Er holt im richtigen Moment das Geschenk, die Überraschung hervor, lässt die Torte reinfahren, was auch immer. Er kümmert sich um die Abstimmung mit der Küche, mit der Musikkapelle, regelt Licht und Lautstärke, bittet zum Tanz und führt die Polonaise an.

Als Moderator hat er den Ablauf unter Kontrolle und weiß jederzeit, wie die Gäste in Schwung zu bringen, bei Laune zu halten und zu würdigen sind. Er versteht sich darauf, die Gäste miteinander in Kontakt zu bringen. Seine Arbeit lässt die Festlichkeit, die Feierlichkeit gelingen und macht sie unvergesslich. Kurz: Ein Teamdynamiker kann auch das gesellschaftliche Leben bereichern, egal ob Hochzeit, Diplomfeier, Firmenjubiläum oder Gartenfest.

31.6 Tagungen und Konferenzen

Wenn Manager oder Wissenschaftler als Fachleute in den geistigen Austausch treten, dann geht es nicht immer fein und zivilisiert zu. Im Tagungs- und Konferenzwesen herrscht häufig eine Unkultur, wobei es natürlich löbliche Ausnahmen gibt.

Die Themen und die Tagesordnungen scheinen für die Teilnehmer oft nur ein Alibi zu sein, zu einer Tagung zu kommen. Die besten Gespräche hat man vorher, darum wird es auch im Saal noch nicht still, wenn der Referent schon spricht. Und die besten Kontakte hat man in den Pausen und nachher, wenn der offizielle Teil vorüber ist und man sich mit den alten, bekannten Kollegen trifft. Man ist sich einig über das zähflüssige Programm, die überflüssigen Tagesordnungspunkte, über die Mittelmäßigkeit der Beiträge. Denn sehr häufig reden die Redner zu lange, kann man die Folien nicht gut lesen, langweilt man sich wegen der Langatmigkeit der Themen. In der Pause wartet man zu lange am Buffet, kann nicht mit den interessanten Gesprächspartnern an einem Tisch sitzen, trinkt aus Verzweiflung eine Tasse Kaffee zu viel.

Was kann man gegen ein solches Desaster tun? Was kann vor allem der *Veranstalter* tun, damit das Meeting, die Fachtagung, die Konferenz, das Symposium, der Open Space wirklich zum vollem Erfolg wird? – Mit Verlaub, er kann einen erfahrenen Tagungsmoderator engagieren, am besten einen „Publikumsdynamiker", und diesem verschiedene Aufgaben übertragen, für die er selber keine Kapazität mehr hat.

Dieser Moderator kümmert sich um sämtliche Ebenen des organisatorischen Ablaufs und betreut die mitwirkenden Personen. Er verbürgt sich dafür, dass das Programm – vor allem in der Zeiteinteilung – optimal ausgewogen ist. Er bereitet den Raum oder Saal vor, veranlasst, dass Stühle und Tische in die passende Formation gestellt werden, justiert das Pult und die Leinwand. Er kennt sich aus mit dem Overhead-Projektor und den Medien, weiß, wie das Fester zu öffnen, das Licht zu dimmen, das Mikrofon einzuschalten ist und wie die Lautsprecheranlage funktioniert.

Er begrüßt die Sitzungsteilnehmer, das Publikum. Er verfolgt den Ablaufplan, weiß, wie lange jeder Referent Redezeit hat. Er kündigt den Referenten an, verliest vielleicht dessen Vita. Stellt ihm ein Mineralwasser hin und zeigt ihm damit, dass es jemanden gibt, der sich um ihn kümmert. Zeigt ihm aber auch aus der ersten Reihe eine große Uhr, die ihn ermahnt, Schluss zu machen. Er moderiert die ganze Reihe der Referenten, würdigt den letzten, „höchst interessanten Vortrag" und leitet zum nächsten Thema über.

Er überwacht die Pauseneinteilung und sorgt, sollte es mal keine Pause geben, für Bewegungsprogramme zwischen den Beiträgen. Er kann auch humorvolle Einlagen bieten, das Publikum ein wenig aufmischen. Er leitet die Tagungteilnehmer in den Speisesaal und eröffnet das Buffet.

Die Chancen, die in einer Veranstaltung liegen, sollte man ausschöpfen. Die Qualität und Effektivität der Veranstaltung kann man erhöhen. Ein Moderator macht's möglich, falls er das Gebiet der „Publikumsdynamik" beherrscht. Ein zufällig im Publikum sitzender Teamdynamiker hat mit seinem Moderations-Know-how schon so manche Tagung spontan bereichert, ja sogar vor dem Misslingen gerettet.

31.7 Spezielle Zielgruppen

Moderation kann überall dienlich sein, wo Menschen in Gruppen kommunizieren und interagieren. Aber nicht automatisch befindet sich unter ihnen eine ausgesprochene Führungskraft, die das Talent und die Autorität hat, eine koordinierende, wortführende Rolle anzunehmen. Nicht in jeder Gruppierung gibt es den sozial und rhetorisch begabten Moderator.

Sei es ein Club, Verein, Verband, ein Gremium, ein Beraterstab – die gemeinsame Sache soll nicht zu kurz kommen. Auch in einer Arbeitsgemeinschaft, einer Initiative oder Selbsthilfegruppe kann eine sachkundige und zugleich einfühlsame Moderation das gemeinsame Anliegen fördern.

Gruppendynamische Ernährungsberatung

Ernährungsverhalten lässt sich nicht durch ein Gespräch ändern. Es muss bewusst gemacht und neu eingeübt werden. Der Grund des Übergewichts vieler Menschen liegt nicht darin, dass sie zuviel essen. Das Problem liegt tiefer: Man muss sich fragen, warum sie zuviel essen. Der Mensch ist ein soziales Wesen. Die Ursachen des Übergewichts sind nur zu 5 % organisch bedingt. In 95% der Fälle sind sie auf psycho-sozialer Ebene zu finden, das heißt im Klartext: Probleme im Job, in der Familie oder in der Beziehung.

Die größtenteils von den Krankenkassen und in Kliniken praktizierte Form, Einzelberatungen durchzuführen, brachte bisher nicht den gewünschten Erfolg. In den meisten Fällen wird die Beratung vom Arzt *verordnet*, die sogenannten Ratsuchenden sind also gar nicht an einer Beratung interessiert. Sie würden nie aus freien Stücken zur Beratung kommen und sind von vornherein auf Abwehr eingestellt. Für den Berater ist es dann eine hoffnungslose Mission, etwas am Ernährungsverhalten des Klienten zu verändern. In Einzelgesprächen kommt es häufig zur Meinungsfront zwischen Berater und Klient.

Das *Training im team-dynamischen Kreis* eignet sich auch als Ansatz für neue Formen der Ernährungstherapie. Der Interaktionskreis bietet die Möglichkeit, das Ernährungsbewusstsein und das damit verbundene Essverhalten nachhaltig zu verändern. Im Rollenspiel wird dem Teilnehmer transparent, welchen Stellenwert das Essen und Trinken in seinem sozialen Leben hat. In der Gruppe fühlen sich die Klienten unter ihres gleichen. Im Team sind effiziente und sinnvolle ernährungstherapeutische Prozesse aufgrund der guten Beziehungen und der Vertrauensbasis unter den Mitgliedern möglich. Dort kommt es nicht zu einem Schlagabtausch zwischen Berater und Klient.

Der Trainer sitzt mit den Gruppenmitgliedern auf einer Ebene, denn er sitzt mit ihnen zusammen im Kreis. Erst dadurch kann sich seine Kompetenz zeigen. Und ein erfahrener Teamtrainer wird es schaffen, eine Gruppe hinter sich zu bringen. Ein einzelner Quertreiber kann da nichts bewirken.

Die Förderung emotionaler Fähigkeiten verspricht Erfolge bei der Therapie von Essstörungen. Betroffenen Mitmenschen wird ermöglicht, ihre Gefühle und ihre wirklichen Bedürfnisse zu erkennen. Sie lernen, sich zu beruhigen und mit ihren Beziehungen besser klarzukommen, ohne bei jeder Gelegenheit gleich Zuflucht beim Essen zu suchen.

Literatur

Anderson, Greg: *Wellness – 22 Regeln zum Glücklichsein*. Carl Ueberreuter, Wien 1996

Arbeitsgemeinschaft Qualifikations-, Entwicklungs-Management Berlin: *Kompetenzentwicklung '96 – Strukturwandel und Trends in der betrieblichen Weiterbildung*. Waxmann, Münster 1996

Arbeitskreis Neue Arbeitsstrukturen der deutschen Automobilindustrie: *Teamarbeit in der Produktion*. Verband für Arbeitsstudien und Betriebsorganisation e.V., Carl Hanser, München 1993

Baer, Ulrich: *666 Spiele für jede Gruppe, für alle Situationen*. 2. Aufl., Kallmeyerische Verlagsbuchhandlung, Seelze-Velber 1995

Batz, Manfred: *Erfolgreiches Personalmarketing – Personalverantwortung aus marktorientierter Sicht*. Sauer, Heidelberg 1996

Bayer, Hermann: *Coaching-Kompetenz – Persönlichkeit und Führungspsychologie*. 2. Aufl., Ernst Reinhardt, München 2000

Boerner, Moritz: *Byron Katies THE WORK – Der einfache Weg zum befreiten Leben*. Goldmann, München 1999

Bischof, Marco: *Biophotonen – Das Licht in unseren Zellen*. 3. Aufl., Zweitausendeins, Frankfurt a.M. 1995

Blom, Herman: *Sitzungen erfolgreich managen*. Beltz, Weinheim 1999

Bonneau, Elisabeth: *Erfolgreich durch gutes Benehmen*. Augustus, München 2000

Brocher, Tobias: *Gruppenberatung und Gruppendynamik*. Rosenberger Fachverlag, Leonberg 1999

Bullinger, Hans-Jörg (Hrsg.): *Gesundheit, Wellness, Wohlbefinden – Personenbezogene Dienstleistungen im Fokus der Qualifikationsentwicklung*. Bertelsmann, Bielefeld 2001

Buzan, Tony & Buzan, Barry: *Das Mind-Map-Buch*. 5. Aufl., mvg, München 2002

BZgA Bundeszentrale für gesundheitliche Aufklärung (Hrsg.): *Was erhält den Menschen gesund? Antonovskys Modell der Salutogenese*. Bd. 6 der Reihe Forschung und Praxis der Gesundheitsförderung, Köln 1998

Csikszentmihalyi, Mihaly: *Das Flow-Erlebnis – Jenseits von Angst und Langeweile: im Tun aufgehen*. 6. Aufl., Klett-Cotta, Stuttgart 1996

Dethlefsen, Thorwald/Dahlke, Rüdiger: *Krankheit als Weg*. Bertelsmann, München 1983

Dettmer, Harald: *Personalwirtschaft für das Gastgewerbe*. Verlag Handwerk und Technik, Hamburg 1998

Döring, Klaus W.: *Lehren in der Weiterbildung – Ein Dozentenleitfaden*. 5. Aufl., Deutscher Studien Verlag, Weinheim 1995

Drucker, Peter F.: *Die Kunst des Managements*. Econ, München 2000

Dudley, Lynch & Kordis, Paul: *DelphinStrategien – Management Strategien in chaotischen Systemen*. Paidia, Fulda 1992

Ekman, Paul (Hrsg.): *Der Ausdruck der Gemütsbewegungen bei dem Menschen und bei den Tieren*. Eichborn, Frankfurt a.M. 2000

Endres, Egon & Wehner, Theo (Hrsg.): *Zwischenbetriebliche Kooperation*. Beltz, Weinheim 1996

Erb, Kristine: *Die Ordnungen des Erfolgs – Einführung in die Organisationsaufstellung*. Kösel, München 2001

Frosch, Herbert: *Im Netz der Beziehungen – Soziale Kompetenz zwischen Kooperation und Konfrontation*. Junfermann, Paderborn 2002

Fuchs, Helmut & Graichen, Winfried: *Bessere Lernmethoden – Effiziente Techniken für Erwachsene*. Obris, München 1994

Fuchs-Brüninghoff, Elisabeth & Gröner, Horst: *Zusammenarbeit erfolgreich gestalten*. Beck-Wirtschaftsberater im dtv, München 1999

Francis, Dave & Young, Don: *Mehr Erfolg im Team – Ein Trainingsprogramm mit 46 Übungen zur Verbesserung der Leistungsfähigkeit in Arbeitsgruppen*. Windmühle Verlag, Essen-Werden 1982

Friede, Christian K. & Sonntag, Karlheinz: *Berufliche Kompetenz durch Training*. Sauer, Heidelberg 1993

Galbraith, John K.: *Anatomie der Macht*. Bertelsmann, München 1989

Gardner, Howard: *Abschied vom IQ – Die Rahmen-Theorie der vielfachen Intelligenzen*. 2. Aufl., Klett-Cotta, Stuttgart 1998

Gardner, Howard: *Kreative Intelligenz*. Campus, Frankfurt a.M. 1999

Gemünden, Hans Georg & Högl, Martin (Hrsg.): *Management von Teams – Theoretische Konzepte und empirische Befunde*. 2. Aufl., Gabler, Wiesbaden 2001

Glasl, Friedrich: *Konfliktmanagement – Diagnose und Behandlung von Konflikten in Organisationen*. Paul Haupt, Bern 1980

Glaubitz, Uta: *Wer nicht weiß, was er sucht, hat Schwierigkeiten beim Finden!* Falken, Niedernhausen 2001

Goldfuss, Jürgen W.: *Endlich Chef – Was nun?* Campus, Frankfurt a.M. 2001

Goleman, Daniel: *Emotionale Intelligenz*. Carl Hanser, München 1996

Gottmann, John: *Kinder brauchen emotionale Intelligenz – Ein Praxisbuch für Eltern*. Diana, München 1997

Grochowiak, Klaus & Castella, Joachim: *Systemdynamische Organisationsberatung*. Carl-Auer-Systeme, Heidelberg 2001

Gross, Stefan F.: *Beziehungsintelligenz*. Verlag moderne industrie, Landsberg 1997

Habbel, Rolf W.: *Faktor Menschlichkeit – Führungskultur in der Net e-conomy*. Wirtschaftsverlag Ueberreuter, Wien 2001

Haisch, Jochen et al.: *Wörterbuch Public Health*. Hans Huber, Bern 1999

Hamann, Angelika: *Virtuelle Unternehmen und Unternehmensnetzwerke – Konsequenzen für Weiterbildner und Trainer*, in: *Das virtuelle Unternehmen*. Reihe DER KARRIEREBERATER, Okt. 1997, WWP Verlag, Niederkassel

Hartkemeyer, Martina et al.: *Miteinander Denken – Das Geheimnis des Dialogs*. 2. Aufl., Klett-Cotta, Stuttgart 1999

Hauser, Renate: *Soziale Kompetenz trainieren – Zielorientiert kommunizieren*. Fit for Business, Regensburg 1999

Heberer, Gerhard et al.: *Anthropologie*. Fischer Lexikon, Frankfurt a.M. 1959

Heeg, Franz-Josef: *Projektmanagement – Grundlagen der Planung und Steuerung von betrieblichen Problemlösungsprozessen*. Verband für Arbeitsstudien und Betriebsorganisation e.V., Carl Hanser, München 1992

Hellinger, Bert: *Ordnungen der Liebe – Ein Kursbuch*. 3. Aufl., Carl-Auer-Systeme, Heidelberg 1996

Hellinger, Bert: *Familien-Stellen mit Kranken*. 2. Aufl., Carl-Auer-Systeme, Heidelberg 1997

Hellinger, Bert: *Die Mitte fühlt sich leicht an*. Kösel, München 1997

Hellinger, Bert: *Finden, was wirkt*. 9. Aufl., Kösel, München 1998

Hellinger, Bert: *Mitte und Maß*. 2. Aufl., Carl-Auer-Systeme, Heidelberg 2001 (a)

Hellinger, Bert: *Die Quelle bracht nicht nach dem Weg zu fragen*. Carl-Auer-Systeme, Heidelberg 2001 (b)

Hellinger, Bert: *Mit der Seele gehen*. Herder, Freiburg 2001 (c)

Hellinger, Bert & ten Hövel, Gabriele: *Anerkennen, was ist*. 9. Aufl., Kösel, München 1999

Höller, Jürgen: *Mit System zum Erfolg – 11 neue Strategien für Manager*. Econ, Düsseldorf 1996

Holitzka, Marlies & Remmert, Elisabeth: *Systemische Organisationsaufstellungen*. Schirner Verlag, Darmstadt 2000

Holzheu, Harry: *Emotional Selling – Wer nicht lächeln kann, macht kein Geschäft*. Wirtschaftsverlag Ueberreuter, Wien 2000

Höper, Claus-Jürgen u.a.: *Die spielende Gruppe – 115 Vorschläge für soziales Lernen in Gruppen*. 10. Aufl., Jugenddienst-Verlag, Wuppertal 1974

Hoffmann, Lutz et al.: *Berufs- und Karriereplaner 1999/ 2000/ 2001/ 2002/ 2003: Wirtschaft*. Gabler, Wiesbaden

Horn, Klaus-Peter & Brick, Regine: *Das verborgene Netzwerk der Macht – Systemische Aufstellungen in Unternehmen und Organisationen.* Gabal, Offenbach 2001

Hunold, Wolf: *Führungstraining für Meister und andere Vorgesetzte.* 2. überarbeitete Aufl., Sauer, Heidelberg 1991

Jordan, Harald: *Kleidung – wie sie schützt und stärkt – Die energetische Wirkung von Farbe, Form und Material.* Hermann Bauer, Freiburg 2001

Katzenbach, Jon R. et al.: *Teams – Der Schlüssel zur Hochleistungsorganisation.* Heyne, München 1998

Kellner, Hedwig: *Die Teamlüge – Von der Kunst, den eigenen Weg zu gehen.* Eichborn, Frankfurt a.M. 1997

Kinsey Goman, C.: *Kreativität im Geschäftsleben – Eine praktische Anleitung für kreatives Denken.* Wirtschaftsverlag Ueberreuter, Wien 1991

Kirsten, Rainer E. & Müller-Schwarz, J.: *Gruppen Training – Ein Übungsbuch mit 59 Psycho-Spielen, Trainingsaufgaben und Tests.* Rowohlt Taschenbuch Verlag, Reinbek 1973

Klotter, Christoph (Hrsg.): *Prävention im Gesundheitswesen.* Verlag für Angewandte Psychologie, Göttingen 1997

Koch, Axel & Kühn, Stefan: *Ausgepowert.* Gabal, Offenbach 2000

Koch, Irmhild: *Wellness-Gästebetreuung – Urlaubsgästen ein Lebensgefühl vermitteln.* WellTeam-Verlag, Petersberg/Fulda 2000

Köppen-Weber, Divo Helche: *Alta Major-Energie – Du bist die Haltung, die du einnimmst.* Goldmann, München 1987

Köppen-Weber, Divo Helche: *Du bist der neue Mensch!* Goldmann, München 1989

Köppen-Weber, Divo Helche: *Das Alta Major Handbuch – Der bewußte Umgang mit der heilenden Lebensenergie in unserer Wirbelsäule.* Goldmann, München 1990

Kunz, Hans Ulrich: *Team-Aktionen – Ein Leitfaden für kreative Projektarbeit.* Campus, Frankfurt a.M. 1996

Landau, Kurt & Stübler, Elfriede (Hrsg.): *Die Arbeit im Dienstleistungsbetrieb – Grundzüge einer Arbeitswissenschaft der personenbezogenen Dienstleistung.* Eugen Ulmer, Stuttgart 1992

Langmaack, B. & Braune-Krickau, M.: *Wie die Gruppe laufen lernt – Anregungen zum Planen und Leiten von Gruppen.* 5. Aufl., Psychologie Verlags Union, Weinheim 1995

LeMar, Bernd: *Kommunikative Kompetenz – Der Weg zum innovativen Unternehmen.* Springer, Berlin/Heidelberg 1997

Lickson, Jeffrey E.: *Verbessern Sie Ihre persönliche Lebensqualität – Psychologische und soziale Blockaden auflösen, Stärken erkennen, Ziele setzen, Selbstbewußtsein stärken.* Wirtschaftsverlag Ueberreuter, Wien 1994

Lloyd, Sam R. & Berthelot, Christine: *Selbstgesteuerte Persönlichkeitsentwicklung – Selbsteinschätzung, Erwartungshaltungen und Lösungen.* Wirtschaftsverlag Ueberreuter, Wien 1993

Lüscher, Max: *Die Harmonie im Team – Kommunikation durch Umkehr-Denken.* Econ, Düsseldorf 1988

Maaß, Evelyne & Ritschl, Karsten: *Teamgeist – Spiele und Übungen für die Teamentwicklung.* 3. Aufl., Junfermann, Paderborn 2000

Malik, Fredmund: *Führen, Leisten, Leben – Wirksames Management für eine neue Zeit.* DVA, Stuttgart 2000

Maslow, Abraham H.: *Motivation und Persönlichkeit.* Rowohlt Taschenbuch Verlag, Reinbek 1981

Massow, Martin: *Atlas Gesundheits- und Wellnessberufe – Neue Chancen in der Zukunftsbranche.* Econ, München 2001

Morgan, Marlo: *Traumfänger – Die Reise einer Frau in die Welt der Aborigines.* Goldmann, München 1995

Nagel, Kurt: *Weiterbildung als strategischer Erfolgsfaktor – Der Weg zum unternehmerisch denkenden Mitarbeiter.* Verlag moderne industrie, Landsberg 1990

Nefiodow, Leo A.: *Der sechste Kondratieff – Wege zur Produktivität und Vollbeschäftigung im Zeitalter der Information.* 2. Aufl., Rhein-Sieg Verlag, 1997

Neuhauser, Johannes (Hrgs.): *Wie Liebe gelingt – Die Paartherapie Bert Hellingers.* Carl-Auer-Systeme, Heidelberg 1999

Neuland, Michèle: *Neuland-Moderation.* Neuland – Verlag für lebendiges Lernen, Eichenzell 1995

Nothdurft, Werner et al.: *Einmischen – Vorschläge zur Wiederbelebung politischer Beteiligung*. VAS Verlag Akademischer Schriften, Frankfurt a.M. 1996

Olfert, Klaus & Rahn, Horst Joachim: *Lexikon der Betriebswirtschaftslehre*. 2. Aufl., Kiehl, Ludwigshafen 1997

Olfert, Klaus & Steinbuch, Pitter A.: *Personalwirtschaft*. 5. Aufl., Kiehl, Ludwigshafen 1993

Ornish, Dean: *Revolution in der Herztherapie*. Kreuz, Stuttgart 1992

Ornish, Dean: *Die revolutionäre Therapie – Heilen mit Liebe*. Mosaik, München 1999

Poggendorf, Armin: *Gäste bewirten, Lebensgeister restaurieren – Eine grundlegende Systematik der gastronomischen Dienstleistung*. Behr's Verlag, Hamburg 1995

Poggendorf, Armin (Hrsg): *Das Team – Erfolgreich trainieren in Hotellerie und Gastronomie*. Loseblattwerk in drei Ordnern, Raabe-Verlag, Stuttgart 1992–96

Rehm, Siegfried: *Gruppenarbeit – Ideenfindung im Team*. 2. Aufl., Verlag Harri Deutsch, Frankfurt a.M. 1995

Rosenstiel, Lutz von: *Führung von Mitarbeitern – Handbuch für erfolgreiches Personalmanagement*. 2. Aufl., Schäffer-Poeschel, Stuttgart 1993

Ruppert, Franz: *Berufliche Beziehungswelten – Das Aufstellen von Arbeitsbeziehungen in Theorie und Praxis*. Carl-Auer-Systeme, Heidelberg 2001

Sartorius, Mariela: *Der weibliche EQ – Wie Frauen ihre emotionale Intelligenz nutzen können*. 2. Aufl., Econ, Düsseldorf 1997

Schreyögg, Georg & Sydow, Jörg: *Emotionen und Management*. Gabler, Wiesbaden 2001

Schwarz, Gerhard et al.: *Gruppendynamik – Geschichte und Zukunft*. 2. Aufl., WUV-Universitätsverlag, Wien 1996

Senge, Peter M.: *Die fünfte Disziplin – Kunst und Praxis der lernenden Organisation*. 8. Aufl., Klett-Cotta, Stuttgart 2001

Siefer, Thomas: *„Du kommst später mal in die Firma!" – Psychosoziale Dynamik von Familienunternehmen*. Carl-Auer-Systeme, Heidelberg 1996

Simon, Fritz B.: *Radikale Marktwirtschaft – Grundlagen des systemischen Managements*. 3. Aufl., Carl-Auer-Systeme, Heidelberg 1998

Solomon, Robert C.: *Gefühle und der Sinn des Lebens*. Zweitausendeins, Frankfurt a.M. 2000

Sparrer, Insa: *Wunder, Lösungen und Systeme – Lösungsfokussierte systemische Strukturaufstellungen für Therapie und Organisationsberatung*. Carl-Auer-Systeme, Heidelberg 2001

Sparrer, Insa & Varga von Kibéd, Matthias: *Ganz im Gegenteil – Tetralemmaarbeit und andere Grundformen Systemischer Strukturaufstellungen – für Querdenker und solche, die es werden wollen*. Carl-Auer-Systeme, Heidelberg 2000

Staehle, Wolfgang H.: *Management – Eine Verhaltenswissenschaftliche Perspektive*. 7. Aufl., Vahlen, München 1994

Stemme, Fritz: *Die Entdeckung der Emotionalen Intelligenz – Über die Macht unserer Gefühle*. Goldmann, München 1997

Straub, Walter et al.: *Bereit zur Veränderung – UnWege der Projektarbeit*. Windmühle Verlag, Essen-Werden 2002

Teismann & Birker, Klaus: *Handbuch Praktische Betriebswirtschaft*. 3. Aufl., Cornelsen, Berlin 1999

Thombansen, Ulla: *Teamgeist als Trumpf – Erfolgreiche Mitarbeiterführung in Hotellerie, Gastronomie und Gemeinschaftsverpflegung*. Deutscher Fachverlag, Frankfurt a.M. 1993

Thommen, Jean-Paul & Achleitner, Ann-Kristin: *Allgemeine Betriebswirtschaftslehre*. 3. Aufl., Gabler, Wiesbaden 2001

Towery, Twyman L.: *Die Weisheit der Wölfe – Wolfsstrategien für Geschäftserfolg, Familie und persönliche Entwicklung*. Goldmann, München 1999

Ulsamer, Bertold: *Karriere mit Gefühl – So nutzen Sie Ihre emotionale Intelligenz*. Heyne, München 1997

Ulsamer, Bertold: *Ohne Wurzeln keine Flügel – Die systemische Therapie von Bert Hellinger*. Goldmann, München 1999

Verbraucher-Zentrale Nordrhein-Westfalen e.V. (Hrsg. u. Verlag): *Gesucht: Wellness*. Düsseldorf 2001

Vopel, Klaus W.: *Interaktion im Team – Wie wird die Gruppe zum Team? Themenzentriertes Teamtraining Teil 3.* 2. Aufl., Iskopress, Salzhausen 1996

Wallenwein, Gudrun F.: *Spiele: Der Punkt auf dem i – Kreative Übungen zum Lernen mit Spaß.* Beltz, Weinheim 1995

Weber, Gunthard (Hrsg.): *Zweierlei Glück – Die systemische Psychotherapie Bert Hellingers.* 8. Aufl., Carl-Auer-Systeme, Heidelberg 1996

Weber, Gunthard (Hrsg.): *Praxis des Familien-Stellens – Beiträge zu Systemischen Lösungen nach Bert Hellinger.* 2. Aufl., Carl-Auer-Systeme, Heidelberg 1998

Weber, Gunthard (Hrsg.): *Praxis der Organisationsaufstellung.* Carl-Auer-Systeme, Heidelberg 2000

Wermter, Margit: *Strategisches Projektmanagement – Der Weg zum Markterfolg.* Orell Füssli, Zürich 1992

Wippermann, Peter (Hrsg.): *Wörterbuch der New Economy.* Bibliographisches Institut & Brockhaus AG, Mannheim 2001

Wydler, H. et al. (Hrsg.): *Salutogenese und Kohärenzgefühl.* Juventa, Weinheim 2000

Zickermann, Elke: *Wellness für die Rhön – Das Berufsbild des Wellness-Trainers wird für eine Region neu konzipiert.* WellTeam-Verlag, Petersberg/Fulda 2000

Zimmer-Walbröhl, Barbara: *Der Weg zu sozialer Kompetenz in 7 Tagen.* Junfermann, Paderborn 2002

Zohar, Danah & Marshall, Ian: *SQ.* Scherz, München 2000

Über die Autoren

Prof. Dr. Armin Poggendorf
....

ist gelernter Hotelkaufmann, Diplom-Kaufmann und promovierte über das Marketing in der Hotellerie. Mit dem Zweiten Staatsexamen erwarb er das Lehramt an berufsbildenden Schulen (Handelslehramt). Als Berufspädagoge unterrichtete er Auszubildende des Ernährungshandwerks und des Gastgewerbes sowie Hotelbetriebswirte in BWL, Marketing und Organisation. Seit 1994 hat er die Professur für Betriebswirtschaftslehre am Fachbereich Haushalt und Ernährung der Fachhochschule Fulda. Er forscht in den Bereichen Teamdynamik, Teamentwicklung, systemische Personalentwicklung und konzipierte das Training im team-dynamischen Kreis.

Armin Poggendorf bildet Teamtrainer aus und unterstützt Wellness-Schaffende in Theorie und Praxis. Er verfolgt einen speziellen team-dynamischen Ansatz, durch den soziale Kompetenz und emotionale Intelligenz gefördert sowie Schlüsselqualifikationen vermittelt werden. In seinen Projekten und Workshops vermittelt er Animation, Moderation und Motivation. Weitere Veröffentlichungen:

➤ *Gäste bewirten – Lebensgeister restaurieren* (Lehrbuch)
➤ *Das Team – Erfolgreich trainieren in Hotellerie und Gastronomie* (Loseblattwerk)

Kontakt: Albert-Einstein-Str. 5, 36093 Künzell/Fulda;
Fon: (06 61) 361 67; Fax: (06 61) 933 50 911; eMail: Armin.Poggendorf@t-online.de

Dipl. oec. troph. Hubert Spieler
....

Jahrgang 1967, staatlich geprüfter Diätassistent, Studium der Ernährungswirtschaft an der Fachhochschule Fulda (University of Applied Sciences) mit den Schwerpunkten Ausbildung und Beratung sowie Betrieb und Markt. Er ist Gründer und Leiter des Deutschen Instituts für Wellness und Teamdynamik mit dem Anspruch, Wirtschaftlichkeit und Wohlbefinden zusammen zu bringen.

Hubert Spieler arbeitet auf den Gebieten Wellness, Teamentwicklung, Kommunikation, Personalentwicklung, Animation, Moderation, Motivation, Coaching, Beratung und Training. Er ist Lehrbeauftragter an der Fachhochschule Fulda und Dozent an verschiedenen Bildungseinrichtungen. Er bildet Wellness-Trainer aus und bietet zusammen mit Armin Poggendorf eine Teamtrainer-Ausbildung an.

Kontakt: Hersfelder Straße 9, 36039 Fulda
Fon: (06 61) 96 27 27–1; Fax: (06 61) 96 27 27–2; eMail: wellteam@t-online.de

Kontaktadressen

Informationen über offene Workshops und Trainings im team-dynamischen Kreis sowie firmeninterne Seminare und Fortbildungen erhalten Sie über folgende Adressen:

Prof. Dr. Armin Poggendorf
Albert-Einstein-Straße 5
36093 Künzell/ Fulda

Fon (06 61) 361 67
Fax (06 61) 933 50 911

eMail Armin.Poggendorf@t-online.de

Institut für Teamentwicklung
Fachhochschule Fulda
Fachbereich HE
Marquardstraße 35
36039 Fulda

Fon (06 61) 96 40 350
Fax (06 61) 96 40 399

Wir freuen uns auf eine Zusammenarbeit mit Ihnen. Wir leiten Sie auch zu kompetenten Kooperationspartnern weiter, die in ihre Trainings- und Beratungsarbeit speziell die systemischen und team-dynamischen Aspekte mit einbeziehen. Bitte nennen Sie uns Ihre Themen und Interessen. Zum Beispiel:

❏ persönliche Weiterentwicklung
❏ Teamentwicklung, Teamaufstellungen
❏ Training im team-dynamischen Kreis
❏ Publikumsdynamik, Verbandsdynamik
❏ firmeninterne Schulungen, Trainings und Seminare
❏ Kooperationsentwicklung
❏ Wellness-Workshops, betriebliche Gesundheitsförderung
❏ Ausbildung zum Teamtrainer (mit Zertifikat)
❏ Ausbildung zum Wellness-Trainer (mit Zertifikat)
❏ Kompetenzaustausch im Trainerkreis
❏ Austausch zum Thema Teamarbeit
❏ strategische Personal- und Organisationsentwicklung

❏ Strategieentwicklung, Change-Management
❏ Unternehmensberatung und Coaching

Besonders freut es uns, wenn Sie uns Ihre Erfahrungen mit der Teamdynamik und dem team-dynamischen Training schildern. Auch Ihre Fragen interessieren uns. Wir antworten garantiert.

Stichwortverzeichnis

Notizen

Notizen

Notizen

Notizen

Notizen

Notizen

Notizen

Notizen

Notizen

Notizen